무엇을 어떻게 믿을 것인가

제2차 바티칸 공의회 이후
믿음과 복음화에 대한 반성

무엇을 어떻게 믿을 것인가
- 제2차 바티칸 공의회 이후 믿음과 복음화에 대한 반성

2013년 1월 15일 1판 1쇄 발행
2014년 4월 10일 1판 2쇄 발행
2016년 9월 30일 1판 3쇄 발행

저　자　**이제민**
발행인　**김영준**
발행처　**경세원**

등록일　1978. 12. 14. No.1-57
주　소　경기도 파주시 회동길 77-4(문발동 파주출판도시 534-4)
전　화　031) 955-7441~3
팩　스　031) 955-7444
홈페이지　www.kyongsaewon.co.kr
이메일　kyongsae@hanmail.net
인　쇄　태원인쇄

ⓒ 이제민, 2013

ISBN 978-89-8341-105-1

무엇을 어떻게 믿을 것인가

제2차 바티칸 공의회 이후 신앙과 믿음에 대한 성찰

이제민

경세원

서문 PREFACE

세상을 기쁘게 사는 비결

교황 베네딕토 16세는 2012년 10월 11일부터 2013년 그리스도 왕 축일인 11월 24일까지를 신앙의 해로 선포하였다. 제 2차 바티칸 공의회 개막 50주년을 맞아 공의회의 가르침에 따라 신앙을 성찰하고 신앙을 통하여 세상을 복음화하기 위한 일환일 것이다. 세상의 복음화는 교회의 복음화를 전제로 한다. 교회가 복음화 되지 않고서는 교회가 외치는 세상의 복음화는 공허하다. 공의회가 외친 교회의 쇄신은 교회가 얼마나 복음화 되는가에 달려 있으며, 복음화는 무엇을 어떻게 믿고 있는지를 진지하게 반성하고 숙고하는 데에 달려 있다. 이는 복음이 믿음의 근본임을 암시한다.

복음은 기쁜 소식이다. 예수님께서 복음을 선포하셨다면 인생을 기쁘게 살아가는 길(비결)을 제시하신 것이다. 우리가 예수님(의 복음)을 믿는 것은 인생을 기쁘고 의미 있게 살기 위해서다. 믿음이 우리 인생을 기쁘게 해 주지 못한다면 그 믿음은 우리에게 아무 쓸모가 없다. 그분께서 선포하신 복음은 무엇인가? 마르코는 이렇게 전한다.

"그 무렵에 예수님께서 갈릴래아 나자렛에서 오시어, 요르단에서 요한에게 세례를 받으셨다. 그리고 물에서 올라오신 예수님께서는 곧 하늘이 갈라지며 성령께서 비둘기처럼 당신께 내려오시는 것을 보셨다. 이어 하늘에서 소리가 들려왔다. '너는 내가 사랑하는 아들, 내 마음에 드는 아들이다.'"(마르 1,9 – 11)

예수님은 세례 때 하늘이 갈라지는 체험을 하셨고, 하느님을 아버지로, 당신을 하느님의 사랑받는 아들로 체험하셨다. 하늘이 갈라졌다는 것은 하늘이 땅을 향하여 열렸음을 암시한다. 하느님은 땅 위 하늘 높은 곳에 안주하여 계신 분이 아니라 하늘을 가르며 땅으로 내려오시어 땅을 만나시는 분이다. 하느님을 체험하기 위하여 우리는 땅을 만나야 한다. 땅을 떠나서는 하늘을 체험할 수 없다.

하늘이 열리는 체험을 한 자에게는 온 세상이 사랑스럽게 보일 것이다. 어찌 인생을 기쁘게 살아가지 않을 수 있겠는가. 예수님은 하느님의 사랑을 체험하면서 당신을 하느님의 사랑받는 아들로 체험하셨고 하느님을 아버지라 부를 수 있게 되었다. 예수님은 우리도 하느님을 아버지라 부르게 하며 당신이 하느님을 아버지라 부르며 느낀 인생의 기쁨에 우리를 초대하신다.

예수님은 이 체험을 "하느님 나라가 가까이 왔다"(마르 1,15)는 복음에 담아 선포하셨다. 천국의 문은 하늘이 아니라 땅에 있다. 땅에서 만나는 사람들이 천국에 이르는 문이다.(마태 25,40) 일상에서 만나는 사람들의 마음 안으로 들어가지 못하는 자는 천국의 기쁨을 누릴 수 없다. 만나는 모든 사람들이 우리에게 기쁨을 알려주는 소식, 우리를 행복하게 하는 소식, 우리에게 평화를 선사하는 소식이다. 우리 모두는 세상에 천국의 기쁨을 선사하며 하느님의 축복 속에 태어났다. 우리 안에는 처음부터 하느님 나라의 씨앗이 뿌려져 자라고 있다. 모든 인간은 본질적으로 그것을 느낄 수 있는 유전자를 품고 태어났다.

복음화란 모든 이들 안에 뿌려져 있는 하느님의 씨앗이 자라고 있다는 것을 믿는 운동이다. 아무리 하찮은 사람이라도 나에게 하느님의 생명을 느끼게 해주는 위대한 존재라는 것을 받아들이는 운동이다. 만나는 사람들 안에 하느님의 나라의 씨앗이 뿌려져 있음을 거부하는 것은 믿음이 없거나, 믿음이 약하기 때문이다.

모든 이 안에 하느님 나라의 씨앗이 자라고 있음을 온 몸으로 느끼기 위해서는 말과 생각과 행동에 들어간 힘을 비우고(회개) 자기 몸을 쪼개며 남에게 다가가고, 그를 위해 사라질 수 있어야 한다. 예수님은 우리에게 복음의 눈을 열어주시기 위하여 우리를 당신의 원초적인 체험으로 초대하신다. 우리는 하루에도 수십 번씩 하느님을 아버지라고 부르지만 아버지의 사랑이 내 존재 속으로 스며들지 않는다. 예수님처럼 하느님을 가깝게 느껴 아기가 아버지를 부르듯 '아빠'라 부를 수 있게 될 때(마르 14,36) 세상이 나에게 사랑으로, 기쁨으로 다가올 것이다.

그동안 여기저기서 강연한 내용 중에서 신앙과 복음화 그리고 교회 쇄신과 관련한 글을 모았다. 그중 몇 편은 신학전망, 신앙과 삶, 기쁨과 희망, 「가톨릭뉴스 지금 여기」에 발표하였다. 제2차 바티칸 공의회의 가르침에 따라 신앙을 성찰하는데 도움이 되기를 바라며 교회에 쇄신의 바람이 불기를 기대한다.

2012년 11월 30일 명례 언덕에서

이 제 민

차례

서문 – 세상을 기쁘게 사는 비결 4

제1부 제2차 바티칸 공의회와 교회 13

무엇을 어떻게 믿을 것인가? 15

　　복음의 발견 15
　　고맙게도 그들이 믿는 하느님은 존재하지 않는다. 17
　　나는 골수 보수주의자 20
　　사고의 전환 24
　　그러면 복음은 무엇인가? 27
　　사람이 복음이다 29
　　믿음의 근본은 복음이다 30
　　믿음과 기적 34
　　맹신과 광신 36
　　교회는 믿음의 공동체다 37
　　평신도의 마음에 귀 기울이기 39
　　복음화를 위한 기도 40

제2차 바티칸 공의회의 믿음 41

　　새 복음화 41
　　새 복음화란 있을 수 없다 43
　　　○ 인생을 기쁘게 사는 비결 44
　　　○ 복음과 회개 45
　　　○ 복음과 믿음 46
　　　○ 복음과 복음화 48

○ 새 복음화 49

　제 2차 바티칸 공의회의 복음 이해 51

　　○ 교회의 위기와 쇄신 51

　　○ 맹신과 광신으로 빚어진 무신론 문제 53

　현 교회 진단과 방향제시 55

　　○ 배타적 신앙 55

　　○ 개종 56

　　○ 세상 역사의 구원 59

　　○ 나누는 사회 62

　　○ 과학 기술의 진보 64

　성직자의 복음화 67

한국교회의 미래를 생각함 73

　한국형 소공동체 73

　　○ 소공동체의 긍정적인 면 73

　　○ 소공동체의 문제점 74

　　○ 위에서부터 시작된 소공동체 77

　　○ 평신도의 자발성과 자율성 79

　한국형 소공동체와 제2차 바티칸 공의회 정신 80

　멍석 위에서 춤추는 평신도 83

　소공동체와 신심단체의 관계 84

　한국 교회에 대한 제언 90

　복음이 유일한 대안이다 92

　종교는 조직이 아니라 운동이다 94

　소공동체는 아니다 96

제2부 공의회와 사제, 수녀와 본당회장 그리고 여성 101

사제와 수녀의 만남 103

본당은 사목과 복음화를 위한 공간 103
복음화란? 106
사제와 수녀와 복음 109
사제와 수녀의 상호 협력 115
사제의 반성 117

제2차 바티칸 공의회와 한국 천주교 평신도 124

제2차 바티칸 공의회를 기억한다 124
한국 천주교의 현실을 걱정함 133

여성과 교회 141

이것은 여자가 할 수 없다 141
여성이 여성을 보호해야 한다 148
여성 신학의 과제 150
여성 사목에 대하여 153
본당에서 여성의 역할 154

노인과 노인사목 157

늙음과 죽음은 하늘의 선물 157
노인과 노인대학 161
양로원과 가정 168

제3부 교회와 사회 177

5 · 18을 기억한다 179

부끄러운 고백 – 기억을 지우다 179
망월동과 아우슈비츠 181
듣기 위해 기억한다 184
5 · 18의 음성 187
미래를 위하여 기억을 배운다 190
화해를 위하여 침묵을 배운다 195
소통을 배운다 198
미사의 기억 199
대신 죽음 203
한의 잔치 205
5 · 18 미사 206

실용주의에 대한 사목적 비판 209

MB식 실용주의의 위험성 209
효율석 가지와 영원한 가치 212
내는 만큼 얻으리라 215
예수님의 실용주의 217
빵과 실용 219
실용주의에서 자기희생으로 221

복음과 자연 224

신공항과 밀양의 하남 땅 224
정치는 정치인에게? 228
예수님과 복음 231
교회의 과제 234

11

저자의 말 – 명례언덕에서　239

주　250

제1부
제2차 바티칸 공의회와 교회

무엇을 어떻게 믿을 것인가?

복음의 발견

제2차 바티칸 공의회(1962~1965)가 끝난 지 거의 반세기가 되어가지만 한국교회는 여전히 아니 공의회 이전보다 더 성직자 중심적이고 더 근본주의적인 성향으로 흘러간다는 인상을 받는다. 신앙에 대한 성찰이 부족하여 믿음은 자칫 맹신과 광신으로 흐르기 쉽고 교회의 근본에 대하여 깨닫고자 하는 노력도 부족하다. 성찰의 바탕은 예수님의 복음이다. 예수님의 복음에 근거를 두지 않을 때 교회는 맹신과 광신의 집단이 될 수 있다. 우리 교회가 근본주의적인 인상을 주는 것도 복음을 소화하지 못한 때문이다.

복음이 나의 신학과 인생에 근본이 된 것은 나에게 큰 은총이다. 복음이 신학과 인생의 근본이라는 말은 너무도 당연한 것 같지만 신학교를 떠난 후에야 나는 이런 말을 할 수 있게 되었다. 신학교를 떠나 부임한 마산의 구암 본당에서 나는 예비신자 교리를 하였는데, 이 과정에서 나는 복음이라는 단어를 새롭게 발견하게 되었다. 발견했다는 것은 그때까지 내가 복음의 중요성을 깨닫지 못하고 이 단어를 건성으로만 사용하였다는 말이 된다. 예수님께서 복음을 선포하셨음을 강조하면서도, "미사가 끝났으니 가서 복음을 전합시다." 는 말을 매일 반복하면서도 복음이라는 단어를 건성으로 대한 것이다. 어쩌면 계속해서 신학교의 테두리 안에 있었다면 나는 아직까지도 이 단어를 내 인생에서 재발견하지 못했을지도 모른다. 신학교에서 학생을 가르치면서 나는 많은 시행착오를 했는데 그 원인은 나의 강의가 복음에 근거하지 못한 데에 있었다. 지나고 보니 2학년 학생에게 기초신학을 가르친다는 것 자체가 무리였다. 기초신학은 신학의 기초를 놓는 작업이다. 어느 정도 신학과 철학에 대한 지식이 있어야 알아들을 수 있는 과목이다. 그런데 나는 고등학교를 갓 졸업한 그들을 마치 대학과정을 마친 학생 대하듯이 했으니 내 수업을 소화해 내기가 얼마나 힘들었을까. 그러나 그들이 나의 강의를 따라오지 못한 데에는 내가 복음에 근거하여 강의하지 못한 탓이 더 크다.

아직까지 복음을 깨달았다 할 수는 없지만 복음이 신학의 기초요 신앙의 기초이며, 그리스도인의 삶은 물론 모든 인간 삶의 바탕이 되어야 한다는 것을 신학교를 나와 본당생활을 하면서 성찰하게 되었다는 것은 내게 복이다. 복음이라는 단어를 발견하면서 지난 날 나에게 일어난 모든 일들이 지금의 나를 있게 한 은총임을 깨닫게 되었다. 나를 본당으로 불러준 그 사건을 은총으로 여기는 이유가 여기에 있다. "그때

형님들이 저를 이곳으로 팔아넘기지 않았다면 제가 어떻게 이렇게 되었겠습니까?"(창세 45장 참조)

그 후 나의 강론 주제는 늘 복음이었다. 성경을 대할 때 한 구절 한 구절을 복음에 근거하여 알아들으려고 애쓰며 읽었다. 나에게 성경은 그 자체로 한 권의 커다란 복음서가 되었다. 이는 성경에 나오는 모든 가르침과 이야기와 사건의 근본에는 복음이 멍석처럼 깔려 있다는 것을 암시한다. 성경에 나오는 모든 가르침과 모든 이야기는 복음을 그때그때 상황에 따라 풀이하는 예들이기도 하다.

복음이라는 단어를 발견했다고 하지만 나 자신은 아직 복음화되지 못했다. 내 몸을 복음을 느끼는 몸으로 만들지 못하고, 남을 하느님의 복음으로 대하지 못하고 있는 것이다. 복음을 선포하고 복음의 내용을 가지고 교리를 하면서 끝없이 부끄러워지는 이유이다.

구암 성당에서 교리한 내용을 나중에 두 권의 책(『우리가 예수를 찾는 이유는』,『우리가 예수를 사는 이유는』)으로 냈는데, 복음을 소화하지 못한 나를 복음화하기 위하여 성찰하며 쓴 책인 셈이다. 2011년 초에 본당을 떠나 명례성지로 왔다. 이곳에서 나는 목요 복음화학교와 토요 복음화학교를 열었는데, 서로에게서 복음을 느끼고 서로에게 복음이 되는 훈련을 하기 위해서다. 무엇을 어떻게 믿을 것인가? 그 답은 복음에 있다. "복음을 믿어라"(마르 1,15) 예수님의 말씀이다.

고맙게도 그들이 믿는 하느님은 존재하지 않는다

나의 부모님은 해방되자 월남하여 진해에 자리 잡았다. 월남하게 된

덕분에 어머니는 가톨릭 신앙을 가지게 되었고 나도 덩달아 영세했다. "성교회에서 무엇을 구합니까?"라는 질문에 "믿음을 구합니다."라는 답변은 내가 한 것이 아니지만 그 후 나는 '신자'로 살았다. 모든 것을 북에 남겨놓고 온 우리는 가난하게 살았다. 하지만 나는 우리가 가난하다고 생각해 본 적은 한 번도 없었다. 그건 우리 삶 자체였기 때문이다. 어머니를 따라 성당에 가서 주변을 맴돌 때도, 수녀님 신부님이 빵떡모자를 머리에 비스듬히 얹고 고운 옷을 입은 귀티 나는 또래 유치원생을 가슴에 안아주며 귀여워하는 모습을 보면서도 샘을 낼 줄 몰랐다. 그들은 나와 다른 차원의 아이라고 생각했기 때문이다. 초등학교에 입학해서도 옷 잘 차려 입은 아이들의 어머니들이 학교를 찾아와 선생님과 이야기를 나누는 것을 목격하면서도 나는 그것을 이상하게 생각하지 않았다. 내 주변에 일어나는 모든 일들은 내게는 아주 자연스러운 일상이었다.

초등학교 5학년 때, 방학을 맞아 내려온 신학생의 눈에 띄어 복사를 하게 되었고, 그로 인해 나중에 고등학교를 졸업하고 신학교에 들어가게 되었다. 대부분의 신학생이 그런 것처럼 신학교는 나의 신앙을 완전히 흔들어 놓았다. 우연히 접하게 된 무신론에 대한 글에서 나는 무척 충격을 받았는데 그 후 전례에 참석하고 강의를 들어야 하는 것은 고역이었고 기도도 할 수 없었다. 신학 공부를 소홀히 하게 되었고 그 결과 문교부에 등록된 학생이 되지 못한 청강생으로 수업을 들어야 했다. 이 일은 나도 모르는 사이에 진행된 일이어서 학교의 무책임한 처사에 분노했지만 속으로 삭여야 했다. 처음으로 나는 사람이 자존심을 상한다는 게 어떤 느낌인지 체험했다.

정식 학생이 아니었기에 다른 동료 신학생들보다 빨리 군대에 가게 되어 동료보다 2년 먼저 제대하였다. 무신론자를 자처하면서 복학하여 유학도 가게 되었다. 나는 석사 논문에서 칼 라너의 익명의 그리스도인을 다루었고, 그것이 계기가 되어 칼 라너의 추천을 받아 그의 제자 엘마 클링어 문하에서 학위를 하게 되었는데 이들은 무신론의 문제를 해결하는데 결정적인 도움을 주었다.

나에게 결정적인 도움을 준 것은 "고맙게도 대부분의 그리스도인이 믿는 신은 없다."라는 라너(1904~1984)의 말이 있다. "신은 없다"는 표현만을 보면 라너는 무신론자다. 하지만 이 말은 대부분의 그리스도인들이 신을 잘못 믿고 있다는 말도 된다. 라너 이전에 니체(1844~1900)가 비슷하게 "신은 죽었다"고 말하였다. 니체는 이 말을 통해 그리스도교의 신을 부정하였다. 그는 그리스도교가 믿는 신을 대부분의 그리스도인이 믿는 신과 동일시하였던 것이다. 그는 무신론자가 되었다. 라너는 대부분의 그리스도인이 믿는 신을 부정하였지 그리스도교의 신을 부정한 것은 아니었다. 이로써 그는 사람이 하느님을 잘못 믿을 수도 있다는 것을 인식시키면서 "그렇다면 그리스도교의 신은 누구인가?" 하고 묻게 하였다. 라너는 그리스도인에게 하느님에 대한 믿음을 성찰하도록 하였다. 여기서 우리는 신이라는 낱말 대신에 그리스도인이 사용하는 모든 개념을 대입시켜 말할 수 있을 것이다. 대부분의 그리스도인이 믿는 천국은 없다. 대부분의 그리스도인이 믿는 내세는 없다. 대부분의 그리스도인이 믿는 부활은 없다. 등등. 그렇다면 그리스도교에서 말하는 신은 누구인가? 예수님이 말하는 신은 누구인가? 하는 신학적 성찰(theological reflection)이 필요하다. 예수님은 우리에게 신학의 모든 개념을 성찰하게 하였으니 그 바탕이 복음이다. 인생에 가정이란 있을 수 없지만, 그때 내가 무신론 문제로 고민하지 않았다면, 다른 학생들처럼 아무런 회의 없이 공부를 열심히 해서 문교부에 등록되는 정식 학생이 되었다면, 그래서 학부를 마치고 군에 가게 되었다면, 이 모든 일이 가능하지 못했을 수도 있다. 지나간 모든 것이 오늘의 나를 있게 한 일들이고, 지금의 나를 있게 한 은총이었다.

귀국하여 몇 년간 본당 신부로 있다가 광주 신학교에서 교수로 재직했는데, 이 기간은 내가 교회를 가까이서 느끼며 나의 신학을 정리할 수 있는 시간이었다. 나의 신학의 방법은 우리가 믿고 있는 교의를 질문대 위에 올려놓는 것이었다. 암기하여 저장하였다가 출력하는 것으로 믿음을 고백했다고 할 수 없다. 인간은 믿음을 고백하는 기계가 아니다. 그러다가 정양모 신부님, 서공석 신부님과 함께 교단에서 물러나게 되었다. 나의 신학 방법이 문제가 되었던 것 같다. 당시 나는 멍청해서 신학교를 떠날 때까지도 나의 신학교 떠남이 바티칸의 경고와 관련이 있는 줄을 몰랐다. 나중에야 그걸 알고 당시 교구장인 박정일 주교님께 서운함을 표하기도 했다. 그러나 시간과 함께 그분에 대한 서운한 감정도 사라졌다. 그분의 신앙과 교회관이 복음에 근거하지 않음을 확인했을 뿐이다.

나는 골수 보수주의자

지금 이 시점에서 되돌아보면 내가 무신론으로 고민하며 방황하던 그때는 실로 은총의 시간이었다. 내가 만일 그때 무신론적 사상에 젖어 견디지 못하고 신학교를 뛰쳐나왔다면 나는 영원히 무신론자로 그쳤을지도 모른다. 그랬다면 신을 부정하는 내 안에 하느님 나라의 씨앗이 뿌려져 자라고 있다는 사실을 영원히 깨치지 못하고 살고 있을지도 모른다. 인간은 본질적으로 무신론자가 될 수 없다. 영원과 초월과 성에 대한 이야기를 인생에서 지우고 살 수가 없기 때문이다. 하느님 나라의 씨앗이 그 안에 뿌려져 자라지 아니하는 사람은 없다. 하지만 인간은 무신론자로 살아갈 수 있다. 말로는 믿는다고 고백하면서도 실생활은 무신론자처럼 살아갈 수도 있다.

먼 훗날 되돌아보면 지금 나의 복음 이해가 그야말로 유치하기 짝이 없는 수준에 머물러 있는 것일 수도 있다. 매순간 하느님의 현존을 체험하지 못한 상태에서 복음을 이야기하기 때문이다. 하느님의 눈에는 내가 복음인데 나는 아직 "마음을 다하고 생각을 다하고 힘을 다하여" (마르 12,33) 복음으로 살지 못하고 있다. 내 안에 하느님 나라가 자라듯 나는 계속 자라야 한다. 온 세상이 복음으로 보일 때까지. 내 몸에서 하느님의 복음이 느껴올 때까지.

불행하게도 교회가 사람들이 이 길을 가는 것을 막을 때도 있다. 나는 교회가 사도로부터 이어온다는 것을 믿는다 교회가 사도로부터 이어온다는 것은 교회가 자기의 신도들과 사도들을 부르신 그리스도에게까지 이끌고 올라가야 한다는 말이다. 신자들을 그리스도의 복음으로 이끄는 것은 교회의 임무다. 그런데 교회는 신자들을 이 복음으로 안내하지 못하고 중세 정도까지 또는 성직자의 사고 수준까지 이끄는 것으로 끝날 때가 많다. 교회의 이런 면 때문에 나는 자주 교회를 비판했는데 그 때문에 나는 주변으로부터 진보적이라는 말을 듣는다. 이는 나에 대한 올바른 평가가 아니다. 자평하자면 나는 골수 보수주의자이면서 전통주의자다. 왜냐하면 나는 철저히 복음을 믿고, 철저히 신앙 언어의 원천으로 돌이가서 거기시부터 믿음을 구하고자 하기 때문이나. 나는 내가 교회의 전통과 다르게 가르친다는 말도 가끔 듣는데 그럴 때마다 나는 그들에게 묻고 싶어진다. 그들에게 교회 전통은 무엇인가? 그들이 전통이라고 여기는 것이 진짜 사도로부터 이어오는 교회의 전통이라고 생각하는지, 지난 2천여 년 동안 교회가 고백해온 바가 그들이 전통의 이름으로 신앙하는 그 수준의 고백인지 묻고 싶은 것이다. 사도들도, 교회의 수많은 성인들도 그들이 생각하는 그 수준에서 천국이 있다고 믿었으며, 그런 식으로 하느님이 존재하시고, 그런 식으로 예수님이 그리스도이시고, 예수님이 부활하셨다고 믿었는지, 그들이 상투적으로 생각하는 그 수준에서 육신의 부활과 마리아의 동정을 믿었는지 묻고 싶다. 혹시나 어린 시절 어쩌다 그들의 머리에 한번 입력된 지식이 지난 2천여 년 동안 교회가 고백해온 전통이라고 착각하고 있는 것은 아닌지 묻고 싶다.

어느 날 예수님께서 사람들이 당신을 누구라고 생각하는지 제자들에게 물으셨다. 그리고 당신에 대해 제자들은 어떻게 생각하는지 물으셨다. 베드로는 그리스도라고 답변하였다. 베드로의 답은 옳았지만 그가 생각한 그리스도는 예수님이 생각하시는 그리스도와 달랐다. 그는 예수님으로부터 사탄이라는 질책까지 받았다.(마르 8,27-33)

대부분의 그리스도인이 믿는 하느님은 고맙게도 존재하지 않는다는 라너의 말에 의거해 나는 대부분의 그리스도인이 믿는 천국은 없다고, 대부분의 그리스도인이 믿는 부활의 삶은 없다고, 대부분의 그리스도인이 믿는 동정녀 마리아는 없다고 말하고 싶다. 혹자에게는 나의 이 말이 천국과 하느님과 부활과 마리아의 동정을 부정하는 말로 들릴 수 있겠지만, 사도신경을 외우며 신앙을 고백하는 것이 복음의 믿음에 바탕을 두지 않을 때는 오히려 맹신과 광신이 되고 하느님과 예수님을 우상처럼 숭배하게 된다는 사실을 그들은 깨달아야 할 것이다.

우리는 우리가 고백하는 사도신경을 그 원천에서부터 이해하도록 성찰해야 한다. 사도신경은 우리를 깨달음의 세계로 안내하며, 우리를 참된 삶으로 안내한다. 믿음의 내용을 깨닫지 못하고 입으로 고백하는 것만으로 믿음의 도리를 다 했다고 할 수 없다. 뜨겁게 믿음을 고백하면서도 광신자가 될 수 있고, 맹신자가 될 수 있고, 우상을 숭배하는 자가 될 수 있고, 헛것을 믿는 자가 될 수 있다. 예수님께 믿음을 고백하면서도 걸림돌(사탄)이 될 수 있다. 바오로 사도가 코린토 신자들에게 보낸 편지가 전통의 신앙을 이해하는데 도움을 준다.

"아무쪼록 여러분은 내가 좀 어리석더라도 참아 주기를 바랍니다. 부디 참아 주십시오. 나는 하느님의 열정을 가지고 여러분을 위하여 열정을 다하고 있습니다. 사실 나는 여러분을 순결한 처녀로 한 남자에게, 곧 그리스도께 바치려고 그분과 약혼시켰습니다. 그러나 하와가 뱀의 간계에 속아 넘어간 것처럼, 여러분도 생각이 미혹되어 그리스도를 향한 성실하고 순수한 마음을 저버리지 않을까 두렵습니다. 사실 어떤 사람이 와서 우리가 선포한 예수님과 다른 예수님을 선포하는데도, 여러분이 받은 적이 없는 다른 영을 받게 하는데도, 여러분이 받아들인 적이 없는 다른 복음을 받아들이게 하는데도, 여러분이 잘도 참아 주니 말입니다. 나는 결코 그 특출하다는 사도들보다 떨어진다고는 생각하지 않습니다. 내가 비록 말은 서툴러도 지식은 그렇지 않습니다. 우리는 그것을 모든 일에서 갖가지 방식으로 여러분에게 보여 주었습니다. 여러분을 높이려고 나 자신을 낮추면서 하느님의 복음을 대가 없이 여러분에게 전해 주었다고 해서, 내가 무슨 죄를 저질렀다는 말입니까? 나는 여러분에게 봉사하려고 여러 교회에서 보수를 받는 바람에 그들을 약탈

한 꼴이 되었습니다. 여러분과 함께 있을 때에 나에게 필요한 것들이 있었지만 누구에게도 폐를 끼치지 않았습니다. 마케도니아에서 온 형제들이 필요한 것들을 채워 주었습니다. 나는 어떠한 경우에도 여러분에게 짐이 되지 않으려고 자제하였고 앞으로도 그렇게 할 것입니다. 내 안에 있는 그리스도의 진리를 걸고 말하는데, 아카이아 지방에서는 나의 이러한 자랑을 아무도 막지 못할 것입니다. 내가 왜 그렇게 하였겠습니까? 내가 여러분을 사랑하지 않아서겠습니까? 하느님께서는 아십니다!"(2코린 11,1 - 11)

"바오로는 안식일마다 회당에서 토론하며 유다인들과 그리스인들을 설득하려고 애썼다. 실라스와 티모테오가 마케도니아에서 내려온 뒤로, 바오로는 유다인들에게 예수님께서 메시아시라고 증언하면서 말씀 전파에만 전념하였다. 그러나 그들이 반대하며 모독하는 말을 퍼붓자 바오로는 옷의 먼지를 털고 나서, '여러분의 멸망은 여러분의 책임입니다. 나에게는 잘못이 없습니다. 이제부터 나는 다른 민족들에게로 갑니다.' 하고 그들에게 말하였다."(사도 18,4 - 6)

사고의 전환

벨기에의 화가 르네 마그리트(1898~1967)가 그린 파이프 그림은 유명하다. 이 그림이 유명한 것은 파이프를 그려놓고 그 밑에 '이것은 파이프가 아니다'라고 써놓았기 때문이다. 화가의 말은 틀리지 않다. 그것은 파이프를 그린 그림이지 파이프 자체는 아니다. 사람들은 파이프를 그린 그림을 보면서 파이프를 보고 있다고 생각하지만 실질적으로는 파이프가 그려진 종이를 보고 있는 것이다.

피카소의 이야기도 유명하다. 하루는 피카소가 기차를 타고 가는데 옆에 앉은 사람이 피카소를 알아보고는 "당신의 그림은 너무 난해해서 알아볼 수가 없어요."라고 말했다. 실재를 왜곡하고 있다는 것이다. 피카소는 그에게 실재가 무엇이냐고 질문한다. 그 사람은 품에서 사진 한 장을 꺼내 보여주며 "이것이 실제 내 아내와 똑같은 모습"이라고 설명했다. 피카소는 사진을 받아들고는 이리저리 여러 각도에서 주의 깊게 들여다보고는 말했다. "당신 부인은 끔찍하게도 작군요. 게다가 납작하고요." 사진은 어디까지나 주머니에 넣어 다닐 수 있는 종이지 실재 부인이 아니다. 피카소는 그림을 그리되 겉모양만이 아니라 마음을 읽고, 앞을 보면서 뒤까지 표현하고자 했다. 보이지 않는 것까지 나타내고 싶었던 것이다.

피카소 작품 중에 「화가와 모델」이라는 그림은 암시하는 바가 크다. 그 그림은 화가(피카소)가 뜨개질 하는 모델을 그리는 장면을 그린 것인데 화가와 모델 사이에 커다란 화판이 놓여 있다. 그런데 그림 속 화판에는 복잡한 선들만 어지럽게 그려져 있을 뿐 전혀 모델의 모습을 볼 수 없다. 그림 속 화가는 모델을 그리되 정지된 모습이 아니라 움직임을 표현하고자 했다. 뜨개질을 하는 모델의 손과 실타래에서 풀려나는 실과 보이지 않는 마음까지를 표현하고자 했다. 우리는 자기 나름의 경직된 사고로 사물을 고정해놓고 바라볼 때가 많다. 피카소는 이 고정관념을 깨뜨리고자 한 것이다.

우리는 복음이라는 단어가 새겨진 종이(교의)를 들고 다니면서 그것이 복음이라고 믿고 있는 것은 아닌가? 그렇게 우리는 천국, 하느님, 예수님, 그리스도, 부활, 믿음, 교회 등에 대한 교의를 종이에 찍어놓고 종이를 절대 진리인 것처럼 받들고 있는 것은 아닌가? 그것은 다 복음을 깨닫지 못해 일어나는 일이다.

우리가 복음의 내용을 모른다면 아무리 큰 소리로 전능하신 천주 성부 천지의 창조주를 믿는다고, 그 외아들 예수 그리스도를 믿는다고, 그분께서 부활하시고 우리의 육신이 장차 부활하게 되리라는 것을 믿는다고 고백하면서도 맹신하고 광신할 수 있다. 복음에 근거할 때만 다음의 질문에 올바르게, 즉 복음적으로 답변할 수 있다. 나에게 하느님은 누구인가? 예수님은 누구이며 인간은 누구인가? 세상은 무엇이며 교회는 누구인가? 하느님을 믿는다는 것은 무엇을 믿는다는 것이며 천국 간다는 것은 어디로 간다는 것인가?

예수님은 우리가 인생을 진실하게 살도록 하기 위해 복음을 선포하셨다. 그런데 우리는 앵무새처럼 그분이 복음을 선포하셨다는 말만을 되뇌며 그 내용에 대해서는 알려고도 깨우치려고도 하지 않는 것은 아닌가? 세상의 복음화는 "그분께서 복음을 선포하셨다."는 말만 되풀이한다고 해서 이루어지지 않는다. 그런 말을 되풀이하는 사람의 수가 늘어난다고 세상이 복음화가 되는 것은 더더욱 아니다. 온 세상이 나처럼 생각하는 그리스도인으로 가득 채워진다고 복음화되는 것이 아니라는 말이다. 교회가 세상의 복음화를 위해 우선적으로 해야 할 일은 고백하는 신자의 수를 늘리는 것이 아니라 복음을 깨우쳐 신자들을 맹신과 광신 그리고 우상숭배로부터 구하는 것이다. 그들이 신앙인으로 태어나게 하는 것이다. 우리 교회가 복음적이지 않다면, 외형에만 신경을 쏟고 복음을 깨닫지 못했기 때문이다. 세상의 복음화를 위하여 우리는 성찰하는 마음으로 물어야 한다. 복음화를 외치는 우리에게 복음화된 세상은 어떤 세상인가? 복음화를 통하여 우리는 세상이 어떻게 변화되기를 바라는가? 복음화는 그분께서 선포하신 복음의 내용을 알고 깨닫고 세상을 예수님의 복음으로 변화시키는 일이다. 이승을 떠나 천국으로 가기를 희망하는 잘못된 믿음을 가진 사람으로 채워진 세상을 복음화한 세상이라 할 수 없다. 불행히도 우리 교회는 이런 모순을 범하고 있다.

세상의 복음화를 위하여 교회가 먼저 복음을 깨달아 복음화되어야 한다. 예수님 스스로 복음을 깨치는 일로 당신의 일을 시작하셨고, 당신을 통해 우리 모두가 서로에게 복음으로 다가가게 하셨음을 교회는 기억해야 한다.

그러면 복음은 무엇인가?

그렇다면 예수님께서 선포하신 복음의 내용은 무엇인가? 우리는 그 해답을 마르코 복음에서 얻는다. 마르코는 자기의 복음서에서 예수님의 복음을 전하고자 하다.(마르 1,1) 여기서 예수님의 복음이란 말은 두 가지 의미로 알아들을 수 있다. 하나는 예수님께서 전하신 복음이고 다른 하나는 예수님이 복음이시라는 것이다. 마르코는 예수님이 전하신 복음을 전하며 동시에 예수님이 복음이심을 전하고자 하였다. 그렇다면 예수님이 전하신 복음은 무엇이며 마르코에게 어째서 예수님 자신이 복음이신가? 그것은 하느님의 복음(마르 1,14) 때문이다.

예수님은 하느님의 복음을 전하셨는데 하느님의 복음 또한 두 가지 의미로 알아들을 수 있다. 하나는 하느님이 전하신 복음이고 다른 하나는 하느님이 복음이시라는 것이다. 예수님은 하느님이 전하신 복음을 전하며 동시에 하느님이 복음이심을 전한다. 그렇다면 하느님의 복음은 무엇인가? 하느님이 전하신 복음은 "나는 너희와 함께 있다."는 것이다. 예수님은 이를 "하느님은 우리와 함께 계신다." "하느님의 나라가 가까이 왔다."(마르 1,15) 라는 말로 선포하신다. 하느님의 현존을 선포하신 것이다. 그리고 하느님에게는 예수님이 그리고 온 인류와 온 세상이 복음이다. 예수님은 이 복음을 인류에게 선포하신 것이다.

하느님 나라가 가까이 왔다는 복음은, 그리고 우리가 하느님에게 복음이라는 사실은 단순히 암기하여 마음속에 저장했다가 고백의 이름으로 출력시킬 수 있는 내용물이 아니다. 이는 우리가 인생을 걸고 깨달아야 할 진리다.

이를 깨닫기 위하여 우리는 예수님께서 왜 많고 많은 말들 중에 '하느님 나라'라는 말로 복음을 선포하셨는지 유념할 필요가 있다. 하느님 나라처럼 오해를 받는 단어도 없기 때문이다. 예수님은 우리의 사고를 전환시키어 이 오해를 풀어주고자 하신다. 사고를 전환한 자만이 천국의 진리를 깨달을 수 있고, 참 기쁨, 참 행복, 참 영생을 누릴 수 있다. 그분은 "하느님 나라가 가까이 왔다. 회개하라"(마르 1,15)고 하시면서 우리가 보통 생각하는 천국관을 180도 뒤집으셨다. 때문에 우리의 사고를 180도 전환하지 않고서는 그분의 복음을 깨달을 수 없다. 예수님의 복음은 우리에게 사고의 전환을 요구한다. 예수님께서 복음을 선포하시면서 천국(하느님 나라)이라는 단어를 선택하셨다면 고착된 우리의 언어와 사고와 반성 없는 우리의 태도를 전환시키기 위해서이기도 하다.

우리의 사고를 전환시키기 위함이라는 것은 천국이라는 단어와 함께 예수님께서 사용하신 술어에서 분명해진다. 사람들은 천국을 이 세상을 떠나야 갈 수 있는 먼 나라로 여기지만 예수님은 하느님 나라가 가까이 와 있다고 말씀하신다. 너무나 가까워 지금 여기 이 세상 안에서만, 이 세상을 떠나서는 체험할 수 없는 나라라고 말씀하신다. 행복과 기쁨과 영생은 힘든 세상을 외면한다고 주어지는 것이 아니라 그 안으로 파고들어 갈 때 얻을 수 있는 것이다. 하늘은 땅을 떠나 하늘로 올라가 비로소 체험하는 것이 아니라 땅에서 체험한다. 왜냐하면 하늘의 하느님께서 땅에 강생하셨기 때문이다. 우리 인간은 이것을 믿어야 한다. 그분은 말씀하신다. "복음을 믿어라" 하느님 나라가 가까이 와 있음을 믿으라는 것이다.

예수님께서 선포하신 하느님의 복음은 그분이 세상에 탄생하실 때 하늘에서 싸들고 내려오신 어떤 비책이 아니라 당신이 세상에서 인간으로서 살아가면서 직접 체험하신 내용이다.(마르 1,9-13 참조)

사람이 복음이다

예수님은 복음에 근거하여 당신만이 아니라 세상에서 만나는 모든 사람들과 그들이 살아가는 세상이 그 자체로 복음임을 일깨워주신다. 그분의 사명은 세상의 모든 존재가 복음임을 일깨워주시는 일이었다. 예수님께서 복음을 선포하기 위해 갈릴래아로 가셨다면, 이방인의 마을인 그런 곳에도 하느님 나라가 와 있음을 믿게 하시기 위해서다. 예수님께서 더러운 영이 든 사람과 수많은 병자와 유다인이 기피하는 이방인, 창녀, 세리 등 소외받은 자들에게로 다가가신다면 그들 안에도 하느님 나라의 씨앗이 뿌려져 자라고 있음을 믿게 하시기 위해서다. 이들을 복음으로 대하며 이들을 통해 복음을 깨우쳐주기 위해서다. 갈릴래아와 이들 소외받은 가난한 자들을 지나쳐서는 하느님 나라를 체험할 수 없기 때문이다.

하느님에게는 우리 자체가 복음이다. 우리는 이를 믿어야 한다. 이 믿음에 근거하여 예수님은 말씀하신다. "하늘의 너희 아버지께서 완전하신 것처럼 너희도 완전한 사람이 되어야 한다."(마태 5,48) "너희 아버지께서 자비하신 것처럼 너희도 자비로운 사람이 되어라"(루카 6,36) 인간은 진흙으로 빚어진 비천한 존재이지만 하느님처럼 거룩하고, 하느님처럼 자비롭고, 하느님처럼 완전한 존재가 되어야 한다. 우리는 이를 믿어야 한다. 그분의 복음에 따라 우리는 만나는 모든 사람과 사물과 사건을 복음으로 만나야 한다. 우리가 만나는 사람은 우리에게 하느님을 느끼게 해주는 존재이다. 우리는 이를 믿어야 한다.

그분은 "나를 본 사람은 곧 아버지를 뵌 것이다."(요한 14,9) 라고 말씀하시는데, 이는 당신이 우리와는 전혀 다른 존재임을 내세우는 말씀이 아니라 당신이 바로 복음이심을 알리는 말씀이고, 나아가 우리 모두가 당신처럼 세상에 복음이 되기를 바라시는 말씀이다. 우리가 그분처럼 복음이 되는 날, 우리도 그분처럼 말할 수 있을 것이다. 그런데 우리는 이 말씀을 예수님만이 하실 수 있는 말씀이라 여긴다. 그러다 보니 우리도 예수님처럼 하느님을 세상에 보여 줄 수 있는 존재가 될 수 있다는 믿음을 신성모독으로 생각하기도 한다. 우리는 뜨겁게 믿음을 고백하면서도 우리 자신을 세상에 복음으로 제시하지 못하는 것이다.

믿음의 근본은 복음이다

믿음의 근본은 복음이다. 그분께서 말씀하신다. "때가 차서 하느님의 나라가 가까이 왔다. 회개하고 복음을 믿어라"(마르 1,15) 복음을 믿는다는 것은 이 세상을 떠난 저 먼 곳에 천국이 있다는 것을 믿는 것이 아니라 이 세상 한 복판에 하느님 나라가 와 있음을 믿는 것이다. 너무도 가까이 와 있기에 지금 여기를 떠나서는 체험할 수 없는 나라라고 믿는 것이다. 하느님은 우리를 이 험한 세상에서 저 세상으로 옮겨주시는 분이거나, 우리에게서 고통을 제거해 주시는 분임을 믿는 것이 아니라, 하느님은 말구유에도, 십자가에도, 고통 중에도 현존하심을 믿는 것이다.

대부분의 그리스도인은 하느님의 현존을 믿는다고 고백하면서도 하느님을 이 세상 바깥 어딘가에서 찾는다. 하느님을 현실 바깥으로 밀어낸다. 복음에 근거하여 믿지 않기 때문이다.

무엇을 어떻게 신앙하는가에 따라 맹신할 수도 광신할 수도 있다. 하느님을 믿는다고 고백하면서 우상을 숭배할 수도 있고 미신할 수도 있다. 천국과 하느님을 믿는다고 하면서 헛된 망상에 사로잡힐 수도 있고, 마리아가 동정녀로 예수님을 잉태하였다는 것을 믿는다고 하면서 마리아를 신화적 존재로 만들 수도 있고, 예수님을 믿는다면서 예수님을 마술사로 만들 수도 있다. 복음에 기인하지 않는 믿음은 다 맹신이요 광신이다. 우상숭배는 맹신과 광신에서 나온다.

많은 현대인이 교회로부터 등을 돌린다면 교회가 복음에 근거한 신앙을 보여주지 못하기 때문이다. 교회를 떠나는 이들이 천국과 하느님, 동정 잉태 등 그리스도교의 개념을 부정하는 현상으로 나타난다면, 이는 전적으로 교회의 책임이다. 교회는 그들의 비판을 예언적 표시로 볼 수 있어야 한다. 교회는 사람들이 교회를 외면한다고 냉담자다, 이단이다, 무신론자다, 비판하기 전에 자기의 신앙이 복음에 근거한 것인지 반성할 수 있어야 한다. 복음에 근거하여 신론, 그리스도론, 인간론, 우주론 등을 이해하고 있는지 자신을 돌아보아야 한다. 교회는 자기를 포함하여 대부분의 그리스도인이 맹신하고 광신하면서 우상을 숭배하듯 하느님을 믿고 있다는 사실을 진지하게 성찰해야 한다.

개념에 대한 재해석이 아니라 복음에 근거하여 이 개념을 올바로 이해하고 있는지 성찰할 수 있어야 한다. 예컨대 현대인이 부활과 동정잉태 등의 신학적 주제에 대해서 이의를 제기한다면 이 개념에 대한 올바른 이해가 없기 때문이라고 할 수 있다. 이는 이 개념을 재해석하기 보다 올바른 해석을 통해서 해결할 수 있다. 우리 교회는 지금 재해석할 능력이 없는 것이 아니라 올바른 해석을 할 능력이 부족하다. 이는 결국 믿음에 대한 성찰이 없다는 것과 무관하지 않다. 예수님은 우리에게 성찰의 바탕을 마련하여 주셨다. 그것이 복음이다.

성찰 없이 믿음을 고백할 때 그것은 자칫 종이(이것은 파이프가 아니다)에 대한 믿음 고백, 교리에 대한 믿음 고백이 될 수 있다. 무엇보다도 이런 고백은 교의를 죽은 물건으로 만들기 십상이다. 그런 까닭에 예수님이 동정녀 마리아에게서 태어났다고 고백하면서 마리아를 전설적 인물로 만들고, 예수님이 하느님의 아들이심을 믿는다고 고백하면서 예수님을 신화적 존재로 만들어 버린다. 교의는 우리를 참 믿음으로 안내해야 하는데 성찰과 깨달음이 없는 신앙인들로 인해 죽은 교의가 되어버린 것이다.

그리스도교 믿음의 근본은 "하느님 나라가 가까이 왔다."는 복음을 믿는 데서 출발한다. 예수님께서 "복음을 믿어라"고 하신다면 하느님 나라가 가까이 왔음을 믿으라는 말씀이다. 이 복음에 따르면 하느님을 믿는다는 것은 이 세상 바깥이 아닌, 말구유와 같고, 십자가와 같고,

생로병사가 펼쳐지는 고해(苦海)와 같은 세상 안에 하느님이 현존하심을 믿는 것이다. 하느님을 믿는다는 것은 어떠한 상황에서도 하느님이 우리와 함께 계신다는 것을 믿는 것이다. 하느님을 믿는다는 것은 세상의 여러 신들 중 하나인 하느님을 선택하여 믿거나, 내 행동과 기도 여하에 따라 내게 복을 내리거나 벌을 주시는 분을 믿는 것이 아니다.

우리가 그분을 믿어야 하는 이유는 그분이 '복음' 자체이시기 때문이다. "하느님을 믿고 또 나를 믿어라"(요한 14,1)고 하신 예수님의 말씀은 복음을 기초로 해야만 옳게 이해할 수 있다. 하느님 나라가 가까이 왔다는 복음에 따르면 모든 사람들 안에 하느님의 씨앗이 뿌려져 자라고 있다. 예수님은 이를 인류에게 깨우쳐주고자 하셨다. 복음화한 사람은 자기를 비롯하여 모든 이들 안에 하느님의 씨앗이 자라는 것을 받아들이는 사람이다. 그는 세상이 하느님의 복음임을 믿는다.

그런데 씨앗이 자라는 것은 눈에 보이지 않듯이 만나는 사람들 안에 하느님의 나라가 와 있음을 알아차린다는 것은 쉽지 않다. 불교는 그 원인을 욕심 때문이라고 설명한다. 욕심에 눈이 가리어 만물의 안이 들여다보이지 않는다는 것이다. 예수님은 믿음이 없기 때문이라고 하신다. 모든 것 안에 하느님의 씨앗이 뿌려져 있는 것을 믿지 못하거나, 설사 믿는다 하더라도 믿음이 약하기 때문이라는 것이다. 믿음이 없거나 약하기에 생로병사를 겪는 세상에서, 희로애락 중에 만나는 사람들에게서 하느님을 보지 못하고 하느님을 찾아 세상 바깥으로 눈을 돌리는 것이다.

믿는 사람은, 예수님처럼 갈릴래아로 간다. 일상의 삶이 펼쳐시는 그곳에서 그분처럼 병자들에게 다가가서 손을 내밀어 잡고 일으켜 세운다. 그들을 복음으로 만나고 자기의 존재로 그들에게 복음을 느끼게 한다. 그리고 그들이 그를 통하여 자신들 안에 현존하시는 하느님을 만나게 해준다.

믿음과 기적

많은 사람들이 예수님께 믿음을 고백하면 병이 낫는다고 믿으며 그분을 찾는다. 이런 고백의 이면에는 예수님은 사라지고 예수님이 자기 병을 고쳐주시는 분이라는 믿음만이 강하게 작용한다. '부자 되게 해 주세요.' '하는 일마다 잘 되게 해 주세요.' 하는 따위의 기도도 그렇다. 그런 마음으로 '믿는 대로 되리라' 하면서 열광적으로 믿음을 발한다. 예수님을 자기가 믿는 대로 움직일 수 있다고 생각한다면 그것은 믿음에 대한 오해다. 성경에 나오는 수많은 병자들이 예수님께 믿음을 고백하면서 병이 나았는데 그들이 나은 것은 예수님이 그들의 병을 낫게 해주시는 분임을 믿었기 때문이 아니다. 우리가 사도신경에 따라 하느님은 전능하신 천주 성부 천지의 창조주이시고 그 외아들 예수 그리스도가 부활하셨음을 믿는다고 고백하는 이유가 그분이 우리를 부자 되게 해 주고, 하는 일마다 잘 되게 해 주고, 병을 치유해 주기를 바라서라면 우리는 이기적으로 신앙하는 것이 된다. 우리가 육신의 부활을 믿는다고 고백하는 것은 죽은 다음 다시 살아나서 살아생전 누리지 못한 행복과 평화를 얻기 위해서가 아니다. 천국은 우리가 살아생전 누리지 못한 꿈을 사후에 보장하는 곳이 아니다. 복음에 근거하지 못한 고백은 우리를 미신에 빠뜨린다. 하느님께 믿음을 고백한다고 하지만 막상 그들이 바치는 기도는 그리스도교의 신앙고백과는 거리가 멀다. 우리 주 예수 그리스도의 아버지이신 하느님의 이름을 부르며 기도한다고 하지만 그 기도가 자기 소원 성취만을 위한 것일 때 그들이 부르는 하느님은 이름만 다를 뿐 민간 신앙에서 보는 제신들과 다를 바가 없다. "사람들은 교회에 입교하여 특별한 계명을 지키고 존경하며 어떤 '덕'을 쌓기 위해 노력하고 있지만 진정한 신앙과 창조적 역동성을 몸으로 살지 않으면 하느님의 생생한 현존은 바로 죽은 것이 되어버리고 만다."
(마르티니, 『베드로의 고백』, 41)

예수님은 복음을 선포하시면서 이런 잘못된 믿음을 치유해주고자 하셨다. 병에서 낫고, 고통에서 해방되고, 자기의 소원이 이루어지기를 믿는 것이 아니라 고통 가운데서도 하느님이 현존하신다는 사실을 믿게 하시려는 것이다. 병에서 치유되는 기적을 넘어 존재 자체가 치유되는 기적이 일어나게 하셨다. 복음은 온 존재를 기쁘게 한다.

예수님 이전에는 하느님 나라를 '가는' 나라라고 믿었지만 예수님 이후에는 하느님 나라가 우리 가운데 '와 있음'을 믿게 되었다. 우리가 하느님 나라에 가는 것이 아니라 하느님 나라가 우리 안에, 우리 가운데 와 있다. 이전에는 하느님을 하늘 위 일정한 곳에 상주하시는 분으로 믿었으나 예수님과 함께 하느님은 우리 안에, 우리 가운데 와 계심을 믿게 되었다. 하느님은 우리의 일상에, 우리가 앓는 병과 고통 중에 현존하신다. 생명의 하느님은 죽음의 상황에서도 우리와 함께 계신다.

예수님을 알기 전에는 하느님을 우리가 앓는 병을 고쳐주시는 분으로만 알았고, 그러기에 고통 중에는 현존하시지 않는 것처럼 생각하였지만, 예수님의 복음과 함께 우리는 기쁨도 슬픔도 행도 불행도 고통도 괴로움도 말구유도 십자가도 모두가 그분의 선물임을 믿게 되었다.

회개란 종전의 믿음에서 예수님의 믿음으로 방향을 트는 것이다.

"예, 믿습니다. 나는 당신을 믿습니다." 인류에게 이 믿음을 전하기 위하여 그분은 이제 길을 나선다. 이방인에게로, 병자에게로, 약자에게로.

맹신과 광신

예수님께서 복음을 선포하시면서 왜 회개하라고 하셨는지, 왜 복음을 믿으라고 하셨는지 그 애타는 마음을 읽어야 한다. 복음을 모르는 믿음은 위험하다. 하느님을 믿는다고 큰소리로 고백하면서도 우상 숭배자가 될 수 있다. 세례를 받아 그리스도교 울타리 안에 들어온다고 저절로 맹신과 광신, 미신과 우상숭배를 벗어나는 것이 아니다. 불행하게도 맹신과 광신, 미신과 우상숭배는 그리스도교 안에 성행하고 있다. 대부분의 그리스도인의 믿음은 복음에 대한 믿음이 아니고, 그들이 믿는 하느님은 복음을 선포하신 예수님의 하느님이 아니며, 그들이 믿는 그리스도는 예수님의 그리스도가 아니다.

예수님은 자주 "너희는 눈이 있어도 보지 못하고 귀가 있어도 듣지 못하느냐?"(마르 8,18)며 잘못된 믿음을 나무라신다. 보면서도 제대로 보지 못하고 들으면서도 제대로 듣지 못하는 맹신을 탓하신다.

우리가 신앙을 고백하면서도 맹신과 광신의 늪에서 헤어나지 못한다면 아직 예수님의 복음, 하느님의 복음을 진지하게 성찰하지 못하기 때문이다. 예수님께서 복음을 선포하시면서 "회개하고 복음을 믿어라"고 말씀하신 것은, 우리를 맹신과 광신의 늪에서 구하기 위해서다. 회개 없는 믿음, 깨달음이 없는 믿음은 맹신과 광신으로 흐르기 쉽다.

교회는 믿음의 공동체다

교회는 믿음의 공동체다. 복음에 대한 믿음을 사람들에게 심어주며 복음을 따라 살게 해주는 공동체다. 교회는 동시에 믿는 이들의 공동체다. 믿음을 가진 사람들이 모여 신앙하는 공동체다. 교회는 신앙의 공동체, 신앙인의 공동체로 세상에 복음을 선포하여 세상이 자신을 복음으로 깨닫게 해주는 복음의 성사다. 신앙인이 먼저 복음을 깨닫고 자신의 몸으로 사람들에게 복음을 느끼게 해주어야 한다. 하느님을 하느님으로, 예수님을 예수님으로 오롯이 만나게 해주어야 한다.

불행하게 대부분의 그리스도인이 몸담고 있는 교회는 주님의 이름을 부르지만 예수님의 교회가 아닐 때가 많다. 교회는 다음의 예수님 말씀을 가슴에 새겨야 할 것이다.

"나에게 '주님, 주님!' 한다고 모두 하늘나라에 들어가는 것이 아니다. 하늘에 계신 내 아버지의 뜻을 실행하는 이라야 들어간다. 그 날에 많은 사람이 나에게, '주님, 주님! 저희가 주님의 이름으로 예언을 하고, 주님의 이름으로 마귀를 쫓아내고, 주님의 이름으로 많은 기적을 일으키지 않았습니까?' 하고 말할 것이다. 그때에 나는 그들에게, '나는 너희를 도무지 알지 못한다. 내게서 물러들 가라, 불법을 일삼는 자들아!' 하고 선언할 것이다. 그러므로 나의 이 말을 듣고 실행하는 이는 모두 자기 집을 반석 위에 지은 슬기로운 사람과 같을 것이다. 비가 내려 강물이 밀려오고 바람이 불어 그 집에 들이쳤지만 무너지지 않았다. 반석 위에 세워졌기 때문이다. 그러나 나의 이 말을 듣고 실행하지 않는 자는 모두 자기 집을 모래 위에 지은 어리석은 사람과 같다. 비가 내려 강물이 밀려

오고 바람이 불어 그 집에 휘몰아치자 무너져 버렸다. 완전히 무너지고 말았다."(마태 7,21 – 27)

누구나 다 예수님을 향하여 "주님, 주님" 부르며 "믿습니다." 하고 신앙을 고백할 수 있다. 마귀도 그렇게 할 수 있고, 불법을 일삼는 속이 엉큼한 사람도 그렇게 할 수 있다. 그러나 그 고백이 복음에 근거하지 않는다면 아무 소용이 없다. 하느님의 뜻은 복음에 근거하여 읽을 때 분명해진다. 하느님은 좋고 나쁘고를 떠나 모든 사람들 안에 스며들어 계신다. 그분은 "악인에게나 선인에게나 당신의 해가 떠오르게 하시고, 의로운 이에게나 불의한 이에게나 비를 내려 주신다."(마태 5,45) 그것이 하느님의 뜻이다. 복음을 믿는 자는 하느님의 이 뜻을 받아들인다.

교회는 하느님 나라가 가까이 왔다는 복음을 선포하며 하느님의 뜻을 세상 사람들에게 느끼게 해주어야 한다. 예수님은 복음을 선포하시기 위하여 당신의 온 존재를 바치셨다. 당신의 온 생애와 십자가와 죽음으로 이를 증거하셨다. 우리 그리스도인은 남을 복음화시키기 위하여 애를 쓰기 전에 먼저 자기 자신을 복음화된 존재로 제시할 수 있어야 한다. 남들이 나에게서 하느님 나라를 느끼도록 해주어야 한다.

슬프게도 우리나라의 교회는 복음화를 외치면서도 예수님의 복음과는 상관없이 펼쳐질 때가 많다. 하느님 나라가 가까이 왔다는 것이 어째서 복음인지, 예수님이 어째서 복음이고 그분의 십자가 죽음과 부활이 어째서 복음의 완성인지에 대한 성찰이 부족하다. 이런 상황에서 신앙 고백은 암기한 내용을 큰 소리로 외치는 것에 불과하다.

교회가 깨달음의 사명을 소홀히 할 때 교회는 맹신자와 광신자를 길러내는 요람이 되고 우상숭배자의 집단이 될 것이다. 맹신하는 집단에서는 부자 되게 해 달라, 하는 일마다 잘되게 해 달라, 건강하게 해 달라는 식의 이기적인 기도소리만 드높다. 남을 위하여 돌아가신 예수님을 선포하는 교회가 자기만을 위하여 기도하는 사람들의 집단으로 변한다는 것은 모순이다. 종교가 이런 맹신과 광신의 집단이 된다면 누가 우리 사회에 믿음을 심어주겠는가.

평신도의 마음에 귀 기울이기

누구나 교회의 쇄신에 대해서 이야기할 수 있다. 하지만 교회의 쇄신은 자기 쇄신에서 비롯한다. 이런 면에서 성직자가 평신도에게만 쇄신을 요구하는 것은 잘못된 일이다. 역사적으로 볼 때 쇄신은, 쇄신을 부르짖는 성직자가 아니라 평신도가 솔선수범하여 이루어졌고 이를 나중에 성직자가 받아들이는 과정에서 쇄신이 일어났다. 이는 성직자들이 마음에 새겨야 할 일이기도 하다. 평신도에게 쇄신을 요구하면서 그들 자신은 잘 변화하지 않는다는 의미이기도 하기 때문이다. 교회의 쇄신은 평신도의 무지를 일깨우는 데서가 아니라 성직자의 부패와 관련하여 일어났다. 그리고 성직자가 부패했을 때 그들을 쇄신하게 한 것은 평신도였다. 교회의 쇄신은 성직자들이 신자들의 이러한 신앙 감각을 수용할 때 그 속도가 빨라질 수 있다.

교회 쇄신을 바란다면 성직자는 평신도의 마음에 귀를 기울여야 한다. 평신도가 이수룩하게 보이더라도 그들의 밑에 귀를 기울일 수 있어야 한다. 주의를 기울이며 자신의 똑똑함을 반성해야 한다. 교회의 쇄신은 교회의 제도를 바꾸거나 강화하는 것이 아니라 평신도들의 마음에 귀를 기울이는 데서 시작한다. 그들에게 귀를 기울이지 않고 그들의 마음을 변화시키겠다고 할 때 교회는 제도만을 강조하는 잘못을 범하게 될 것이고, 사목은 관리와 동일한 것이 될 것이다. 하느님께서 인간에게 귀를 기울이며 인간의 느낌을 가지고 인간 세상에 들어오셨듯이 성직자는 일반 신자들의 느낌에 귀를 기울이며 그들의 느낌을 가지고 그들의 세계 안으로 들어가야 할 것이다. 그렇게 그들과 하나가 될 때 교회의 쇄신은 저절로 이루어질 것이다. 예수님은 애써 우리의 삶을 변화시키려고 하지 않으셨다. 오히려 당신이 썩어 없어지는 변화, 사라지는 변화를 일으키며 우리의 몸 안으로 들어오셨다. 매일 성체를 받아 모시면서 그분의 변화를 느끼지 못한다면 그 미사가 우리에게 무슨 의미가 있겠는가. 그런데 우리는 성체를 모시면서 우리의 몸을 성체로 변화시킬 생각은 하지 않고 오히려 우리 개인의 욕심을 채우려고 할 때가 많다.

복음화를 위한 기도

때가 찼다.
하느님의 나라가 가까이 왔다.
회개하고
복음을 믿어라.

제2차 바티칸 공의회의 믿음

새 복음화

제2차 바티칸 공의회가 열린지 50년이 지나면서 제3차 공의회를 요구하는 신학자가 많아졌다. 이 요구는 제2차 바티칸 공의회가 끝나기 무섭게 한스 큉 등이 제창하였는데, 제2차 바티칸 공의회가 세상을 향하여 충분히 문을 열지 못했다고 보기 때문이다. 50년이 지난 오늘날 다시 제3차 바티칸 공의회를 요구하는 목소리가 높은 것은, 그때 그 요구의 연장선상이기도 하지만, 변한 시대에 걸맞는, 제2차 바티칸 공의회의 정신을 충분히 반영하고 발전시킬 공의회가 필요하다는 뜻이기도 하다.

나는 개인적으로 제3차 공의회의 필요성에 대한 논란보다는 제2차 바티칸 공의회의 정신에 따라 교회의 쇄신을 위해 우리가 얼마나 애를 썼는지 성찰하면서 제2차 바티칸 공의회의 정신으로 돌아갈 것을 먼저 권하고 싶다. 제2차 바티칸 공의회는 변화한 시대에 복음의 의미를 깨우치고 믿음을 올바로 찾아 주고자 하였다. 공의회는 교회가 복음을 잘 소화하지 못한 지난 역사를 뒤돌아보며 세상에 또 다른 문화와 종교에 대해 죄를 많이 지었음을 솔직하게 인정하면서 교회의 쇄신을 강조하였다. 교회의 쇄신은 복음으로 돌아가는 마음 없이 불가능하다. 자기 쇄신 없이 사회를 향하여 외치는 소리는 공허하여 힘을 잃을 수 있다. 우리는 제2차 바티칸 공의회가 종전의 공의회와는 달리 세상을 사목적으로 대한 것에 주목하면서 우리는 얼마나 제2차 바티칸 공의회의 정신을 소화하고 있는가, 얼마나 예수님의 복음을 깨치고 있는가, 그리고 우리는 얼마나 사목적인가를 자문하고 반성해야 할 것이다.

이번에 교황 베네딕토 16세가 2012년 10월 11일부터 2013년 11월 24일까지를 '신앙의 해'로 선포한 것도 "공의회의 가르침을 이해하도록 돕고 … 교회의 쇄신에 더욱 큰 힘"(바오로 6세, 『신앙의 문』 5에서 인용)이 되어 우리를 복음의 정신으로 안내하기 위해서일 것이다. 이런 면에서 우리는 교황이 2013년을 '신앙의 해'로 선포한 것에 유념하게 된다. 우리의 신앙에 무슨 문제가 생긴 것인가, 신앙에 위기를 느낀 것인가? 지금까지의 신앙과는 '다른' 신앙을 선포하기 위함인가?

교황은 신앙과 함께 새 복음화를 강조했다.(『신앙의 문』 7) 새 복음화로 교황은 예수님께서 전개하신 복음화와는 다른 복음화 운동을 펼치겠다는 것인가? 아니면 달라진 시대가 새 복음화를 요구한다는 말인가?

같은 믿음, 같은 복음인데도 '새' 복음화를 외친다면 복음을 외치는 우리들의 믿음에 문제가 있다는 것이고, 믿음의 위기는 복음만이 극복할 수 있다는 것을 암시한다. 예수님은 복음을 선포하시면서 복음에 대한 믿음을 요구하셨는데 우리는 이 요구를 충실히 따르지 못하고 있는 것이다.

이런 의미에서 새 복음화는 예수님의 복음으로 돌아가자는 호소다. 사람들이 교회로부터 등을 돌릴 뿐 아니라 종교의 종말을 논하는 현상까지 생기게 된 원인은 복음화와 믿음을 강조하면서도 자기만의 구원을 믿으며 맹신과 광신의 늪에 빠져 이기적으로 신앙하기 때문이다. 제2차 바티칸 공의회는 이런 상황을 직시하고 교회의 쇄신을 외치면서 교회가 예수님의 복음으로 돌아가 세상을 향하여 자신을 열 것을 촉구하였다.

이에 예수님께서 선포하신 복음과 믿음을 살펴보고 새 복음화에 대해 이야기하게 한 시대의 상황과 이에 대한 교회의 대응과 우리의 신앙과 사목 현실을 성찰해 본다.

새 복음화란 있을 수 없다

사실 '새 복음화'란 있을 수 없다. 복음은 예수 그리스도의 복음 하나뿐이기 때문이다. 복음화는 예수님의 복음을 모르고서는 펼칠 수 없다. 그런데 우리는 예수님의 복음이 무엇인지 아는가? 미사를 마치면서 사제가 "미사가 끝났으니 가서 복음을 전합시다." 하면 신자들은 "감사합니다." 하고 대답한다. 무엇을 전하겠다는 것이며 무엇에 감사하다는 것인가?

그분은 복음을 선포하시면서 복음을 믿으라고 하셨다. 복음을 믿으라는 것인데, 이는 복음이 믿음의 근본이라는 것이다. 천지의 창조주 하느님을 믿는다고 고백하여도, 우리 주 예수 그리스도를 믿는다고 고백하여도, 우리가 장차 부활할 것을 믿는다고 고백하여도, 그 고백이 복음에 근거하지 못하다면 우리의 신앙은 맹신과 광신이 될 수 있고 우상숭배와 다를 바 없다.

교황이 강조하는 새 복음화란 새로운 복음을 선포하거나 새로운 전술을 동원한 새로운 방식의 복음 선포가 아니라 예수님의 복음에 근거하여 복음 운동을 전개하지 못한 우리(교회)의 복음 이해와 믿음에 대한 반성을 촉구하는 것이다.

○ 인생을 기쁘게 사는 비결

대부분의 그리스도인들은 복음의 뜻이 '기쁜 소식'이라는 것은 알지만 그 내용은 막연하게만 알고 있다. 그러다 보니 믿음도 추상적이다. 복음은 기쁜 소식, '인생을 기쁘게 사는 비결'이다. 예수님에 의하면 인생을 행복하게 사는 비결은 하느님의 현존을 믿고 자신을 내맡기는 것이다. 예수님은 "하느님 나라가 가까이 왔다."(마르 1,15)는 복음을 선포하시면서 하느님께서 우리와 함께 계시다는 것을 인류에게 알리고자 하셨다. 신학적으로 이야기하자면, 하느님께서는 당신 자신 다시 말해 당신의 생명, 당신의 전부를 인간에게 전달하셨다. 하느님은 인류의 시초부터 구원의 역사 안에서 그리고 마지막으로 예수 그리스도 안에서 당신 자신을 계시하셨다. 하느님은 당신 자신을 인간에게 전달하시면서 인간을 당신 자신의 신적 생명에 참여하도록 부르셨다. 따라서 인간(세상)은 하느님(의 전부, 생명)이 전달된 존재이며, 하느님을 세상에 드러내는 존재이다. 인간은 하느님의 창조물, 하느님의 모상, 하느님의 자녀이다.

하느님께서 우리와 함께 계시다는 것을 안다면 우리는 그분의 다스림에 우리 자신을 맡기고 살아야 한다. 세상의 평화는 나의 힘이 아니라 그분의 다스림에 자신을 맡기는 데서 주어진다. 기쁘게 세상을 살고 싶은가? 그 비결은 간단하다. 하느님의 현존을 믿고 그분께 자기 자신(너의 전부)을 온전히 맡겨라.

복음은 사랑으로 표현된다. 하느님께서 당신 자신을 이 세상에 전달하셨다는 것은 하느님이 사랑이심을 말한다. 하느님의 자기전달은 하느님의 자기희생이며, 하느님의 자기희생은 곧 하느님의 자비(함께 아파하고 함께 슬퍼하고 함께 고통을 당하는 것이다)이다. 자기희생 없이는 보잘 것 없는 세상에 당신 자신을 전달하실 수 없다. 십자가의 희생은 하느님의 자기희생이다. 이 사랑은 하느님의 전부가 전달된 인간의 마음속에 깊숙이 새겨져 있다.

○ **복음과 회개**

예수님은 복음을 선포하시면서 회개와 믿음을 촉구하신다 "하느님 나라가 가까이 왔다. 회개하고 복음을 믿어라"(마르 1,15) 회개를 뜻하는 '메타노이아'는 기존의 사고(노이아)를 뛰어넘는(메타) 것이다. 예수님이 회개를 요구하신다면, 하느님의 나라가 가까이 왔다는 복음은 너무도 엄청난 계시 진리여서 우리의 사고를 바꾸지 않고서는, 즉 기존의 사고를 뛰어넘지 않고서는 깨달을 수 없다는 것을 뜻하기도 하지만 다른 한편, 우리는 하느님의 나라를 '다르게' 이야기하고 있어서 그런 사고로는 하느님 나라에 들 수 없다고 본 때문이리라. 사고를 바꾸지 않고서는 복음을 깨달을 수 없다는 것은 그분이 복음을 선포하시며 사용하신 술어에 잘 나타난다. 그분은 하느님의 나라가 가까이 '왔다.'고 선포하신다. 그런데 우리는 천국을 '가는' 나라, 이 세상을 떠나야만 들어갈 수 있는 나라로 생각하는데 익숙하다. 천국을 '오는 나라'로 받아들이기 위해서는 '가는 나라'라는 기존 사고를 뛰어넘어야 한다.

기존 사고의 틀을 깨지 못하는 한, 우리가 선포하는 복음은 예수님의 복음이 아닐 수 있다. 우리가 말하는 천국은 예수님의 천국이 아니고, 우리가 말하는 하느님은 예수님의 하느님이 아니며, 우리가 말하는 부활은 예수님의 부활과 다르고, 우리가 말하는 그리스도는 예수님이신 그리스도와 다를 수 있다. 우리의 상투적인 사고를 벗어나지 못하는 한, 우리의 믿음은 예수님이 요구하시는 믿음과는 동떨어진 것일 수 있다. 일찍이 이를 간파한 K. 라너의 말처럼 "대부분의 그리스도인이 믿는 하느님은 고맙게도 존재하지 않는다."

복음은 기존 사고를 깨지 않고서는 깨달을 수 없다. 복음은 인간의 사고의 틀을 깨기 위하여 있다. 그런 면에서 복음화는 사고를 변화시키는 운동이고, 사고의 틀을 깨는 운동이다. 사고의 틀을 깨야 세상을 하느님이 현존하시는 집, 인간을 하느님의 모상으로 만날 수 있고 자신을 하느님께 맡기는 삶을 살 수 있다. 기쁨의 비결, 인생을 기쁘게 사는 비결의 첫 단추는 사고를 깨는 데서 시작한다. 그런데 사고를 깨는 것이 마음대로 되지 않는다. 이에 예수님은 믿음을 요구하신다. "복음을 믿어라" 사고를 바꾸기 위하여 우리는 복음에 대한 믿음을 몸에 익혀야 한다. 믿음이 복음의 삶을 사는 근본이다.

○ 복음과 믿음

예수님은 회개하라는 요구에 이어 "복음을 믿으라"고 하신다. 하느님의 나라가 이 세상 안에 이미 와 있음을, 생로병사 희로애락이 펼쳐지는 이 세상이 그대로 우리에게 하느님의 현존을 알린다는 사실을 믿어야 한다는 것이다. 복음을 믿는다는 것은 이 세상 바깥 어딘가에 하느님 나라가 따로 있다는 것을 믿는 것이 아니라 하느님 나라가 이 세상 안에 와 있음을 믿는 것이다.

예수님께서 복음을 선포하시면서 복음을 믿으라고 하신 것은 도저히 행복할 수 없을 것 같은 이 세상 안에서 우리가 행복하게 살 수 있다는 확신을 심어주시기 위해서이다. 하느님의 현존에 대한 믿음이 인생을 기쁘게 살게 해준다. 모든 존재가, 나에게 상처를 준 사람들도, 가난하고 무지하고 무능한 자들도 우리에게 하느님의 현존을 느끼게 해주는, 우리를 기쁘게 하는, 우리 인생의 의미를 찾아주는 존재다. 나와 생각이 다르고 가치관이 다른 사람, 언어와 종족과 종교와 문화가 다른 사람 안에서 하느님을 볼 수 있을 때, 그들을 하느님 대하듯 대하며 살 때 우리는 진정한 기쁨을 맛보고 인생의 참 의미를 발견할 수 있다. 그들의 모습에서 하느님의 모습을 발견하려는 마음 없이는, 그들의 소리에 귀 기울임 없이는 인생을 의미 있게 살 수 없다. 그들은 하느님은 아니지만 하느님의 사랑을 느끼게 해주는 존재이다.

행복하기 위해 우리는 현존하는 하느님께 자신을 맡길 수 있어야 한다. 인생을 의미 있게 살기 위해서 우리는 멸하고 죽을 이 인생이 불사불멸의 영원한 생명을 지니고 있다는 것을 믿어야 한다. 부활을 믿는다는 것은 죽은 다음 저 세상에 다시 살아나 영원한 생명을 얻는 것을 믿는 것이 아니다. 그분께서 말씀하신다. "살아서 나를 믿는 모든 사람은 영원히 죽지 않을 것이다."(요한 11,26) "이 빵을 먹는 사람은 죽지 않는다. 이 빵을 먹는 사람은 영원히 살 것이다."(요한 6,50.58)

제2차 바티칸 공의회는 신앙을 '하느님의 계시에 대한 응답'이라고 표현한다. 계시는 하느님의 자기 전달이며, 계시를 믿는다는 것은 하느님께서 당신 자신, 당신 생명, 당신의 전부를 세상에 전달하신 것을 믿는 것이다. 복음을 믿는 사람은 당신 자신을 계시하시는 하느님의 신비 속으로 응답하며 그분께 자기 자신을 맡긴다. 하느님의 희생적 사랑에 대한 인간의 응답이 신앙이다. 믿음은 자기를 전달하시는 하느님을 사랑으로 체험하게 하고 또 하느님이 전달된 피조물을 사랑으로 체험하게 한다. 믿음은 사랑의 행위이고 믿는 자는 사랑한다.

○ **복음과 복음화**

복음화는 하느님께서 현존하시고, 하느님의 전부가 전달된 세상을 하느님 나라이듯 대하고, 세상에서 만나는 사람을 하느님이듯 대하는 운동이다. 죄인, 성인, 유대인, 이방인, 여자, 남자, 부자, 빈자 따지지 않고, 종교와 문화와 피부색을 따지지 않고 모두를 하느님의 자녀로, 하느님의 모상으로 대하는 운동이다. 온 세상 만물에서 하느님을 보고, 그 안에서 자기 자신을 희생 제물로 내놓으신 하느님의 자비와 사랑을 느끼는 운동이다. 복음화는 세상을 이미 와 있는 하느님 나라로 보지 못하는 우리의 눈을 치유하며 우리 자신을 하느님께 맡기게 하는 운동이고, 드디어는 하느님께서 현존하시는 세상을 사랑하는 운동이다.

예수님은 복음을 선포하시면서 아픈 사람 건강한 사람, 세리 바리사이, 의인 죄인, 유다인 이방인 가리지 않고 만나셨다. 예수님에게 이들은 하느님의 현존을 알리는 '복음' 자체였다. 복음이신 그분이 세상을 복음으로 만나셨다. 이로써 그분은 세상을 복음화하기 위해서는 스스로 복음이 되어야 한다는 진리를 당신의 몸으로 보여주셨다. 복음화의 목적은 자기 자신을 복음으로 만나면서 세상을 복음으로 만나는 것이다.

제2차 바티칸 공의회는 "내가 복음을 선포하지 않는다면 나는 참으로 불행할 것입니다."(1코린 9,16)라는 사도 바오로의 말을 기억하면서 인간을 "그리스도께 합체시켜 사랑을 통하여 그리스도 안에서 충만에 이르기까지 자라나게" 하는 것은 교회의 사명이라고 말한다. 교회는 "사람들의 마음과 정신에 또는 민족들의 고유 의례와 문화에 심어져 있는 좋은 것은 무엇이든 없어지지 않도록 할 뿐만 아니라 오히려 하느님의 영광과 악마의 패배와 인간의 행복을 위하여 치유되고 승화되며 완성되게 한다. … 온 세상이 모두 하느님의 백성, 주님의 몸, 성령의 궁전이 되어 만물의 머리이신 그리스도 안에서 우주의 창조주이신 성부께 온갖 영예와 영광을 드린다."(LG 17)

교회를 믿는다는 것은 교회가 복음에 근거하여 올바로 신앙을 전달하기 때문이다. 복음에 기인하여 신앙하지 못할 때 교회는 맹신과 광신의 허무한 집단이 될 수 있다. 바른 믿음을 일깨우고 인간과 세상을 복음화 하는 것은 교회의 사명이다.

○ 새 복음화

교회가 새 복음화를 이야기한다면 예수님의 복음으로 돌아가 거기서 새로 시작하자는 말도 된다. 사실 대부분의 그리스도인은 복음에 대해 이야기하면서도 복음의 내용을 인식하지 못할 때가 많다. 그저 상투적으로 복음에 대해 이야기하다 보니 복음화 운동도 세력 확장 정도로 이해하고 만다. 당장 눈앞에 나타난 주일미사 참례자가 줄고 신앙의 물음(신, 천국, 창조, 부활 등)에 무관심한 자가 늘어나는 현상에 민감하게 반응하며 위기의식을 느끼고, "이렇게 가다가는 얼마 되지 않아 교회가 텅 비는 것이 아닌가?" 우려하며 냉담자를 다시 교회로 불러들이고, 예비신자를 새로 모아들이고, 개종을 권면하는 일을 복음화로 여긴다. 빈 교회를 채우는 것을 복음화의 주요 과제로 여기는 가운데 자기 복음화는 잊고, 다른 사고, 다른 문화, 다른 종교 안에 현존하시는 하느님을 외면하게 된다. 새 복음화가 단순히 숫자 놀음에 기인하여 펼쳐진다면 예수님께서 주창하신 복음화 운동은 외로운 길을 걷고, 교회의 위기는 지속될 것이다. 교회가 맹신자로 가득 채워진 것이 텅 빈 교회보다 더 위기다.

교회를 떠나는 이들을 믿음이 없다, 냉담자다 하며 애처로운 눈초리로 바라보기 전에 나는 올바로 믿고 있는가, 먼저 물을 수 있어야 한다. 전능하신 천주 성부 천지의 창조주를 믿는다고 고백할 때 나는 무엇을 생각을 하는지, 그 외아들 우리 주 예수 그리스도를 믿는다고, 그분이 동정녀 마리아에게서 태어나 고난을 받고 죽었다가 사흘 만에 부활하셨다는 것을 믿는다고, 하나이요 거룩하고 공번되고 사도로부터 이어오는 교회를 믿는다고 고백할 때, 이 믿음이 복음과 무슨 관계가 있으며, 예수님은 이 복음을 선포하시면서 왜 믿음과 회개를 요구하셨는지 물어야 한다. 쉽지 않은 물음이기에 일반 신자들에게 강요할 수 없다 하더라도 교회와 성직자들은 이들을 대신하여 마리아처럼 곰곰이 생각하며 성찰하고 묵상할 수 있어야 한다.

교회를 멀리하는 대부분의 사람들은 이런 질문에 답을 얻지 못한 자들이다. 그들이 교회 안에서 올바로 신앙을 찾았다면 그들은 신앙을 거부할 수 없었을 것이다. 그들의 신앙(교회) 거부가 아니라 우리의 맹신이 사실은 교회를 더한 위기로 몰아간다. 그들에게 답변을 주지 못하면서 그들을 비판하는 것은 자기의 신앙을 맹신이나 광신으로 만드는 것이나 다름없다. 어떤 면에서 그들이 신앙에 더 정직하다고 할 수 있다.

그들의 신앙거부는 바로 맹신의 거부를 의미하며 그러기에 신앙의 근원을 찾는 데서 나왔다고 보기 때문이다.

시몬느 베이유는 미사에 참석하지 않았지만 많은 이는 그를 훌륭한 그리스도인이라 부른다. 그리스도의 뜻대로 살지 못하면서 그리스도인이라 불리는 것은 그리스도를 욕되게 하는 것이라 하여 그는 세례 받기를 거부하였다.

새 복음화는 사람들을 다시 교회 안으로 불러들이기 위하여 새로운 전술이나 새로운 방법을 제시하는 정도로 펼쳐져서는 안 된다. 세속화된 사회에서 사람들이 자신들의 삶에서 다시 하느님 사랑의 현존을 체험할 수 있도록 터전을 마련하는 것이 새 복음화다. 예수님께서 선포하시는 복음을 듣고 사람들이 놀랐듯이 우리는 현대인이 예수님의 복음에 놀라움을 가지게 해야 한다. "이게 어찌 된 일이냐? 새롭고 권위 있는 가르침이다. 저이가 더러운 영들에게 명령하니 그것들도 복종하는구나"(마르 1,27) 하며 서로 물어보게 하는 것이 새 복음화다. 사실 우리는 예수님의 복음을 전하면서도 정작 우리는 그분의 **복음**에 **놀라지 않는**다. 우리의 사고가 그만큼 굳은 것이다.

제 2차 바티칸 공의회의 복음 이해

○ 교회의 위기와 쇄신

교회의 위기에 대한 이야기는 교회 역사의 초창기부터 나타난 현상이지만 인간의 이성이 깨기 시작한 19세기에 극에 달했다. 합리주의(계시에 대한 오해와 인간 이성 강조)와 신앙주의(Fideismus, 계시에 대한 오해와 인간 이성 불신)의 두 경향이 팽팽하게 맞서면서 전통주의와 근대주의(Modernismus)가 생겨났다. 제1차 바티칸 공의회(1869년 12월~1870년 9월)는 이런 오류에 대응하여 신앙과 이성의 상호 관계를 밝히고자 했다. 하지만 신앙과 이성, 신앙과 과학 사이에 그 어떤 모순도 갈등도 있을 수 없다고 천명하면서도 교의의 틀 속에서 근본주의 문제를 해결하지 못하였다. 교회의 문턱은 여전히 높았고 그 안에서 자기중심적인 믿음에 갇히기도 했다. 시대의 길을 제시하지 못하였다.

교황 요한 23세는 이런 시대적 상황을 직시하고 제2차 바티칸 공의회를 소집하였다. 공의회는 근본주의적이고 이기적인 사고로는 복음의 원천에 도달할 수 없으며, 복음의 원천에 도달하지 않고서는 세상을 복음화 하는 사명을 완수할 수 없다는 것을 피력하였다.

공의회는 계시헌장에서 제1차 바티칸 공의회의 계시이해를 받아들여 계시를 하느님의 자기 전달로[1], 신앙을 인간이 자신의 전 인격을 걸고 하느님의 자기 전달에 응답하는 자유로운 행위[2]로 진술하였다.

공의회는 교회가 회개하고 교회가 쇄신하는 모습을 보여야 한다는 근거를 계시와 계시에 대한 믿음에서 찾았다. "주 예수님께서는 '때가 차서 하느님의 나라가 가까이 왔다.'(마르 1,15; 마태 4,17 참조) 하시며 … 당신 교회를 시작하셨던 것이다."(LG 5) 공의회는 계시와 계시에 대한 믿음에 근거하여 세상의 복음화를 외치면서 세상만을 변화시키려고 한 교회의 태도를 반성하면서 교회가 먼저, 아니 교회는 항상 쇄신되어야 한다(ecclesia semper reformanda)고 강조하였다. 세상을 사목적으로 대하게 된 것이다. 세상이 자기의 관습과 문화를 버리고 교회로 집중해주기를 바라는 완고함에서 벗어나 교회가 스스로의 문을 열고 세상을 향해야 한다고 강조한 것이다.

○ 맹신과 광신으로 빚어진 무신론 문제

　무신론자는 신을 부정하는 자, 또는 신을 믿지 않는 자이다. 그러나 현상학적으로 볼 때 무신론은 '없는 신', '광신자와 맹신자의 신'을 부정하는 과정에서 나타났고, 그 과정에서 진짜 신까지 부정하는 오류를 범하는 현상이 나타났다. 그들이 예수님의 복음을 알았다면, 교회가 예수님의 복음에 근거하여 하느님에 대해 이야기하고, 신앙하고, 회개의 삶을 살았다면 이런 현상은 피할 수 있었을 것이다. 그런 면에서 그들이 이런 오류에 빠진 데에는 광신과 맹신을 부추기거나 방관한 교회의 책임도 크다. 제2차 바티칸 공의회는 무신론자뿐만 아니라 교회까지를 이 오류에서 구하고자 했다.

　공의회는 사목헌장(GS)에서 "인간은 이미 태어날 때부터 하느님과 대화하도록 초대받는다. 하느님의 사랑으로 창조되고 언제나 하느님의 사랑으로 보존되지 않는다면 인간은 결코 존재할 수 없기 때문이다. 또한 그 사랑을 자유로이 인정하고 자기 창조주께 자신을 맡겨 드리지 않고서는 인간은 온전히 진리를 따라 살아갈 수 없다."(GS 19) 고 무신론을 근원적으로 부정한다. 그리고 "교회는 신 긍정이 인간 존엄성에 결코 배치되지 않는다고 주장한다. 인간의 존엄성은 바로 하느님 안에 기초를 두고 하느님 안에서 완성되기 때문이다. … 하느님께 기초를 두지 않고 영생에 대한 희망이 없으면, 오늘날 흔히 그러하듯 인간의 존엄성은 극심히 손상될 것이며, 생명과 죽음, 죄와 고통의 수수께끼가 풀리지 않아 사람들은 흔히 절망에 빠지고 말 것이다."(GS 21)

　공의회는 무신론자가 나타나는 이유로 "하느님과의 깊은 생명의 결합을 전혀 이해하지 못하는" 인간의 무지, "만사를 과학적 이론만으로 설명"하거나 "하느님에 대한 신앙이 무기력해질 정도로" 인간을 예찬하는 것 등을 든다. 그 밖에도 "스스로 신을 만들어 놓고 그 형상을 부정"하거나 "신에 관한 문제를 전혀 다루지 않"거나 "종교에 관심을 가져야 하는 이유조차 깨닫지 못"하거나 "세상의 죄악에 대한 격렬한 저항"이나 "인간 가치를 부당하게 절대화하여 그것이 하느님 자리를 차지해버리는" 등 "지상 사물에 대한 열중" 때문에 하느님을 멀리한다고 본다.

공의회는 무신론이 발생한 원인을 무신론자에게서만 찾지 않고, 하느님의 믿음에 불신을 일으키게 한 교회에도 책임이 있음을 강조한다. "신앙 교육을 소홀히 하거나 교리를 잘못 제시하거나 종교, 윤리, 사회 생활에서 결점을 드러내어 하느님과 종교의 참모습을 보여 주는 것이 아니라 오히려 가려 버린다면, 신앙인은 이 무신론의 발생에 적지 않은 역할을"(GS 19) 하는 것이다.

공의회는 무신론을 사목적으로 대한다. "교회는 무신론자들의 마음속에서 신 부정의 숨은 이유를 찾아내려고 노력하며, 무신론이 일으키는 문제들의 중요성을 깨닫고 모든 사람에 대한 사랑에 이끌려 문제를 진지하게 또 깊이 검토하여야 한다고 생각한다."(GS 21) 그리고 무신론은 복음의 실천을 통해 극복될 수 있음을 천명한다. "한마음 한뜻으로 복음에 대한 믿음을 위하여 함께 분투하며 일치의 표지로 드러나는 신자들의 형제애는 하느님의 현존을 보여 주는 데에 매우 크게 기여한다. … 교회는, 비록 무신론을 완전히 배격하지만, 믿는 사람이든 믿지 않는 사람이든 모든 사람은 함께 살아가는 이 세상을 바로 건설하도록 힘을 합쳐야 한다고 진정으로 선언한다. 이는 분명히 진지하고 신중한 대화가 없다면 이루어질 수 없다"(GS 21)

현 교회 진단과 방향제시

○ 배타적 신앙

공의회는 예수님께서 전하신 '계시(복음)에 대한 믿음'을 선포하는데 충실하지 못했음을 반성한다. 우리는 이에 충실한가?

예수님께서는 하느님 나라의 복음을 선포하심으로써 인간의 마음 안에 자리하고 있는 서로에 대한 존경심을 찾아주셨다. 복음을 선포하신 예수님은 다름을 존중하고 받아들여야 함을 강조하실 뿐만 아니라 타자를 위해 자기 자신을 희생 제물로 내놓아야 함을 십자가의 죽음을 통하여 보여주셨다. 복음을 받아들인 사람은 그리스도인 이방인 따지지 않고 만나는 모든 사람에게 자신을 열지 않을 수 없다. 사목헌장은 이에 근거하여 인간 한 사람 한 사람을 존경하고[3] 그렇게 반대자도 존경하라고 가르친다[4].

공의회는 인류 전체에 대한 하느님의 사랑에 근거하여 이런 믿음, 이런 평화를 바로잡고자 했다. 종교가 말하는 인류에 대한 사랑이 진실이라면 자기와 다르게 생각하고 다르게 말하고 다르게 행동하는 사람들을 포함하여 문화와 경전이 다른 사람까지를 형제자매로 대하며 그들의 마음에도 귀를 기울여야 한다. 복음을 깨닫기 위해서는 올바른 믿음을 가져야 하고 이를 위해 자기와 달리 생각하는 낯선 이들도 하느님이 현존하시는 집으로 받아들일 수 있어야 한다. 다른 언어와 다른 문화, 다른 종교에서도 들려오는 하느님의 음성을 들을 수 있어야 한다. "문화는 마땅히 존중을 받아야 하며, 공동선의 한계 안에서 특수 집단이든 일반 사회든 공동체와 개인의 권리가 보장되는 한, 어떤 불가침성을 누리는 것이다."(GS 59)[5]

복음화는 다른 문화를 존중하는 가운데 펼쳐져야 한다. 복음을 받아들인 사람은 다른 문화 안에도 현존하시는 하느님을 본다. 세상의 복음화를 원하는 사람은 다른 이들의 문화와 가르침 안에도 계시는 하느님을 만날 수 있어야 하며, 그 하느님께 자신을 맡길 수 있어야 한다. 예수님은 이스라엘 백성만이 유일하게 하느님을 알고 있으며, 그래서 하느님은 이스라엘만을 특별히 사랑하신다는 사고가 얼마나 해로운지를 당신의 복음을 통하여 일깨워 주셨다. 하느님은 한 개인 아브라함과 그의 후손 이스라엘만이 아니라 온 인류의 하느님이시다. 아담의 이야기는 유대인만의 조상이 아니라 온 인류의 조상에 대한 이야기다. 모든 민족이 하느님의 창조물이고 모든 민족이 하느님의 백성이며 하느님의 자녀들이다. 하느님은 한 가족, 한 민족의 역사에 유별나게 현존하시는 것처럼 보이지만, 그분은 어디나 계시는 분이다. 하느님이 아브라함에게 "네 고향과 친족과 아버지의 집을 떠나"(창세 12,1)라고 하신 것도 당신은 어디나 계시기 때문이다. 하느님은 아브라함의 하느님이며 살렘 왕 멜키세덱의 하느님이기도 하다. "모세의 장인이자 미디안의 제사장인 이드로도 하느님을 인정한다. 성경의 영웅적인 여성인 다말과 룻 역시 이스라엘 사람이 아니다. 다말은 가나안 여인이고 룻은 모압 여인이지만, 둘 다 이스라엘 역사에서 영예의 자리를 차지하고 있고 이스라엘의 가장 위대한 왕인 다윗의 조상이다."[6]

○ 개종

"모두가 하느님의 모상이며 하느님의 자녀다. 자기에게 상처를 준 이를 위해 기도하라"고 설교하면서도 정작 자기 공동체에 속한 사람들끼리만 형제자매라 부르고 공동체 밖의 사람들을 이방인 또는 외인으로, 그리하여 개종시킬 대상으로 대하고 있는 것은 아닌가?

우리는 인류에 대한 보편적 사랑을 강조하면서도 자기 종교에 속해야만 인류애를 실천할 수 있는 것처럼 외치는데 아무런 거리낌이 없다. 천주교 신자는 천주교 신자가 되어야만 인류를 사랑할 수 있고 개신교 신자는 개신교 신자가 되어야만 인류를 사랑할 수 있는 것처럼 주장하면서, 자신들의 그룹에 속하지 않는 사람들의 인류애에 대한 이야기는 진지하게 받아들이지 않을 뿐만 아니라 때로는 그들은 인류를 사랑할 수 없는 것처럼 대하기도 한다. 자기만이 인류애를 실천할 수 있다거나 우리에게는 구원이 보장되었지만 너희에게는 구원은 없다고 말하는 것은 하느님의 사랑을 모르는 말이다.

자기 공동체 안에서 설교한 인류애가 진심이라면 마땅히 다른 문화 다른 종교에 속한 사람들도 하느님의 모상으로 대할 수 있어야 한다. 그리스도인만이 아니라 불교도도 무슬림도 무당도 무신론자도. 그런데 우리는 자기와 달리 생각하는 사람을 자기처럼 생각하는 사람으로 만들어 놓고 사랑하려 하는 것은 아닌가? 다른 종교를 인정하는 것은 자기 종교를 상대화하는 것으로 생각하는 편협한 사고에서 벗어나야 한다.

공의회는 '비 그리스도교에 관한 선언'(NA)에서 다른 종교에 대한 교회의 입장을 밝힌다. "인간과 인간, 민족과 민족 사이에서 일치와 사랑을 촉진할 사명을"(NA 1) 느끼며 공의회는 여러 민족들은 단 하나의 기원을 이루고 있다고 선언한다.

> "하느님께서 모든 인류를 온 땅 위에 살게 하셨으니 하나의 공동체를 이루는 모든 민족의 기원은 하나이고, 그 궁극 목적도 단 하나 곧 하느님이시다. 좋으신 하느님의 섭리와 구원 계획이 모든

사람에게 미치고, 마침내 하느님의 영광이 빛나는 거룩한 도성에 뽑힌 이들이 모일 것이며, 거기에서 모든 민족이 하느님의 빛 속에서 거닐 것이다. 사람들은 옛날이나 오늘이나 인간의 마음을 번민하게 하는 인생의 풀리지 않는 물음에 대한 해답을 여러 종교에서 찾고 있다. 인간이란 무엇인가? 인생의 의미와 목적은 무엇인가? 선은 무엇이고 죄는 무엇인가? 왜, 무엇 때문에 고통을 겪어야 하는가? 참 행복의 길은 어디에 있는가? 죽음은 무엇이고, 죽은 뒤의 심판과 보상은 무엇인가? 마지막으로, 우리 삶을 에워싸고 있는 형언할 수 없는 저 궁극의 신비는 무엇인가? 우리는 어디에서 와서 어디로 가는가?"(NA 1)

공의회는 모든 종교가 이런 질문을 던지며 각자 나름대로 진리를 추구하고 있음을 인정하고 그들의 생활에 배어 있는 종교적 심성을 이해하고자 하였다. 힌두교, 불교, 이슬람 등 "전 세계에서 볼 수 있는 다른 종교들도 교리와 생활 규범과 신성한 예식 등을 제시하고, 여러 가지 방법으로 인간 마음의 불안을 극복하려고 노력하며 그 길을 가르친다."(NA 2)고 말하며 선언한다.

"가톨릭 교회는 이들 종교에서 발견되는 옳고 거룩한 것은 아무 것도 배척하지 않는다. 그들의 생활양식과 행동 방식뿐 아니라 그 계율과 교리도 진심으로 존중한다. 그것이 비록 가톨릭교회에서 주장하고 가르치는 것과는 여러 가지로 다르더라도, 모든 사람을 비추는 참 진리의 빛을 반영하는 일도 드물지는 않다. … 교회는 지혜와 사랑으로 다른 종교의 신봉자들과 대화하고 협력하면서 그리스도교 신앙과 생활을 증언하는 한편, 다른 종교인들의 정신적 도덕적 자산과 사회 문화적 가치를 인정하고 보호하며 증진하도록 모든 자녀에게 권고한다."(NA 2)

"만일 우리가 하느님의 모습으로 창조된 사람들 가운데서 한 사람이라도 형제로 대하기를 거부한다면 우리는 결코 하느님을 모든 사람의 아버지라고 부를 수 없다. 하느님 아버지를 대하는 인간의 태도와 이웃 형제들을 대하는 인간의 태도는 서로 깊이 연결되어 있다. 성경은 이렇게 말한다. '사랑하지 않는 사람은 하느님을 알지 못한다.'(1요한 4,8)

...

인종이나 피부색, 신분이나 종교를 이유로 한 온갖 인간 차별과 박해는 그리스도의 뜻에 어긋나는 것이므로 교회는 이를 배척한다."(NA 5)

지난날 대부분의 그리스도인들에게 개종은 구원을 위해 필요불가결한 것이었다. 무력을 사용해서라도 다르게 생각하는 사람을 굴복시키고 개종시키려고 하였다. 다른 문화를 존중한다면 남의 개종을 요구할 수 없다. 인간이 되기를 바라면서 모든 인간이 그리스도인이 되라고 하는 것은 꽃을 이야기하면서 모든 꽃이 장미가 되기를 바라는 것과 같다. 나도 다른 종교로 개종할 준비가 되어 있을 때라야 개종이라는 말을 사용할 수 있을 것이다. 그렇지 않은 개종은 폭력이요 사기다. 불행히도 개종 권면이라는 말을 우리는 당연한 듯 사용하는 실정이다. 복음화도 양적으로만 이야기되고 있는 한 다른 문화와 다르게 생각하는 사람들에 대한 폭력이 될 수 있다.

○ 세상 역사의 구원

제2차 바티칸 공의회는 계시에 대한 믿음에 충실하였다. 인간 개인의 소망이 이루어지리라는 믿음이 아니라 하느님의 현존에 대한 믿음,

온 인류를 구원하고자 하시는 하느님의 의지에 대한 믿음이다. 인간은 자기의 소망이 이루어지리라는 기대를 넘어 하느님의 다스림에 자신을 맡겨야 한다. 하느님의 다스림에 자기 존재를 맡긴다면 모든 사람들 안에 현존하시는 하느님께 자기 자신을 맡길 수 있어야 한다.

이로써 공의회는 사회의 관심사를 교회의 관심사로 받아들이게 해주었다. 사목을 성직자와 평신도가 함께 인류 구원에 봉사하는 것으로 폭넓게 이해하게 해주었다. 자기 종교 영역 바깥에 존재하는 낯선 사람들에 대해서도, 그들의 행복과 그들의 구원, 그렇게 사회 전체의 평화에 대해서도 관심을 가지게 했으며, 그것이 하느님에 대한 그리스도교의 신앙임을 고백하게 했다. 교회는 자기 구원과 자기 행복을 위해 기도하는 이기적인 개인들이 모인 집단이 아님을 깨닫게 된 것이다.

그리스도교는 그 처음부터 개인의 구원이 아니라 인류 역사의 구원에 더 관심을 두고 있다. 개인의 구원을 넘어 인류의 구원을 위해 자신을 투신하도록 하고 있다. 아브라함이나 모세와 같은 위대한 성경의 신앙인들은 민족의 구원을 위하여 자신의 행복을 포기하였다. 예수님은 인류의 행복, 세상의 평화를 위하여 당신 자신을 소금처럼 녹이셨고, 빵처럼 소화되어 사라지게 하셨다. 세상의 평화를 위하여, 인류의 구원과 행복을 위하여 자기 자신을 희생양으로 바치셨다. 그분은 인류의 구원을 위하여 자신(당신의 행복)을 십자가의 제물로 내놓으셨다. 그리스도의 십자가 희생은 인류의 부활을 위한 것이다. 그분의 부활을 믿는다면 우리도 그분처럼 우리의 삶을 온 인류의 부활을 위해 희생 제물로 내놓을 수 있어야 한다.

그런데 그리스도교는 온 인류를 창조하시고 온 인류를 사랑하시는 보편적인 하느님에 대한 신앙을 가졌다고 하면서도, 자기만의 행복과 구원을 위하여 기도하는 이기적이고 자기중심적인 인간들의 집단이라는 인상을 벗어나지 못했고, 배타적인 종교라는 혐의를 받기에 충분했다. 세상의 구원을 위하여 자기의 몸을 바친 예수님을 믿는다고 하면서도 그분처럼 세상의 평화를 위하여 자기의 몸을 희생할 생각을 하지 못하고 자기 개인의 행복을 위하여 기도하는데 열중했고, 십자가에 죽은 그분의 이름을 부르면서 자기가 진 십자가를 내려놓게 해달라고 매달렸다. 그렇게 그분이 자기의 행복(구원)을 위하여 존재해주기를 바랐다. 자기만의 행복을 위하여 바치는 이기적인 기도를 '열심'과 '신심'이라는 이름으로 포장하였다. 교회를 이기적인 믿음을 발하는 이들의 집단으로 의심받게 하면서 그분의 십자가에 심취할수록 교회는 사회의 관심에서 멀어졌다.

교회는 창설자의 가르침에 따라 남을 위하여 자기를 버린 그리스도, 사랑을 위하여 자기를 비우신 하느님의 신비로 인류를 안내하는 것을 사명으로 삼아야 한다. 공의회는 그 사명에 충실하지 못했던 과거를 반성하며 복음이 교회의 원천이며 뿌리라는 것을 상기시켰다. 그리스도교는 개인의 구원을 넘어 온 인류의 구원을 바라고, 개인의 행복을 넘어 전체 인류의 행복을 추구한다. 그리스도교는 이기적이고 자기중심적인 집단이 아니라 인류 전체의 구원을 위하여 자신의 희생을 강조하는 사랑의 공동체이다.

이기적인 믿음과 함께 시대풍조를 따라 교회 안에도 돈과 권력과 명예와 인기 그리고 인간의 기술이 행복을 보장한다는 그릇된 믿음이 팽배해졌다. 하느님의 이름을 부르면서 서슴없이 부자 되게 해 달라, 하는 일마다 잘 되게 해 달라, 고통을 없애 달라는 등의 기도를 바친다. 그들에게 하느님은 재물과 힘을 약속하고 보장하는 분이다. 복음을 믿는다면서 기쁨을 재물과 명예와 권력을 소유하는 데서 찾고자 한다. 하느님 나라를 갈망하면서 천국을 물질에 대한 욕심으로 채우며 부와 권력의 노예가 되어간다.

세상의 행복과 평화는 돈과 힘으로 주어지는 것이 아님을 우리는 안다. 그러기에 종교인의 외침은 재물과 권력으로 무장한 정치인이 국민에게 약속하는 행복과 평화와는 다르고, 또 달라야 한다. "돈과 권력을 포기하라. 가난한 자는 행복하다."는 말을 마음으로 외칠 수 있어야 한다. 인류는 지금 이 말의 뜻을 깨닫고 싶어 한다. 인류는 위대한 영성을 그리워한다. 우리가 종교를 포기할 수 없는 이유이다. 종교는 인간의 존엄함을 가르친다. 인간은 자기의 노력으로 차지한 재물이나 권력이나 지위보다 귀하며, 이것들과는 비교할 수도 없는 다른 존재라는 것을 가르친다.

"세계자본주의는 인간의 처지를 획기적으로 개선할 가능성을 불러왔지만, 더 이상 참을 수 없는 지경까지 불평등과 야만주의를 심화시킬 가능성도 가져왔다. 인간은 경제에 봉사하기 위해 창조되지 않았다. 오히려 경제가 인간에게 봉사하게 위해 만들어진 것이며 모든 인간은 서로에게 봉사하게 위해 창조된 것이다. 어찌 다른 사람들이 익사할 때 우리만 살아남을 것이며, 남들이 굶주릴 때 우리만 축제를 즐기겠는가. 다른 사람들이 노예살이할 때 우리도 자유로운 게 아니며, 수십억 명이 질병과 때 이른 죽음으로 슬픔에 겨워할 때는 우리도 잘 사는 게 아니다."[7)]

○ **나누는 사회**

부와 권력의 노예가 되지 말고 나눔을 실천하라는 종교의 가르침은 힘을 지향하고 부와 명예와 권력을 좇는 현대인에게 뜬구름 잡는 망상처럼 들릴지 모른다. 이런 상황에서 공의회는 복음에 대해 용기를 가지고 이야기하도록 했다. 세상이 멸망하지 않고 수천 년을 두고 이어져 오는 것은 소위 힘 있는 자들의 능력이나, 고도로 발전한 과학 기술 때문이 아니라 복음 때문이다. 알게 모르게 서로 나누고 배려하고 사랑을 실천하며 살아가는 평범한 사람들이 있었기 때문이다. 나눔이 없는 종교적 신심은 공허한 것이다. 4세기의 탈무드 교사 라바에 따르면, 우리가 이 세상을 떠나 다음 세상에 이르면 '너는 장사를 하면서 정직하게 거래하였느냐?'라는 질문을 받는다고 한다. 그런 다음에야 비로소 삶의 다른 측면에 대해서도 질문을 받는다는 것이다.(『색스』 156) 나눔은 끼리끼리가 아니라 이방인에게도 베풀어야 한다.

"너희는 이방인을 억압하거나 학대해서는 안 된다. 너희도 이집트 땅에서 이방인이었다. 너희는 어떤 과부나 고아도 억눌러서는 안 된다. 너희가 그들을 억눌러 그들이 나에게 부르짖으면, 나는 그 부르짖음을 들어줄 것이나. 그러면 나는 분노를 터뜨려 칼로 너희를 죽이겠다. 그러면 너희 아내들은 과부가 되고, 너희 아들들은 고아가 될 것이다. 너희가 나의 백성에게, 너희 곁에 사는 가난한 이에게 돈을 꾸어 주었으면, 그에게 채권자처럼 행세해서도 안 되고, 이자를 물려서도 안 된다. 너희가 이웃의 겉옷을 담보로 잡았으면, 해가 지기 전에 돌려주어야 한다. 그가 덮을 것이라고는 그것뿐이고, 몸을 가릴 것이라고는 그 겉옷뿐인데, 무엇을 덮고 자겠느냐? 그가 나에게 부르짖으면 나는 들어 줄 것이다. 나는 자비하다."(탈출 22,20-26)

"억눌린 이들에게 올바른 일을 하시며 굶주린 이들에게 빵을 주시는 분이시다. 주님께서는 붙잡힌 이들을 풀어 주시고 주님께서는 눈먼 이들의 눈을 열어 주시며 주님께서는 꺾인 이들을 일으켜 세우신다. 주님께서는 의인들을 사랑하시고 주님께서는 이방인들을 보호하시며 고아와 과부를 돌보신다. 그러나 악인들의 길은 꺾어 버리신다."(시편 146,7 – 9)

교회는 약한 자와 빈곤한 자의 편에 서 있는가? 성공하지 못한 사람들에게 축복을 나누어 주는가? 높은 자리에 오르고 부자가 된 것을 자기의 능력 때문이라고 자랑하는 사람은 그만큼 자기 본성이 파괴되어 있다는 사실을 알아야 한다. 일등과 최고의 자리를 추구하는 사회의 비극은 인간의 능력을 자랑하는 데서 시작한다. 일등, 일류가 되는 것이 아니라 남을 위하여 자기의 몸을 쪼개어 나누고 희생하는 삶이 존경받는 사회, 다른 이들의 희생을 딛고 높은 자리에 오르거나 다른 이들을 가난하게 만들며 부자가 된 자가 아니라 나를 희생시켜 남을 살게 하는 사람이 존중 받는 사회, 그런 사회의 건설이 예수님께서 선포하신 복음의 내용이다.

○ 과학 기술의 진보

나는 금년 초 원불교로부터 "종교의 종말이 오는가?" 하는 주제로 강의를 부탁 받은 적이 있다. 이 질문에 나는 "우리가 언제 한번 종교 시대를 산 적이 있는가?" 라고 되물었다. 종교가 종말을 고하면 그 다음에는 무슨 시대가 올까? 과학의 시대가 올까? 종교의 종말에 대한 이야기는 인간의 이성과 과학 시대의 시작을 알리는 것이 아니라 자기의 원천에 충실한 믿음을 보이지 못하는 종교에 대한 실망에서 나온 것이다. 종교 종말은 오지 않는다. 하느님과 하느님에 대한 신앙은 결코 과거의 유물이 될 수 없다. 종교의 종말은 곧 인간성의 상실을 의미하고 인간의 희망과 미래를 포기하는 것이다. 과학과 기술과 경제가 결코 신의 자리를 대신할 수 없다.

인간은 자기의 힘과 기술을 믿게 되면서 하느님마저 지배하려 들지만 그 결과는 인간의 분열이다. 바벨탑의 이야기(창세 11,1-9)가 이 상황을 잘 설명해준다. 바벨탑 이야기는 인류가 다양한 언어와 문화, 국가, 문명으로 나뉘는 것으로 끝이 나는데 이는 우리의 존재를 물질과 힘, 기술과 과학에 맡겼을 때 나타나는 현상이다. 이에 대해 색스가 적절히 설명한다. "신아르 사람들은 새로운 기술을 익혔다. 그들은 진흙을 말려 벽돌을 굽는 법을 배웠다. 하나둘씩 기술을 익혀가면서 그들은 자기들이 그들과 맞먹는 힘을 가졌다고 결론 내렸다. 그들은 더 이상 자연에 굴복하지 않았고 자연의 주인이 되었다. 그들은 하늘까지 침범할 것이고 그들이 인위적으로 만든 환경은 우주의 구조를 모사한 것이겠지만, 결국 하느님을 지배하지는 못할 것이다."(『색스』 96) "우리의 유전적 본성을 기계의 도움을 빌린 추론에 내맡긴다면, 그리고 신이나 된 것처럼 착각해서 오래된 유산에서 벗어나 진보의 이름으로 우리의 윤리와 예술과 우리 자신의 의미를 그 기계적인 추론에만 맡긴다면, 우리는 결국 아무것도 아닌 존재가 될 것이다."(『색스』 285) 과학 기술을 촉진하여 자연을 정복하고 부를 극대화하는 경제 논리로 인간에게 행복을 보장할 수 있다는 기대는 이미 아무도 신뢰하지 않는다.

제2차 바티칸 공의회는 과학 기술의 발전을 긍정적으로 평가하면서 (GS 5. 15. 33. 35 참조) 그 문제점을 지적한다. "옛날에 특히 하늘의 힘에 기대하였던 많은 복을 오늘날에는 이미 자신의 노력으로 마련하게 되었다."(GS 33) 하지만 인간의 "그러한 노력이 무슨 의미와 가치가 있는가?"(GS 33) 하는 물음도 던지게 한다. 이런 상황에서 공의회는 분명하게 말한다. "더 큰 정의, 더 넓은 형제애, 사회관계에서 더 인간다운 질서를 확립하려고 하는 인간의 모든 행동이 기술의 발전보다 더 많은 가치를 지니고 있다. 기술의 발전은 인간 진보에 물질적 바탕을 마련할 수 있지만 결코 그 자체만으로 인간 진보의 실현을 이끌어 낼 수는 없기 때문이다."(GS 35)

그러므로 과학과 기술의 발전은 "하느님의 계획과 뜻에 따라 인류의 참행복에 부합하고 개인으로든 사회 속에 자리하든 인간에게 완전한 자기 소명의 계발과 성취를 허용하여야 하는 것이다."(GS 35) 천상의 것을 추구하는 것이 "더 인간다운 세상을 이룩하도록 모든 사람과 함께 협력하여야 할 임무의 중요성"(GS 57)을 감소시키는 것이 되어서는 안 되지만, 반대로 인간의 노동이나 기술이 "시간의 한 처음에 드러난 하느님의 계획, 곧 땅의 지배와 창조의 완성이라는 계획을 실천하고 또 자기 자신을 완성하며, 동시에 자기 자신을 바쳐 형제들을 섬기라는 그리스도의 큰 계명"(GS 57)을 어기는 것이어서도 안 된다. 그래서 공의회는 과학 기술 만능에 대한 위험성도 경고한다.

> "현대 과학 기술의 진보는 그 방법의 힘으로 사물의 내밀한 이치까지는 파고들 수 없음에도 부당하게도 이 분야가 사용하는 연구 방법이 모든 진리 발견의 최고 척도인 것처럼 여길 때에, 어떤 현상론과 불가지론을 조장할 수 있다. 더구나 인간은 현대의 발명을 과신한 나머지 자만하여 더 이상 더 높은 것을 찾지 않게 될 위험도 있다.

그러나 이러한 불행은 현대 문화에서 필연적으로 따라오는 것이 아니며, 또 현대 문화의 긍정적 가치를 부정하려는 유혹으로 우리를 이끌어 들여서도 안 된다. … 이 모든 것은 복음의 메시지를 받아들이도록 어떤 준비를 하게 할 수 있으며, 그 준비는 세상을 구원하러 오신 분의 하느님 사랑으로 이루어질 수 있다."(GS 57)

공의회는 경제와 과학 기술로 인하여 잃었던 종교의 자리를 다시 찾아 주고자 하였다. 공의회는 다시 종교로 돌아오고 싶어 하는 인류의 마음과 희망을 예언적으로 감지했다.(GS 57) 동시에 지금껏 교회가 인류의 이 열망에 답을 주는데 본연의 역할을 못했을 뿐 아니라 세속의 방법대로 돈과 권력으로 무장하고 있었음을 되돌아보며 반성하게 했다.

공의회는 정치와 경제, 인간의 기술 발전을 부정하지 않지만 이것들이 인생의 목표가 될 수 없으며, 신앙의 목적이 되어서도 안 된다는 것을 일깨우며 올바른 신앙을 확립하는 데 있어 지표가 되었다.

성직자의 복음화

교황 베네딕트 16세가 2012년 10월 11일부터 2013년 11월 24일까지를 신앙의 해로 선포한 것은 그리스도인을 신앙의 원천인 예수님의 복음으로 이끌기 위한 사목적 배려이다. 예수님의 복음 선포에도, 공의회의 쇄신 운동에도 우리는 여전히 계시에 응답을 하지 못하고, '다름'을 받아들이지 못하고, 예전보다 더 보수적이고 더 근본적인 경향을 보이며 신앙하고 있다. 우리는 이 시대에 복음에 대해서 또 복음에 대한 믿음과 회개에 대해서 이야기할 용기를 가져야 한다. "시대사조에 따라 흘러갈 것이 아니라 세상의 속됨을 거슬러 살아야 하는 것이 우리의 과제이어야 한다."[8] 교회가 시대풍조에 편승하여 이리 저리 흔들릴 때, 교회가 세속화의 물결에 휩쓸릴 때, 교회가 세상이 구하는 것과 똑같이 구하려 할 때, 교회가 복음화 되지 못할 때, 복음화에 대한 소리가 아무리 크다 해도 세상이 복음화 되는 일은 없을 것이다. 교회가 먼저 복음화되어야 한다.

교회가 이 시대의 사람들에게 복음을 선포하기 위해 할 수 있는 일은 무엇인가 하는 물음을 던지며 우리 교구의 동료 성직자들과 함께 우리들 자신의 복음화를 위하여 고민을 나누고 싶다. 믿음의 위기는 성직자가 신자를 교육시킴으로써가 아니라 성직자가 먼저 복음화 되는 것을 통해 극복될 것이다.

성직자와 교회가 쇄신하려면 첫째, 성직자가 사목적이어야 한다. 공의회는 교회가 사목적으로 거듭날 것을 촉구하였는데, 이것은 무엇보다도 성직자에게 요구된다. 사목은 본당 안에서 신자를 관리하도록 사제에게 주어진 특권이 아니라 성직자와 평신도가 함께 교회 안팎의 모든 인류에게 봉사하는 일이다. 성직자는 사목자로서 사회의 관심사(정치, 경제, 농어촌, 여성, 청소년 등)에 관심을 가져야 하는데 이 일은 성직자 혼자만 할 수 있는 일이 아니다. 공의회는 이 문제들을 교회 안으로 끌어들이려고 하지 않고 이런 문제가 일어나고 있는 사회로 교회가 향하도록 했다.(ecclesia ad extra) 성직자는 평신도와 사회를 향하여 마음의 문을 열어야 한다. 이 일을 하는 것이 사목이다.

사목의 특성은 부활하신 예수님께서 새벽녘에 제자들에게 나타나셔서 베드로에게 하신 말씀에 잘 드러난다. 예수님께서 베드로에게 "요한의 아들 시몬아, 너는 이들이 나를 사랑하는 것보다 더 나를 사랑하느냐?" 하고 묻고는 "내 어린 양들을 돌보아라" 하고 말씀하셨다.(요한 21,15 -19) 이 말씀을 세 번이나 반복하시는 바람에 베드로는 몹시 당황하였지만 그 때문에 기고만장하던 베드로의 기도 완전히 꺾였다. 그런 베드로에게 주님께서 말씀하셨다. "네가 젊었을 때에는 스스로 허리띠를 매고 원하는 곳으로 다녔다. 그러나 늙어서는 네가 두 팔을 벌리면 다른 이들이 너에게 허리띠를 매어 주고서, 네가 원하지 않는 곳으로 데려갈 것이다."(요한 21,18) 그야말로 늙은이처럼 아무것도 할 수 없을 정도로 힘이 빠지고 무기력한 존재가 되었을 때 인간은 부활의 기쁨을 살 수 있고 또 나눌 수 있다. 사목자가 갖추어야 할 덕목은 힘에 바탕을 둔 통솔이 아니라 겸손이다. 힘이 아니라 사랑이 세상을 구원한다.

둘째, 지역 사목협의회나 본당 사목회의에서 성직자는 본당회장이나 평신도 대표들의 견해에 귀를 기울일 수 있어야 한다. 본당 사목회가 본당 신부의 '사목방침'을 실천하는 기구 정도가 되고 본당 회장이 본당신부의 비위를 맞추는 존재가 되어서는 안 될 것이다. 본당 신부가 바뀔 때마다 신자들이 혼란스러워 한다는 것을 알아야 할 것이다.

셋째, 성직자가 사목자가 되기 위해 성직자는 '성직자 중심'과 '권위주의'에서 벗어나야 한다. 성직자 중심주의는 성직자만이 탈피할 수 있다. 사제단이 평신도보다 한 단계 높은 그룹이라는 인상을 주어서는 안 된다. 사제단이 어떤 평신도도 끼어들 수 없이 자기들끼리 똘똘 뭉친 단체로 보여서는 안 된다. 끼리끼리의 공동체는 사제들이 가장 싫어하는 말이 아닌가? 그런데 사제가 그런 모습을 보인다면 모순 아닌가?

넷째, 권위주의를 탈피하는 것은 성직자의 과제이다. 자기를 내세우지 않고 업적을 자랑하지 않으며 묵묵히 자기를 희생하는 사제들이 있기에 교회가 지탱되고 빛난다. 그것은 사실이다. 그럼에도 사제에게 접근하기가 어렵다고 말하는 신자가 많다는 것을 사제는 마음에 새겨야 한다. 사제가 권위를 내세우고 높은 위치에서 군림하기 때문이다. 사제는 신자를 하느님이 현존하시는 집으로, 하느님께 이르게 하는 문으로 대하고 있는가? 혹시나 자기를 통하지 않고서는 하느님께 나아갈 수 없는 것처럼 신자를 대하고 있는 것은 아닌가? 성직자는 자신들의 생각을 따르는 것이 교회에 충실한 것처럼 이야기하는 버릇을 버려야 한다. 복음은 타자에로의 개방을 요구하며 개방은 자기희생을 통해 나타난다. 사제들은 평신도를 위해 자신을 희생할 준비가 되어 있는가? 이는 권위주의에서 벗어날 때 비로소 가능할 것이다.

다섯째, 사제가 가난한 모습을 보이는 것은 가난한 자에 대한 배려이며 그런 의미에서 인간 존엄성의 표현이기도 하다. 나는 때때로 나는 자신의 영명축일이나 은경축일에 '교회를 위하여 하느님을 위하여' 자기의 온 일생을 다 바쳤다고 말하는 동료 사제들을 본다. 나는 그들의 말을 믿는다. 하지만 평생 교회를 위하여 희생한 대가가 돈과 고급 승용차로 채워질 때는 슬픔을 느낀다. 그들은 스스로 하느님으로부터 받을 대가를 지워버리는 것이다. 예수님은 복음을 선포하러 갈 때 "지팡이도 여행 보따리도 빵도 돈도 여벌 옷도 지니지 마라"(루카 9,3) 하셨다. 나는 때때로 사제는 순명과 정결의 서약을 하였을 뿐 가난을 서약하지 않았다는 말을 듣는다. 그러나 이 말을 사제가 화려하게 살아도 좋다는 말로 확대 해석해서는 안 될 것이다. 예수님께서 복음을 선포하기 위하여 사람들에게 다가갈 수 있었던 것은 가난하셨기 때문이다. 몸도 마음도 그분은 가난하셨다. "랍비들은 아무리 부자라고 해도 소박한 장례식을 치러주어야 한다는 규칙을 두었는데, 가난한 사람들에게 수치심을 유발하지 않기 위해서였다. 축제일에도 부잣집 소녀들은 좋은 옷이 '없는 소녀들에게 부끄러움을 주지 않도록' 빌린 옷을 입어야 했다."(『색스』 203) 사제의 영명축일은 본당의 수녀들의 영명축일 수준으로 하면 안 될까?

여섯째, 사제가 부임할 때 본당 회장이 모시러 가는 번거로움을 없애고 제 발로 부임지에 임한다면 신자들로부터 더욱 존경과 신뢰를 받지 않을까 하는 생각도 해본다.

일곱째, 세상의 복음화와 교회의 쇄신을 원한다면 세상을 향하여 복음을 외치는 성직자들의 의식이 먼저 깨어나야 한다. 한국의 경우 일반 신자들은 신학을 공부할 기회가 적고 성직자들처럼 교회 안에 머무는 시간도 적다. 그래서 성직자에 대한 의존도가 높다. 교회와 성직자는 이들을 대신하여 신앙하고 이들을 대신하여 성경을 읽고 이들을 대신하여 공부하며 길을 제시할 수 있어야 한다. 여기서 '대신'이란 그리스도께서 우리를 대신하여 돌아가셨다는 뜻에서이다. 그리스도가 우리를 대신하여 자신을 희생하셨으니 이제 우리는 희생하지 않아도 된다고 생각한다면 그분의 '대신 죽음'을 오해하고 있는 것이다. 아무도 내 생명을 '대신' 살아 줄 수 없다. 그분의 '대신 죽음' 앞에서 우리는 그분의 희생과 사랑을 느낀다. 그렇게 성직자는 평신도를 위해 대신 죽고 대신 신앙할 수 있어야 한다. 평신도는 자기들을 대신하여 신앙하고 성경을 읽고 공부하는 성직자를 통해 믿음을 얻고 힘을 얻는다. 교회에 대한 불신은 어떤 면에서 하느님의 백성을 위하여 대신 죽지 못하는 교회와 성직자가 빚은 것이기도 하다. 이것이 권위주의와 성직자 중심의 현상으로 나타난다.

여덟째, 교회쇄신을 원한다면 전례를 대하는 교회의 마음도 바뀌어야 한다. 전례의 중요성을 신자에게 강조하기에 앞서 교회가 먼저 전례의 정신을 실천하는 모습을 보여 주어야 한다. 이런 면에서 본당 신부가 자기의 독단으로 월요일에 미사를 봉헌하지 않기로 하거나(사제에게는 미사를 없애고 안 없애고 할 권한이 없다) 한국천주교 주교회의가 매달 일회용 '매일미사'를 발행하여 이 책이 없이는 미사를 드릴 수 없게 된 현실은 안타까운 일이다. 기념일에 맞게 교회가 선정한 성경 구절을 봉독할 수 없는 것도 바람직하지 않지만 대축일 미사에서 편의주의의 산물인 일회용 '매일미사' 책에 분향하는 것도 보기가 좋지 않다. 전례헌장이 반포된 지 50년이 다 되도록 미사경본 하나 내놓지 못한 우리의 현 주소를 부끄럽게 여겨야 할 것이다.

아홉째, 교회의 쇄신은 조그만 일부터 시작한다. 자기 쇄신을 위하여 키에르케고르가 한 말을 마음에 새겨 본다. "이 시대의 고약함은 아무 것도 모르면서 개혁할 수 있다고 자부하는 경망한 환상을 가진 그릇된 욕망이며 아무 희생과 헌신도 없이 개혁의 탈을 쓴 희롱이다. 진정한 개혁에는 비상한 정신력이 요구된다는 것을 알아야 한다. 위선적인 자기상실의 그릇된 인식은 교회를 혁신해야 한다는 분심으로 언제나 가득 차 있다. 정작 교회가 진정한 쇄신을 필요로 하는 이 시기이건만, 쇄신되기에는 너무도 부당한 실력을 지녔기에 이를 실천할 수 있는 자는 아무도 없지 않은가!"[9]

제2차 바티칸 공의회는 성령의 기도로 시작했다. 자기 할 말만 하느라고 세상에 귀를 기울이지 않았던 교회의 태도를 반성하면서 공의회를 시작한 것이다. 공의회는 복음화를 외치면서 세상에 귀 기울이지 않고 자기의 신조만을 내세우는 교회의 태도를 반성하고자 하였다. 그럼에도 불구하고 공의회 폐막 반세기가 지나도록 상황은 크게 변하지 않았다. 세상의 복음화를 외치면서도 여전히 자기 구원, 자기 행복을 위하여 기도하는 것을 교회의 사명으로 여기고 있다.

한국 교회의 미래를 생각함

한국형 소공동체

○ 소공동체의 긍정적인 면

　2002년 9월, 대전 교구청 회의실에서 12개 교구의 주교 5명, 사제 52명, 수도자 23명, 평신도 139명이 '소공동체 전국모임 발전 방향 모색을 위한 교구 대표자 회의'를 갖고 장차 한국 교회가 나아가야 할 방향은 소공동체라고 확신하며 선언문을 발표하였다.[10] 소공동체가 사도들의 가르침을 듣고 친교를 이루며, 빵을 떼어 나누고, 기도에 전념하는 초대 교회의 삶의 방식을 지향하고자 한다는 점은 긍정적으로 평가된다. 그로부터 5년 후, 2007년 6월 대전에서 열린 소공동체 전국모임에서 강우일 주교는 소공동체를 이렇게 요약한다. "소공동체의 본질적

요소는 다음 세 가지다. 첫째, 소그룹으로 모인다(교회의 공동체적 성격 구현). 둘째, 하느님 말씀을 중심으로 모인다(하느님 말씀 재조명). 셋째, 복음을 삶에서 구체적으로 실현한다(교회의 사회적 사명 재조명)."[11] 이리하여 강 주교는 말한다. "오늘날 소공동체가 출현한 것은 쇄신을 향한 가톨릭 교회의 활력을 보여주는 증거이다. 신자들은 소공동체에 참여하고 활동함으로써 더욱 진실된 그리스도인의 삶을 사는 사람으로서 성숙하고, 공의회가 제시한 가르침을 실천에 옮기게 된다. 소공동체는 초대 교회처럼 믿고 기도하고 서로 사랑하는 공동체들로 살아가도록 신자들을 도와주고자 한다."[12]

강 주교를 비롯한 소공동체를 주도하는 자들이 제2차 바티칸 공의회 정신의 실현을 강조하고, 공의회 문헌을 인용하여 하느님 백성과 친교의 교회상을 내세우고, 피라미드식 제도 교회와 성직자 중심의 교회를 탈피하여 성직자와 수도자와 평신도가 함께 사목을 해야 한다고 주장한 것은 정당하다.[13] 실제로 남미와 북미 아프리카 소공동체의 모습에서 이런 교회의 모습을 본다. 하지만 한국형 소공동체에서는 소공동체 운동을 무리하게 반구역에 접목시키고 있어서 소공동체가 본래 지향한 정신이 빛을 잃을 뿐만 아니라 무리수로 공의회의 정신을 폄하하는 문제를 야기하고 있다.

○ **소공동체의 문제점**

우리나라에서 소공동체 모임을 주도하는 사람들은 소공동체 모임이 한국 교회 또는 세계 교회에 변화의 동기를 부여하는 사목적 흐름이며, 한국 교회의 미래를 위한 유일한 대안이라고 주장한다. 2007년 10월 1~2일 마산교구도 소공동체의 이런 취지를 사제들에게 인식시킬 목적으로 사제 연수회를 가졌다. 이 연수회는 한국 교회의 미래가 소공동체에 달려 있다는 것을 인식시키기 위한 것이었다. 그 이유는 소공동체가 자율적이고 자발적이며 공의회의 정신을 바탕으로 하고 있다고 본 때문이다. 그러나 이들의 주장과는 달리 소공동체를 중심으로 한 교회는 공의회 이전의 성직자 중심 교회의 모습을 탈피하지 못하고 있다. 한국 교회의 미래는 제2차 바티칸 공의회의 정신을 소화하여 사목의 교회, 복음의 교회로 거듭나는 데 달려있다.

반구역에 접목된 한국형 소공동체는 초기 교회와 제2차 바티칸 공의회가 제시한 공동체와는 거리가 있다. 한국형 소공동체는 남미나 다른 대륙에서 발생한 소공동체와도 그 양상이 다르다. 제2차 바티칸 공의회 이후 남미나 북미 또는 아프리카에서 발생한 소공동체 운동은 평신도를 포함하는 모든 하느님 백성이 중심이 되는 자율적인 모임이지만, 반구역에 접목된 한국형 소공동체는 강력한 교회 조직의 일부로 자발적이지도 사목적이지도 않을뿐더러 성직자의 지시 아래 운영되고 있다.

한국형 소공동체를 주도하는 자들은 본당이 소공동체 중심 체제로 변환되어야 한다고 강조하면서 소공동체를 종전의 반모임과 차별화하지만[14], 그들이 성공의 사례로 내세우는 본당의 소공동체 모임은 종전의 반모임과 거의 다르지 않고, 소공동체장의 역할도 종전의 반장의 역할에서 크게 벗어나지 않는다[15]. 그들은 소공동체가 본당에 정착하지 못하는 이유를 사제와 신자들의 인식 부족과 비협조에서 찾는다. 하지만 소공동체가 한국에서 활성화되지 않는 이유는 소공동체가 한국 교회에 맞지 않기 때문이다. 첫째, 한국은 남미나 아프리카 또는 북미가 아니다. 둘째, 소공동체를 무리하게 반모임에 접목시키는 것은 무리다. 셋째, 평신도의 자발적이고 능동적인 참여가 아니라 성직자의 강력한 의지로 추진되고 있다. 넷째, 공의회의 정신을 소화하지 못하고 있다.

2007년 9월 9일자 평화신문에 소공동체에 대한 미국의 호세 마린스 신부의 강의 내용이 실렸다. 그는 말한다. 소공동체는 "교회 안에 있는 모임이나 운동, 프로그램이 아니며, 문화적, 지역적, 역사적, 심리적 차이와 경계를 넘어서고, 다른 종교들과 함께 환경, 이주자, 인종차별, 전쟁, 폭력, 마약 등과 같은 문제에 공동 대처하며, 종교간 대화에 개방적 자세로 임하고, 교회가 새롭게 되살아나는 것은 행정이나 시설, 숫자가 아니라 교회 선교 사명에 대한 투신을 통해서라는 믿음을 가진다."

미국의 소공동체는 커다란 지역을 작은 구역으로 나누어 의무적으로 신자들이 참여하게 하는 한국형 소공동체와는 다르다. 마린스 신부는 말한다. "소공동체는 다양한 그룹으로 구성할 수 있다. 예컨대, 연령에 따라 어린이와 청년 그룹으로 나눌 수 있다 …" 본당의 행정 구역에 접목시켜 '위'에서 탄생시킨 한국형 소공동체는 이런 공동체를 형성하는 데 오히려 걸림돌이 된다. 어린아이부터 노인에 이르기까지 각계각층의 연령과 다양한 직업을 가진 다양한 사람들이 한 자리에 앉아 복음 나누기를 한다는 것은 불가능한 일이다. 실제로 본당의 청년들은 구역에서 열리는 소공동체에 거의 참석하지 않는다. 그들은 그들 나름대로의 소공동체를 형성하여 활동하고 있기 때문이다. 그렇게 본당에는 관심사별로 훌륭한 소공동체(성모회, 요셉회, 레지오 마리애, 꾸르실료, ME, 복사단, 성가단, 전례단, 성경 읽기, 복음 나누기 등)가 많이 있다. 여기에 참여하면서 열심히 기도하고 활동하는 이들에게 다시 구역 소공동체에서 강요하는 복음 나누기는 부담을 줄 뿐이다. 교회는 평신도 개개인이 자기 성격에 맞게 활동할 수 있도록 기존의 소공동체들을 활성화할 의무가 있다. 개개인이 자기 성격에 맞게 활동할 수 있도록 기존의 소공동체들을 활성화할 의무가 있다.

　발터 카스퍼(Walter Kasper)가 밝힌 것처럼 남미의 기초공동체는 "평신도들의 활동과 책임성이 가장 두드러지게 명시된"[16] 공동체이지만, 한국형 소공동체는 성직자의 의지가 성공 여부를 좌우한다. 또 남미나 북미 또는 아프리카 등지의 소공동체 모임은 평신도의 관심과 취향에 따라 구성되었기에 평신도들의 자율적인 참여와 책임 있는 활동이 가능하지만, 한국의 경우는 '위'의 강력한 의지로 추진되기에 평신도들의 자발성을 기대하기 어렵다.「가톨릭신문」서상덕 기자는 앞에 인용한 글에서 "소공동체는 교회의 공동체성을 회복하고 평신도의 자발성을 고양시켜 교회의 복음화 사명에 능동적으로 참여할 수 있게 하는 사목의 비전으로, 보편 교회로부터 복음화의 유효한 수단으로 인정받게" 된다고 적으며 소공동체가 "성직자 중심에서 말씀과 평신도 중심으로 그 축이 변화하고 있음을 보여준다"고 주장하지만[17], 본당신부로 일선에서 사목을 해본 사람이라면 이 말이 얼마나 현실과 다른지 알 것이다.

○ 위에서부터 시작된 소공동체

　한국형 소공동체는 자연스럽지 못하다. '위'에서부터 형성되었기 때문이다. 초기 교회는 한 본당을 반이나 구역으로 나눈 점조직 형식의 소공동체를 몰랐다. 초기 교회의 작은 모습은 비대해진 본당조직을 효율적으로 운영하고 관리하기 위하여 '위'에서 일방적으로 조직한 인위적인 집단은 아니었다. 초기 공동체는 자발적이었으며, 성직자를 중심으로 모여 예배를 드렸지만 성직자 중심의 조직은 아니었다.

　한국형 소공동체를 주도하는 자들은 소공동체가 "제2차 바티칸 공의회가 낳은 교회 쇄신을 위한 모색과 노력의 산물"[18]이라고 주장하며,

교황의 회칙 「현대 복음의 선교」, 「교회의 선교사명」 등을 인용하기도 한다. "이러한 공동체가 생기게 되는 것은 교회생활을 더욱 열심히 하고자 하는 것과 혹은 대도시에서의 교회 공동체 같은 곳에서는 기대할 수 없는 인간적인 상호 유대관계를 추구하는 데서 생긴다고 본다. … 교회적 기초공동체는 복음 선교의 못자리가 되고 더욱 큰 공동체 특히 지역 교회에 도움이 될 것이다. 그리고 보편적 교회의 희망이 될 것이다."(「현대 복음의 선교」 58)

하지만 여기서 교황이 말하는 소공동체는 '아래'에서부터 '생기는' 것이지 교구에 의해서 '위'에서부터 '만들어진' 것이 아니다. 그 공동체에서 성직자는 공동체의 일원으로 참여하지만 한국형 소공동체에서 성직자는 공동체의 일원이라기보다 공동체를 밖에서 원격 조종하는 관리자라는 인상을 준다. 이는 성직자와 평신도 모두를 하느님 백성으로 이해한 공의회의 교회와 배치된다.[19] 한국형 소공동체가 강조하는 '작은 교회'의 '작은'은 성직자 중심 교회를 이끌기 위한 방편이라는 혐의를 벗기 어렵다. '작은' 교회를 주장하면서도 관심은 '큰' 교회에 있다. 한국형 소공동체의 주체는 변함없이 '위' 교계제도이다.

「가톨릭신문」은 한국형 소공동체가 "평신도가 사목의 주체로서 공동으로 책임을 분담할 수 있도록 노력을 기울이고", "교회의 공동체성을 회복하고 평신도의 자발성을 고양시켜 교회의 복음 사명에 능동적으로 참여할 수 있게 하는 사목 비전으로, 보편 교회로부터 복음화의 유효한 수단으로 인정"(2007년 4월 15일자, 13면) 받고 있다고 보도하지만, 소공동체가 강력한 교회의 조직이 아니라 신심운동으로 발전할 수 있을 때 여기서 말하는 평신도의 자율성도 보장될 것이다.

한국형 소공동체를 주도하는 자들은 이렇게 강조한다. "'소공동체를 통한 복음화'는 제2차 바티칸 공의회가 새롭게 발견한 교회론에 근거해 친교의 가장 이상적이고 가시적인 모습으로 '기초공동체'를 구현해, 본당을 '공동체들로 이루어진 공동체'가 되도록 하여 친교의 교회 공동체를 지역 교회 안에 실현하기 위한 노력으로 이해할 수 있다."[20] 소공동체가 단순히 '한 지역에 존재하는' 작은 공동체를 넘어 '지역을 위한', '지역의 가난한 자를 위한' 공동체여야 한다는 것은 고무적인 일이다. 하지만 현실적으로 가난한 이들은 그 시간에 참여하고 싶어도 그럴만한 여력도 시간도 없다. 그리하여 한국형 소공동체는 이들에게 또 하나의 짐이 된다.

○ 평신도의 자발성과 자율성

강우일 주교는 말한다. "다른 신심단체는 본부가 있다. 설립자가 있다. 위에서 관리한다. 그러나 소공동체는 자발적으로 이루어진 것이기에 본부가 없다. 시작한 사람이 없이 저절로 이루어졌다. 자연스럽게 발생한 것이다."[21] 그러나 정말 그러한가? 한국형 소공동체 본부는 교구와 본당이다. 한국형 소공동체는 '위' 교구장의 강력한 사목 방침에 따라 추진되고 있다. 표면적으로는 강요함이 없이 평신도의 자율에 맡긴다고 하지만 이미 소공동체 모임을 본당의 행정구역에 접목을 시킨 상황에서 이런 주장은 설득력이 없다. 평신도에게 멍석을 깔아주고, 그 위에서 입에 물려주는 우유를 마시고, 그 위에서 지시하는 대로 행동하도록 유도하면서 자발적이라고 평하는 것은 모순이다.

한국형 소공동체를 주도하는 자들은 이런 반론에 대해 한국의 평신도는 신학적으로나 신앙적으로 성숙하지 못하기에 그들이 자율적이 될 때까지 (성직자가) 강제적으로라도 교육을 시켜야 한다고도 말한다. 그러면서 그들이 내놓는 교안은 성직 중심의 교회상이다. 그렇게 우리는 지난 200년을 살아 왔고 또 2천 년을 살아 왔다. 평신도를 교육시켜야겠다는 성직자의 사고가 바뀌지 않는 한, 평신도는 영원히 우유만 받아먹는 어린아이에서 **벗어나지 못할** 것이다. 성직자는 평신도가 아직 젖을 뗄 때가 되지 **않았다고 판단할** 것이 아니라 언제 한번 우유 대신 밥을 줘본 적이 있는지 자문해 보아야 한다. 성직자는 평신도에게 먹이기 쉬운 우유만을 제공하며 언제까지나 어린아이 다루듯 할 것이 아니라 함께 밥을 먹는 성숙한 동반자로 받아들여야 한다. 이를 위해 평신도에게 신학 공부의 **문호를** 개방하는 것도 시급**하다. 진정 평신도가** 신학적으로나 신앙적으로 자율적이길 바란다면 **평신도에게도 신학**을 할 수 있는 기회가 주어져야 한다. 그들이 성직자와 더불어 깨어나게 해야 한다. 한국형 소공동체는 이런 일에 방해가 된다. 「가톨릭신문」은 소공동체가 "성직자 중심에서 말씀과 평신도 중심으로 그 축이 변화하고 있음을 보여주고 있다"[22]고 적고 있지만, 이는 사실과는 상반된 주장이다.

한국형 소공동체와 제2차 바티칸 공의회 정신

한국형 소공동체가 한국 교회를 공의회 이전으로 돌아서게 한다는 나의 견해가 소공동체를 주도하는 자들에게는 황당하게 비칠지도 모른다. 이에 공부하는 마음으로 공의회의 교회론과 사목에 대해서 신학적으로 언급하고자 한다. 세상의 모든 사람이 신학자가 될 수는 없지만 적어도 교회 안에 신학적으로 이야기하는 학자들의 목소리는 있어야 한다고 생각한다. 사목을 신학적으로 정리할 수 있어야 하고 신학을 사목적으로 실천할 수 있어야 한다.

「가톨릭신문」 2007년 4월 15일자, 13면은 소공동체에 대해서 이렇게 보도한다. "소공동체의 타당성은 제2차 바티칸 공의회의 정신과 가르침에서 직접적으로 찾아볼 수 있다. 공의회의 문헌에 명시적으로 표현된 것은 아니지만 이후 교회는 공의회문헌의 근간을 이루는 핵심 주제인 '하느님 백성의 교회론'과 '친교의 교회론'에 근거해 '친교'의 가장 이상적이고 가시적인 모습을 실현하기 위한 효과적인 방안으로 소공동체를 이끌어냈다. 따라서 소공동체는 공의회 정신을 구현하고 복음화 사명을 촉진할 수 있는 '대안 공동체'로서 여러 지역 교회에 다양한 형태로 확산됐다."[23]

한국형 소공동체가 공의회의 정신에서 자기의 타당성을 찾으려는 것은 탓할 수 없다. 하지만 실제 한국형 소공동체가 펼쳐지는 현장을 보면 공의회의 정신을 방해하는 요소로 가득하다. 제2차 바티칸 공의회는 교회를 하느님 백성으로 원천적인 교회의 의미에서 조명하였다. 공의회는 교회를 하느님 백성으로 이해함으로써 평신도와 성직자 모두를 교회로 보았다. 이로써 종전의 성직자 중심의 교회를 탈피하였다.[24] 그러나 한국형 소공동체는 하느님 백성 개념을 즐겨 인용하지만 정작 이 개념으로 말하고자 한 공의회의 정신은 찾아볼 수 없다. 성직자는 변함없이 하느님 백성 '안'이 아니라 그 '위'나 '밖'에 있다. 교회를 하느님 백성으로 이해함으로써 교계제도와 성직자 중심의 교회에서 탈피하려고 한 공의회의 정신이 아직 요원하게만 느껴진다.

한국형 소공동체를 주도하는 자들은 "소공동체는 제2차 바티칸 공의회가 낳은 교회 쇄신을 위한 모색과 노력의 산물"[25]이라고 강조하며 소공동체가 공의회의 하느님 백성임을 실현시키는 대안이라고 주장한다. 하지만 소공동체가 '위' 성직자의 강력한 '사목지침'에 따라 '아래' 평신도가 의무적으로 참여하는 정도의 모임이라는 점을 감안할 때, 이 모임은 근본적으로 "교회가 하느님 백성"이라는 신학을 소화시키지 못하고 있다. "위에서 좋다고 느끼더라도, 아래도 좋아야 한다고, 또는 좋다고 느낄 것이라고 강요하거나 추측해서는 안 된다."[26] 이 모임이 '위'에서부터 추진 될 때는 '위'에 누가 있는가에 따라 이 모임은 잘될 수도 있고 못될 수도 있다. 결국 이 조직은 '위-성직자', '아래-평신도'라는 구조를 더욱 강화할 뿐이다. 이런 성직자 중심의 구조로는 성직자와 평신도가 공동으로 지역을 위하고 인류를 위하는 사목을 기대할 수 없다.

제2차 바티칸 공의회는 사목 공의회였다. 이것은 공의회가 사목을 강조하였음을 암시한다. 사목에 대한 새로운 이해가 교회를 쇄신하는 원동력이었다. 놀랍게도 한국형 소공동체에서는 공의회가 말하는 사목 개념을 다루지 않는다. 그들이 말하는 사목은 소공동체 모임에 대한 성직자의 관심 정도이다. 평신도의 자율성을 강조하면서도 평신도를 여전히 성직자의 사목의 대상으로만 보는 것도 공의회의 사목 이해와는 거리가 멀다. 평신도에게 소공동체 모임에 의무적으로 참여하도록 유도하는 것은 사목적이지 않다.

복음 나누기는 복음적이어야 한다. 그런데 일정한 틀 속에서 복음 나누기를 고집하는 한국형 소공동체에서 복음 나누기는 부담을 준다. 본당은 복음 나누기를 위해 한국형 소공동체만을 고집할 것이 아니라 본당의 특성에 맞게 성경반 등 다른 소공동체를 효율적으로 운영할 수도 있다. 구역에 따라 복음 나누기를 할 수도 있지만 모든 구역이 다 복음 나누기를 할 의무는 없다.

멍석 위에서 춤추는 평신도

소공동체 모임이 평신도의 자발성을 강조하는 것은 고무적이다. 성직자는 평신도가 자발적으로 일을 할 수 있도록 그들을 신뢰하는 것은 물론이고, 그들이 그런 힘을 키울 수 있도록 협력하여야 한다. 그들이 교회에서 지역을 위하여 신명나게 일할 수 있도록 밀어주고 도우면서 사목의 진정한 동반자로 대하여야 한다. 그런데 한국형 소공동체는 성직자 중심의 구조 때문에 사제와 신자가 본당에서 '동반자'로서 '공동' 사목하는 것을 불가능하게 만든다.

평신도는 본당의 사제들이 깔아 놓은 멍석 위에서 사제가 지정해준 곡에 맞춰 춤만 추면된다는 인상을 지울 수 없다. 성직자가 깔아준 멍석 위에서 그들이 주는 우유를 마시고, 그들이 입으라는 옷을 입고, 그들이 추라는 춤을 추면서 성직자의 관리를 받아야 하는 평신도는 결코 주체적으로 봉사할 수 없다. 그들이 춤추는 멍석에 '자율', '자생', '평신도 중심'이라는 글자를 새겨 넣는다 하더라도, 그 위에 '이것이 교회다, 이것이 공의회 정신이다'라는 문구를 새겨 넣는다 하더라도, '보아라, 저기 평신도들이 신이 나서 '자율적으로' 춤을 추고 있다'고 감탄하더라도, 성직자가 깔아준 멍석 위에서 성직자의 말 한마디에 오늘 잘 추던 춤을 내일은 추지 말아야 한다면 그것을 자율적인 춤판이라 할 수 없다. 이 모임이 진정 평신도의 자발성에 의한 것이라면 성직자도 평신도의 협력자가 될 수 있어야 한다. 그런데 한국형 소공동체는 '위'가 '조직 관리하는' 성직자 중심의 교회를 굳히는 데 이용되고 있다. 그것은 '조직'이며 '체계'다. '위'에서 깔아준 멍석에서 지정곡에 맞춰 춤을 추는 한국형 소공동체에서는 제2차 바티칸 공의회가 강조한 하느님 백성으로서의 교회의 모습을 볼 수 없다.

이리하여 우리는 물을 수밖에 없다. 우리 교회에 "평신도 사도직이란 무엇인가? 성직자가 깔아준 멍석 위에서만 봉사하고 활동하는 것도 '평신도' 사도직이라 할 수 있는가?" 그리고 평신도에게 묻게 된다. "언제까지 여러분은 성직자가 주는 우유를 받아 마실 생각인가? 밥은 언제 먹고 고기는 언제 씹어 먹을 것인가?" 평신도에게 던진 이 질문은 화살이 되어 그대로 성직자에게 돌아온다. "그대들은 언제까지 신자에게 수유할 작정입니까? 언제까지 평신도에게 교회를 가르치면서도 그들 자신이 교회임을 느끼지 못하게 하고, 언제까지 그들이 사목의 주체라고 가르치면서도 주체임을 느끼지 못하게 하는 이중 잣대를 지닐 것입니까?"

소공동체와 신심단체의 관계

교회의 신심운동은 신자들이 신앙생활을 잘 하도록 협조하는 운동이다. 그러므로 신심운동은 각자의 특색을 살리면서 서로가 발전할 수 있도록 도울 수 있어야 한다. 그런데 한국의 여러 신심단체는 한국형 소공동체 모임 때문에 위협을 받고 있다. 어떤 신부는 소공동체 하나만 잘 되면 다른 신심단체는 필요 없다고까지 하며 기존의 신심운동을 소공동체로 대체하기도 한다. 그리하여 다른 여러 신심단체와 마찰을 빚기도 한다. 그 대표적인 예로 레지오 마리애와의 마찰이다. 2002년 전국 소공동체 모임 후 강우일 주교는 한 신문 인터뷰에서 한국형 소공동체 모임을 활성화하기 위하여 그동안 한국 교회의 발전에 많이 기여한 레지오 마리애를 시대의 산물이라 폄하하며 한국형 소공동체로 대체할 수 있다는 뜻을 내비친다.

"소공동체와 레지오는 소그룹 모임이라는 점에서는 비슷하지만 그 성격은 아주 다릅니다. 기본적으로 양자택일할 수 있는 성격의 것이 아니라 상호보완적인 성향을 가지고 있습니다. 다만 모든 신자들이 인식했으면 하는 생각은 레지오는 구체적으로 어느 한 시대에 한 지역에서 일어난 신심운동이란 점입니다. 그래서 성격이 제한적이고 특수하다고 할 수 있을 것입니다. 하지만 소공동체의 경우엔 이것이 어느 한 특수한 성격의 모임이 아니라 보편 교회가 추구하는 이상적 교회의 모습에 접근하기 위해 필연적으로 구성돼야 할 모임이란 것입니다. 따라서 소공동체가 취향의 문제가 아니라 교회 구성원이면 누구나 다 참여해야 하는 보편적 교회가 나아갈 방향이라면, 레지오는 이런 가운데 개인 취향에 따라 얼마든지 참여할 수 있는 모임입니다."

레지오를 시대의 산물로 보는 강 주교의 견해에는 나도 동감한다. 하시만 레시오 마리애에 나타난 본질적인 문제점은 이 단체가 공의회의 정신에 따라 자체적으로 쇄신하지 못하는 데에 있다. 한국형 소공동체 역시 공의회의 쇄신 운동을 간파하지 못하고 있다. 그런데도 한국형 소공동체를 다른 신심단체의 대안으로 제시하는 것은 마치 쌀이 몸에 좋지 않으니 건강을 유지하려면 밥 대신 밀가루 음식을 먹어야 한다고, 모든 식사를 빵으로 통합해야 한다고 주장하는 것이나 다를 바 없다. 버터가 느끼해서 빵에 버터를 발라 먹지 못하는 사람들이 있는가 하면 빵이 처음부터 입맛에 맞지 않아 싫어하는 사람도 있다는 것을 알아야 한다. 그런가 하면 밥도 빵도 아닌 채소만으로 건강을 지키는 사람도 있다. 살기 위해 먹는 음식은 그야말로 다양할 수밖에 없다. 건강을 유지하는 데 밥이 더 좋은가 빵이 더 좋은가 하고 묻는 것처럼 어리석은 일도 없다.

한국형 소공동체를 주도하는 자들은 지금 이런 이분법적인 사고로 교회를 혼란스럽게 한다. 교회는 소공동체 영성이든 다른 신심단체의 영성이든 다양한 신심운동이 신자들의 건강한 신앙생활을 영위하는 데 필요하다면 필요만큼 다양한 방법으로 이들 신심을 북돋을 수 있어야 한다. 다양성 가운데 일치를 강조한 공의회는 신심운동의 다양성을 강조하였다. 소공동체도 이런 다양한 신심운동 가운데 하나이다. 그런 면에서 한국의 여러 교구가 한국형 소공동체만이 교회의 미래인 양 선전하는 것은 일치를 해치는 위험한 발상이다. 지금 한국 교회는 여러 신심단체를 통합하는 어떤 대안이 아니라 공의회의 정신을 소화하여 자신을 쇄신하는 일이 그 무엇보다 시급하다. 한국형 소공동체가 아니라 제2차 바티칸 공의회의 정신이 한국 교회의 미래를 위한 유일한 대안이다. 한국 교회의 미래는 공의회 정신의 바탕 위에서 자신을 쇄신하려는 의지와 역량에 달려있다.

공의회 이전으로 돌아가는 쇄신이란 있을 수 없다. 한국형 소공동체를 활성화하기 위하여 레지오 마리애를 구역중심으로 헤쳐 모이게 하는가 하면 장기적으로 레지오 마리애를 없애고자 하는 등 기존의 '소'공동체 죽이기는 교회를 다시 공의회 이전으로 돌리겠다는 발상이나 마찬가지다. 교회는 다양한 '소'공동체들이 스스로 쇄신할 수 있도록 그 방향을 제시하고 도와야 한다. 기존의 소공동체를 죽이면서까지 한국형 소공동체를 활성화시키겠다는 것은 자가당착이다. 이는 사제와 신자, 신심단체와 소공동체 사이에 불필요한 마찰을 일으키며 본당의 일치에 걸림돌로 작용할 뿐이다.

본당의 신심단체는 다양해야 한다. 교회 안에는 다양한 신심단체가 있고 각 신심단체마다 특징이 있다. 다양한 사람들이 모여 사는 곳에서 한 신앙에 대하여 다양한 표현이 나오는 것은 당연하다. 실제로 본당의 여러 신심단체들은 소공동체로 운영되고 있다. 여성협의회의 여러 모임들, 성경읽기, 성경반, 성모회, 성심회, 제대회, 자모회, 연령회, 각종 후원회 등 본당의 여러 단체는 본당의 다양한 소공동체의 모습이다.

다양성이 있기에 일치도 있다. 교회의 일치는 신자들의 다양한 영성과 다양한 신심운동을 인정하는 가운데 가능하다. 교회 안에 있는 여러 종류의 신심단체들은 모두 한 분 하느님, 한 분 그리스도, 하나의 교회에 고백한다. 한 분, 하나에 대한 고백이 여러 신심단체의 색깔이 하나라는 의미는 아니다. 다양한 신심단체가 있는 것처럼 다양한 영성이 있다. 성령의 작용이 다양하다는 것이 이를 밑받침 한다. 바오로는 코린토에 보낸 첫 번째 편지에서 적절하게 말한다.

활동은 여러 가지지만 모든 사람 안에서 모든 활동을 일으키시는 분은 같은 하느님이십니다. 하느님께서 각 사람에게 공동선을 위하여 성령을 드러내 보여 주십니다. 그리하여 어떤 이에게는 성령을 통하여 지혜의 말씀이, 어떤 이에게는 같은 성령에 따라 지식의 말씀이 주어집니다. 어떤 이에게는 같은 성령 안에서 믿음이, 어떤 이에게는 그 한 성령 안에서 병을 고치는 은사가 주어집니다. 어떤 이에게는 기적을 일으키는 은사가, 어떤 이에게는 예언을 하는 은사가, 어떤 이에게는 영들을 식별하는 은사가, 어떤 이에게는 여러 가지 신령한 언어를 말하는 은사가, 어떤 이에게는 신령한 언어를 해석하는 은사가 주어집니다. 이 모든 것을 한 분이신 같은 성령께서 일으키십니다. 그분께서는 당신이 원하시는 대로 각자에게 그것들을 따로따로 나누어 주십니다.(1코린 12,6 – 11)

온몸이 눈이라면 듣는 일은 어디에서 하겠습니까? 온몸이 듣는 것뿐이면 냄새 맡는 일은 어디에서 하겠습니까? 사실은 하느님께서 당신이 원하시는 대로 각각의 지체들을 그 몸에 만들어 놓으셨습니다. 눈이 손에게 '나는 네가 필요 없다.' 할 수도 없고, 또 머리가 두 발에게 '나는 너희가 필요 없다' 할 수도 없습니다.(1코린 12,12 – 30)

그런데 한국형 소공동체는 본당의 이런 다양한 '소'공동체들의 발전을 가로막는 요인으로 작용할 때가 많다. 실제로 한국형 소공동체 중심으로 사목을 하는 본당에서는 다른 신심단체가 마비되는 경우가 허다하다. 내가 사목하는 반송동 성당 같은 경우 모든 활동을 소공동체 중심으로 하다 보니 여성 연합회의 기능은 거의 마비되었고 성경반은 운영할 수 없었다. 소공동체가 이들 작은 공동체들이 할 일까지 다 맡아 하려고 했기 때문이다. 이런 상황에서 신자들은 원하든 원치 않든 본당이 의무적으로 요구하는 한국형 소공동체에 몸을 싣게 된다.

한국형 소공동체를 활성화하기 위하여 다른 신심단체를 포기하게 할 것이 아니라 오히려 다른 신심단체에 열심히 활동하는 사람들은 한국형 소공동체에 참석하지 않아도 되는 길을 열어주어야 한다. 그리하여 '소'공동체들이 본당의 특색을 살리고 본당의 역사를 창조하는 방향으로 나가도록 유도해야 한다. 다양한 사도직이 마비된 곳에서는 공의회의 교회는 그 모습을 잃게 된다. 한국형 소공동체가 정말 제2차 바티칸 공의회에 근거하고 있다면 다른 신심단체를 살리는 데 도움이 되어야 할 것이다. 공의회는 다양성을 강조하기 때문이다.

신심단체를 비롯한 소공동체 운영을 위한 사목자의 관심은 물론 절대 필요하다. 하지만 본당신부가 여러 신심단체에 지나치게 깊이 관여하도록 되어 있는 관습은 본당신부의 관심도에 따라 어느 신심단체는 잘 되기도 하고 또 어느 신심단체는 기울기도 하는 부작용을 낳을 수 있다. 이런 면에서 사제가 '자동적으로' 본당의 모든 신심단체의 지도신부가 되도록 하는 것은 재고해볼 필요가 있다. 소공동체 모임이 자발적인 운동이라고 하면서도 교구 차원에서 이를 조직적으로 관리하고 의무 교육까지 시키는 것도 이런 관행을 벗어나지 못하기 때문이다. 이런 상황에서 이 운동들은 교회의 제도를 다지는 조직의 역할을 하고 본당의 신자들은 자기가 원하는 단체에서 신심을 얻기 위하여 참여하는 차원을 넘어 여러 단체에 한꺼번에 참여하도록 강요를 받게 된다. 신심단체는 신심을 길러주는 단체이어야 하고 본당의 신부는 이를 사목적으로 도와주는 일에 역점을 두어야 함에도 불구하고 단체를 존속시키기 위해 더 많은 애를 쓰게 된다. 신심은 관리자가 아니라 사목자만이 키워줄 수 있다. 본당신부는 관리자가 아니라 사목자다. 그는 사목자이면서 사제다. 성 토마스 베케트 주교(1118~1170)의 편지는 오늘날 사목자들이 마음에 새겨야 할 것이다.

> "우리는 주교, 대사제라고 불립니다. 우리가 만일 불리는 바 그대로의 사람이 되고자 하면 또 이 칭호의 의미를 알고자 한다면 십자가상에서 우리를 위해 자신을 아버지께 바치심으로써 하느님께 영원한 대사제로 세워 주신 분의 발자취를 열심히 묵상하고 그것을 본받아야 합니다. … 주교들의 수호는 참으로 많습니다. 우리

는 품을 받을 때 가르치고 다스리는 사명을 열심히 또 온갖 정성을 다해 수행하겠노라고 약속했고, 지금도 매일 그 약속을 반복합니다. 우리가 약속한 신앙이 행동의 증거로써 더욱 믿을 만한 것이 되었으면 합니다."

한국 교회에 대한 제언

평신도의 의식이 깨어나기를 진정 바란다면 한국 교회는 공의회의 정신에 따라 성직자와 평신도가 '함께 사목하는' 공동체로 태어나야 한다. 새로 부임해오는 본당신부의 사목방침에 따라 본당의 역사가 이리저리 뒤바뀌는 일이 없도록 해야 한다. 소공동체를 운영함에서도 마찬가지다. 소공동체 정신을 존중한다면 소공동체 모임을 조직적으로 구역에 접목시키기를 포기해야 한다. 각 구역에서 소공동체 모임을 장려할 수는 있지만 이를 의무로 요구해서도 안 된다. 소공동체가 잘 되는 본당이 있을 수도 있고, 레지오 마리애나 성령기도회 또는 꾸르실료 등 다른 신심단체가 활발한 본당이 있을 수도 있으며, 성경 공부반이나 신앙 공부반 또는 본당마다 특색 있는 신심단체가 활성화될 수도 있다. 소공동체를 활성화한다는 명목 아래 이런 신신 운동이 저해를 받아서는 안 된다. 소공동체는 소공동체의 본연의 모습으로 돌아가고, 구역모임은 구역모임으로 발전할 수 있도록 해야 한다. 구역의 신자들이 소공동체의 부담을 털고 한 자리에 모여 지역의 복음화를 위하여 서로 영성을 나누며 일치와 화합을 도모하도록 해야 한다. 구역모임에서 기도를 하든 성경을 읽든 그것은 구역 신자들의 자율에 맡겨야 한다.

교회는 지금 새로운 조직이 아니라 새로운 신심운동이 필요하다. '한국형 소공동체'와 같은 '위'에서부터의 새로운 조직이 필요한 것이 아니라 글자 그대로 '새로운' '믿음'의 운동, 믿음으로 깨어나게 하는 운동이 요구된다. 세계 교회를 볼 때 모든 신심운동은 '위'가 아니라 '아래'에서부터 왔다. 아래의 순수성을 교회가 살려 줄 때, 그때 우리 교회는 성령 안에서 영적인 존재로 새로 태어날 수 있을 것이고, 교회는 변화될 것이다. 로마노 과르디니(1885~1968)가 말한 것처럼 신자들의 영혼 안에서 새롭게 깨어나게 될 것이다. 그리고 교회는 세계에 새로운 영을 불어넣고 성령의 노래를 부를 수 있을 것이다. 성령의 노래는 생기를 불어넣어주는 노래이다. 이는 제도적으로 부를 수 있는 노래가 아니며 광기로 부를 수 있는 노래도 아니다. 신자 각자의 다양한 마음을 읽을 수 있을 때 가능할 것이다.

지금 한국 교회의 과제는 억지로 형성한 구역 소공동체를 조직적으로 활성화하는 것이 아니라 기존의 신심단체들이 공의회의 정신으로 새로 태어나게 하는 것이다. 불행하게도 한국형 소공동체는 자기도 공의회의 정신으로 쇄신되지 않으면서 다른 신심단체가 쇄신하는 길도 막고 있다. "불행하여라, 너희 위선자 율법학자들과 바리사이들아! 너희가 사람들 앞에서 하늘 나라의 문을 잠가 버리기 때문이다. 그러고는 자기들도 들어가지 않을 뿐만 아니라, 들어가려는 이들마저 들어가게 놓아두지 않는다"(마태 23,13).

공의회가 극복하고자 했던 이전의 교회 모습으로 돌아갈 수는 없다. 구역에 접목시키는 한국형 소공동체를 활성화하겠다는 생각에 앞서 공의회를 살려 복음의 교회, 사목의 교회가 되도록 해야 한다. 성직자의 입김이 아니라 성령이 작용하게 하라. 새로운 교회, 쇄신의 교회가 우리

앞에 나타날 것이다.

교회의 신심운동은 영적이어야 한다. 따라서 신심단체를 운영하는 제도도 영적이어야 한다. 본당의 신부도 '영적 지도자'라고 불리지만 실제로는 제도의 관리자라는 인상이 더 짙다. 신심운동은 성직자 중심의 교회에 쇄신의 바람을 불어넣을 수 있어야 한다.

복음이 유일한 대안

한국의 많은 교구들은 한국형 소공동체를 한국 교회의 미래를 위한 대안으로 생각하는 듯하다. 그러나 한국 교회의 미래를 위한 대안은 교회가, 성직자와 수도자가 복음 정신으로 돌아가는 것이다. 복음화가 유일한 대안이다. 복음화가 유일한 대안이라는 것은 세상의 평화를 위해서는 2천 년 전 예수님께서 선포하신 복음 외에 다른 대안이 없다는 것을 의미한다. 그런데도 불구하고 다른 대안을 내놓으려는 가운데 예수님보다 더 똑똑한 사람이 나오고, 광신자와 근본주의자들이 나와서 방향을 흐려 놓는다. 우리는 계속 대안에 대안을 내어놓으려고 시도할 것이 아니라 예수님의 복음을 먼저 소화할 수 있어야 한다. 사실 우리는 지난 2천 년 동안 복음이라는 낱말을 반복 사용해 왔으면서도 그 의미를 제대로 소화하지 못하고 있다.[27] 공의회는 우리에게 새로운 방안을 내놓지 않았다. 오히려 교회가 지금까지 걸어온 길을 뒤돌아보고 반성하며 예수님의 복음에 근거하여 교회가 나가야 할 길을 모색하게 해주었다. 그게 쇄신의 길이다. 쇄신이 대안인 것이다. 이를 위해 제2차 바티칸 공의회의 정신을 깨닫고 공의회가 제시한 '사목'을 소화하도록

해야 할 것이다.[28]

　공의회는 교회의 쇄신을 위하여 다음의 두 가지 점을 제시하였다. 첫째, 교회가 하느님의 백성임을 몸으로 깨닫고 이를 몸으로 나타내 보여야 한다. 둘째, 제2차 바티칸 공의회가 제시한 '사목' 개념을 옳게 이해하고 소화해내야 한다. 우리는 그 어느 때보다 사목이라는 단어를 많이 사용하고 있지만 이 단어를 바르게 사용하고 있는지는 의문이다. 사목에 대한 올바른 이해는 공의회의 최대 관심사이다. 때문에 교황은 공의회를 개최하면서 이 공의회의 성격을 사목의 공의회라 단정하였다. 우리는 사목을 어떻게 이해하고 있는가? 이런 기초적인 이해 없이 새로운 방안만을 내어 놓으려고 할 때 우리는 권위주의와 성직자 중심주의의 교회에 빠져서 근본주의의 틀에 갇혀 세상과 단절되고 말 것이다. 세상과의 단절은 하느님과의 단절이기도 하다. 지금 한국 교회는 이런 위험에 노출되어 있다.

　이에 나는 어슷비슷한 새로운 단체나 조직을 자꾸 양산해내어 신자들을 교육시킨다며 부담을 주기보다 이미 교회 안에서 활동하고 있는 기존 단체들이 공의회의 정신에 근거하여 쇄신할 수 있도록 방안을 모색해야 한다고 생각한다. 이들이 먼저 공의회의 정신을 깨치고 공의회의 정신으로 새로 태어나는 것이다. 이 단체들이 공의회의 정신을 깨쳐 쇄신이 되면 그것이 바로 교회의 쇄신이 시작하며 교회의 미래가 열린다. 그러기 위해 각 단체들이 먼저 예수님의 복음을 바탕으로 복음화 되어야 한다. 각 단체들이 복음화 되면 교회의 복음화가 이루어지고, 교회가 복음화를 통해 세상이 복음화 될 것이다. 나는 한국 교회의 발전에 기여한 수많은 신심단체들이 공의회의 정신에 따라 쇄신되기를 바란다.

소공동체는 교회 조직의 일환이 아니라 신심운동으로 전개되어야 한다. 그리고 소공동체 모임이 진정 그들의 주장처럼 평신도의 자율성에 근거하고 또 평신도의 자율성을 존중한다면 교회는 이를 제도적으로 관리하는 일을 포기해야 한다. 그러지 않을 때 한국형 소공동체는 그 많은 노력과 투자에도 불구하고 실패할 수밖에 없다. 그 누구도 한국 교회가 공의회 이전의 성직자 중심의 교회, 근본주의의 양상을 띤 초보수적 교회로 돌아가기를 원하지 않기 때문이다. 그래서 나는 우리가 정말 한국 교회의 미래를 생각한다면 지금이라도 한국형 소공동체를 활성화하려는 집착을 버리고 공의회의 정신으로 돌아가기를 바란다. 과감히 한국형 소공동체를 포기하라. 복음과 공의회의 사목에서 시작하라. 사목의 교회가 되게 하라. 미래를 위한 우리의 대안은 예수님의 복음과 공의회의 사목이다.

종교는 조직이 아니라 운동

역사적으로 교회 안에는 수많은 쇄신 운동이 있었다. 엄밀히 따지면 예수님께서 "내가 율법이나 예언서들을 폐지하러 온 줄로 생각하지 마라. 폐지하러 온 것이 아니라 오히려 완성하러 왔다."(마태 5,17) 고 말씀하시면서 복음을 선포하신 것은 복음화 운동이요 종교쇄신 운동의 일환이었다. 최근에는 평신도 사도직인 레지오 마리애가 평신도 운동으로 2차 바티칸에 영향을 미쳤고, 소공동체 운동이 평신도의 자율성을 강조하면서 교회 쇄신에 영향을 미쳤다. 이 운동들은 교회의 제도를 부정하지 않으면서 교회가 제도 이상이라는 것을 인식시켜 주었다.

하지만 자발적으로 일어난 운동들을 교회가 조직적으로 관리하다 보니 이 운동들의 본래 의미가 퇴색되고 오히려 교회의 쇄신을 방해하는 경우가 생겨났다. 이 운동들을 조직적으로 관리하겠다는 것은 이 운동을 성직자 중심으로 운영하겠다는 뜻과 다름이 아니며 이는 공의회가 극복하고자 노력한 바다.

교회가 진정 쇄신을 원한다면 이 운동들을 제도권 안으로 끌어들여 조직적으로 관리하려는 것을 포기하고 운동이 운동이게 놔두어야 한다. 예컨대 레지오 마리애가 성공하기 위해서는 단원들의 자발적인 활동이 존중되어야 하며, 소공동체가 성공하기 위해서는 이를 교회의 조직 안으로 끌어들여 제도적으로 관리하려는 것을 포기해야 한다. 운동이 '아래에서부터'의 성격을 띠는데 반해 제도는 '위에서부터' 라는 성격을 가지고 있다. 권위주의는 '위에서부터'의 명령에 익숙해 있다. 교회 쇄신은 성직자 중심과 권위주의를 극복하는 데서 시작한다. 어찌면 이를 위해 쇄신이 필요하다. 한국교회에서 쇄신이 아직 요원한 것은 성직자 중심과 권위주의적 교회의 틀에서 벗어나지 못하고 자발적으로 일어난 운동까지 조직화하려는 의지가 강하게 작용하기 때문이다.

예수님은 제자들의 모임을 제도화하지 않으셨고, 그들을 제도적으로 관리하지 않으셨다. 그분은 복음 운동을 일으키고, 이 운동에 많은 이들이 참여하기를 바라셨다. 그분이 제자를 부르신 것은 당신의 복음 운동으로 초대하기 위해서였다. 그들은 그분의 초대하시는 말씀에서 권위를 느끼고, 권위 있는 그분의 부르심에 응하지 않을 수 없었다. 그분은 그들을 통하여 다른 이들을 이 운동으로 초대하기를 바라셨다. 제자들은 온 세계가 초대받았다는 것을 알게 하는 사명을 가지고 있다. 그분은 때론 "초대를 받은 자는 많은데 응하는 자가 적다. 추수할 것은 많은데 일꾼이 적다."고 하셨는데 복음이 운동이라는 것을 깨닫는 자가 적다는 말도 될 것이다. 사람들은 성미가 급하여 제도적으로 관리하려는 습관을 버리지 못하는 것이다.

교회는 조직 이상이다. 교회는 성령의 교회다. 성령의 바람은 어디서 불어 어디로 가는지 모른다. 성직자가 성령의 역할을 대신할 때 교회의 타락이 시작한다.

소공동체가 성공하기 위해서는 자신을 성령의 힘에 맡기고 복음의 운동을 근거로 삼아야 한다. 그렇지 않고 조직화하고 제도적으로 관리하려 할 때 소공동체 운동은 그 본래의 취지를 잃고 실패하게 될 것이다. 과거 그리스도교가 세상에 잘못한 것이 많다면 교회 안에 일어난 여러 복음 운동을 조직적으로 전개하려고 한 것이다. 우리는 이를 되풀이해서는 안 될 것이다. 교회는 복음 운동을 위한 복음 운동의 공동체이며 교회의 조직은 오로지 이를 위해 있다.

소공동체는 아니다

2007년 10월 초 마산교구는 소공동체 활성화를 위한 교구 사제 연수회를 가졌다. 연수회의 주제가 '소공동체 활성화'라는 공문을 받고 연수회에 참석할 것인가 말 것인가 고민을 해야 했다. 「소공동체의 새로운 전망 모색」(문서번호: 사목 2007 - 129)이라는 공문과 함께 받은 편지 때문이기도 했다. "교구에서는 교구장 주교님의 뜻에 따라 소공동체를 다시금 활성화하는 계획을 가지고 있습니다."라고 시작하는 이 편지는 교구 내에 소공동체가 도입된 지 오래 되었음에도 불구하고 "소공동체가 활성화되어 있는 본당은 몇 곳에 불과하고 거의 대부분이 기존의 반구역 기도회 수준을 벗어나지 못하는 실정"이라는 지적과 함께 "우리 사제들 간에 일치된 공감대도 형성되어 있지 못하고, 신자들 역시 불편함을 느끼고" 있기에 "다시금, 처음부터 소공동체 정신과 영성, 그 신학적 바탕을 다시 배운다는 자세로 출발"하고자 한다고 연수회의 취지를 설명했다. 하지만 모든 사제들이 이 취지에 동의하는 것은 아니라는 확신이 생기면서 나는 연수회에 참석하기로 했다. 연수회가 진행되는 동안 나는 나의 고민이 기우였음을 알게 되었다. 우리는 강사로 초대된 강우일 주교로부터 소공동체가 한국 교회의 미래라는 내용의 강의를 듣고 조별로 나누어 아래의 질문을 바탕으로 소공동체의 현실에 대하여 토론하였는데, 대부분의 사제들이 소공동체는 우리를 혼란스럽게 한다고 입을 모았던 것이다. 결론은 "소공동체는 아니다"였다. 동료들의 토론 내용을 들으면서 나는 교구의 밝은 미래가 열리는 듯 희망을 보았다. 사목국도 사제들의 의견을 겸허하게 받아들이며 연구하겠다고 약속하였다

그룹토의에서 나온 부정적인 견해는 대략 다음과 같다.

1) 반모임과 소공동체의 차이를 묻는 질문에서
- 우선 교구가 실시한 설문조사가 일방적이다. 질문이 의도적이다.
- 설문조사에 응한 자의 의견만으로는 소공동체에 대한 평가를 내릴 수 없다. 소공동체에 부정적인 견해를 가지고 있는 사람들은 설문에 응하지 않았다고 보아야 하기 때문이다.
- 소공동체에 참석하지 않는 자의 의견도 들어봐야 한다.
- 한국형 소공동체는 초기 교회와 제2차 바티칸 공의회의 정신에

근거한 공동체라 보기 어렵다.
- 한국형 소공동체는 기존의 구역 모임에 복음 나누기를 더한 것 말고는 차이가 없다.
- 명칭 때문에 신자들이 혼란스럽다.
- 종전에 반모임이라고 하던 것을 소공동체라고 부를 뿐이다.
- 한국의 실정으로 보아 한국형 소공동체는 불가능하다.
- 한국형 소공동체는 본당신부에게 피곤하다.
- 교우들도 힘들어 한다.
- 자발적이지 않다.
- '위'에서 강제성이 강하다.
- 기존의 반모임에서도 공의회의 정신에 대해서 충분히 이야기할 수 있고 실천할 수 있다.
- 소공동체장이라 하지 말고 반장이라 해라(사실 지금 소공동체장은 종전의 반장 역할을 하고 있을 뿐이다).
- 통합영성은 위험하다.

2) 본당 소공동체가 안 되는 이유
- 소공동체에서 강조하는 것을 다른 소공동체에서도 얻을 수 있다.
- 소공동체에 참석할 필요성을 느끼지 못한다.
- 반장(소공동체장)에게 부담스럽다.
- 직장, 연령 등 관심사의 차이가 크다.
- 20평 아파트에 사는 신자와 60평 아파트에 사는 신자들의 공감 대를 만들기가 쉽지 않다.
- 관심사와 생활 양상이 다른 이들이 매주 또는 매월 정기적으로 한 자리에 모여 복음 나누기 등 생활 나누기를 한다는 것은 현 실적으로 불가능하다.
- 설령 생활 나누기를 한다 해도 이런 구조에서는 형식적이다.
- 복음 나누기도 7단계 말고 다른 방식이 요구된다.

- 복음 나누기는 대체적으로 형식적으로 행해지고 있다.
- 소공동체 교육보다는 공의회 정신에 따른 신자 교육이 더 필요하다.
- 구역미사와 함께 복음 나누기를 할 수 있을 것이다.
- 사제의 관심사에 따라 소공동체 모임이 잘 되기도 하고 잘 안 되기도 한다.
- 소공동체가 모든 사제의 관심을 사지 못하고 있다.
- 본당의 많은 신심단체들도 소공동체이다.
- 소공동체를 활성화할 의무를 느끼지 않는다.

3) 소공동체와 다른 신심단체의 관계

- 다른 신심단체도 나름대로의 조직이다. 본당은 그들의 발전을 도와야 한다.
- 소공동체는 이들 신심단체와 대결구조를 형성하지 말아야 한다.
- 소공동체는 이들 신심단체의 대안이 아니다.
- 소공동체의 구성원과 다른 신심단체의 구성원이 겹친다. 때문에 동일 인물이 매주 여러 번 만나야 한다. 어지럽다.
- 소공동체는 이제 그만 두자.

4) 소공동체 활성화

- 활성화 할 의무를 느끼지 못한다.
- 본당에는 소공동체 말고 수많은 소공동체가 있다. 이들의 활성화가 더 요구된다. 예컨대 청년들의 팀 모임도 한 예다. 그들은 다시 소공동체 모임에 참석할 의무가 없다.

그리고 다음 날 마무리하는 시간에 사목국은 "우리 교구 현실에 맞는 방식으로 우리 사제들부터 거부감 없이 사목에 잘 실천할 수 있는 방법으로" 소공동체를 활성화시키기 위해 '소공동체 전문 위원회'를 발족하였음을 자랑스럽게 발표하였고, 소공동체의 활성화를 위해 사제들의 적극적인 협조를 당부하였다. 허탈했다. 결국 소공동체를 밀어붙이기 위한 수순으로 그들의 사제들을 모아 놓고 형식적인 토론을 하게 한 것인가? 진지하고도 열띤 우리들의 토론은 하나의 해프닝이었는가? 연수회 참석하기 전 내가 **가졌던** 생각은 기우가 아니었다.

　소공동체에 대한 평가가 **객관적**으로 이루어지기를 바란다면 그들의 **사제들**(신자들)이 소공동체에 대한 인식이 부족하다**거나 열성**이 없다고 **단정할** 것이 아니라 왜 이 운동이 '위'에서 의도한 **대로 활성화** 되지 않는지 객관적으로 성찰할 수 있어야 한다. 나는 우리 한국 교회가 소공동체가 아니라 제2차 바티칸 공의회에 우리 교회의 미래를 걸기를 바란다. 소공동체의 장래가 아니라 우리 한국 교회의 미래를 걱정하기를 **바란다. 사목자들**이 본당에서 더 잘 사목할 수 있는 재량권을 부여하는 **방법도 함께 연구**되어야 할 것이다.

제2부
공의회와 사제, 수녀와 본당회장 그리고 여성

사제와 수녀의 만남

본당은 사목과 복음화를 위한 공간

본당에서 사제와 수녀의 관계는 본당이 아닌 다른 곳에서 이들 만남의 모형이 될 수 있다. 본당에서 사제와 수녀의 사도직에 대한 이해는 사제마다 수녀마다 다르기에 종합하기가 쉽지 않다. 본당에서 수녀가 불편을 느끼는 경우는 대개 신자와의 관계보다 사제와의 관계에서 더 심각하다. 본당에서 수녀가 사제를 돕는 역할은 복음화와 관련해서이다.

어떤 사제는 수녀 없이는 본당 사목을 잘할 수 없다고 생각한다. 본당에서 자매들이 차지하는 비율을 볼 때 본당 수녀의 역할은 크다. 그런가 하면 어떤 사제는 수녀가 오히려 본당 사복에 방해된다고 말한다.

이는 실적 위주로 수녀를 대하기 때문이라고 본다. 사제가 가부장적 권위를 가지고 있는 우리나라의 본당에서 많이 나타나는 경우인데 이런 본당에서는 평신도 협의회와 수녀들이 사제의 비위 맞추기에 급급하다.

사제와 수녀의 원만한 관계를 정립하기 위해서는 각자의 고유 신원에서 본당을 바라보는 것이 중요하다. 본당 신부는 본당을 어떻게 이해하는가? 본당 수녀는 본당을 어떻게 이해하는가? 이들은 본당에서 그들의 사명을 어떻게 이해하고 있는가? 무엇보다도 수녀들은 본당에서 하는 일이 그들의 근본 수도정신과 부합한다고 생각하는가? 이 물음에 대한 답은 사목과 복음화에 대한 이야기가 그 중심이 될 때 얻을 수 있을 것이다.

제2차 바티칸 공의회 문헌 "수도 생활의 쇄신에 관한 교령"(이하 수도자 교령, PC)은 수도자들의 활동이 아니라 신원에 역점을 두고 있다. 이 문헌에는 본당이라는 단어가 한 군데도 나오지 않는다. 대신 "수도 단체는 그 고유한 활동을 충실히 보존하고 수행하는 한편, 보편 교회와 교구들의 선익을 고려하여 시대와 지역의 필요에 따라 새로운 수단과 기회를 활용하여 이를 적응시켜야 한다."(PC 20)는 점을 강조한다. "수도 단체는 선교 정신을 온전히 보존하여야 하며, 그 단체의 특성에 따라 이를 현대 상황에 적응시켜, 만민을 향한 복음 선포를 더욱 효과적으로 수행하여야 한다."(PC 20) 이 항목 앞에서 수도자 교령 18항은 이렇게 말한다. "성직자가 아닌 회원들과 수녀들에게 수련기가 끝나자마자 곧바로 사도직 활동을 맡기지 말아야 한다. 수도 생활과 사도직, 교리와 전문 기술에 관하여 합당한 자격도 얻도록 알맞은 거처에서 적절한 교육을 계속하여야 한다. 현대의 요청에 대한 수도 생활의 적응이 단순히 외적인 것으로 그치지 않으려면, 또 제도적으로 외부 사도직 임무에 종사하고 있는 사람이 자기 임무를 제대로 수행하려면, 수도자는 각자의 지적 역량과 개인 재능에 따라 현대 사회 생활의 풍습, 감각, 사고방식에 관하여 적절한 교육을 받아야 한다. 수도자 양성은 이러한 요소들을 조화롭게 융합시켜 회원 생활의 일치에 이바지하도록 이루어져야 할 것이다. 회원은 평생 동안 이러한 영성, 교리, 전문 기술의 소양을 갖추도록 끊임없이 노력하여야 하며, 장상들은 힘닿는 대로 이러한 기회와 수단과 시간을 마련해 주어야 한다. 또한 지도자, 영성 지도자, 선생을 잘 선택하고 그 양성에 힘쓰는 것은 장상의 의무이다."(PC 18)

수도자가 본당에 파견되는 것은 그들의 삶으로 복음을 세상에 보여주기 위해서이다. 공의회는 교령을 결론지으며 말한다. "거룩한 공의회는 바로 주님이신 그리스도를 본받아 정결, 청빈, 순명을 지키며 사는 수도자들의 생활양식을 높이 평가하며, 드러나거나 드러나지 않은 그들의 풍요로운 활동에 굳건한 희망을 두고 있다. 그러므로 모든 수도자는 완전한 신앙, 하느님과 이웃에 대한 사랑, 십자가에 대한 사랑과 내세의 영광에 대한 희망으로 그리스도의 기쁜 소식을 온 세상에 전파하여야 한다. 그리하여 모든 사람이 그들의 증거를 보고, 하늘에 계신 우리 아버지를 찬양하게 될 것이다(마태 5,16 참조)."(PC 24) 이를 위해 수도자와 사제가 협력할 수 있다고 보며 한국의 경우 그 장소로 본당이 큰 역할을 하고 있는 것이다. 그러므로 수도자가 "본당은 수도자의 신원을 실행하기에 적합한가? 수도자에게 본당의 의미는 무엇인가?" 하고 묻는 것은 당연하며, 수녀를 본당수녀로 받아들이는 사제 또한 이에 상응하여 "본당은 수녀에게 어떤 역할을 한다고 보는가?" 하고 묻는 것은 당연하다.

본당은 사목과 복음화를 위한 장소이다. 사제와 수녀는 본당을 사목과 복음화를 위한 장소로 이해해야 한다. 만일 본당에서 사제와 수녀의 만남이 조화롭지 않다면 사제와 수녀가 본당을 이런 장소로 받아들이지 못하기 때문이다. 본당이 이들의 관계로 말미암아 때로는 심각한 문제로 등장하는 것은 본당이 사목과 복음화를 위한 공간의 역할을 다하지 못하기 때문이다. 사제와 수녀 간에 사목에 대한 생각의 나눔이 없고, 복음화에 대한 생각이나, 사도직에 대한 의견 교환이 원활히 이루어지지 않기 때문이다. 사제와 수녀, 사제와 신자, 주임신부와 보좌신부의 관계가 일반 직장에서처럼 명령하는 자와 명령을 실행하는 자로 맺어져 있다면, 사제가 자신을 본당의 주인으로 수녀를 본당의 고용인으로 여긴다면 본당과 사목 개념을 잘못 이해한 것이다. 불행하게도 우리나라의 경우 많은 본당에서 신부는 사목자라기보다 관리자라는 인상이 강하다. 우리 교회의 사목이 안고 있는 문제다.

복음화란?

복음화라는 용어가 교회 안에서 가장 많이 거론되는 주제 중 하나임을 생각할 때 복음화가 무엇을 하는 운동인지 깨닫는 것은 우리의 과제이다. 세상의 복음화는 세상을 예수님의 복음으로 변화시키는 일이다. 복음의 내용을 모르고서는 세상을 복음화할 수 없다. 세상의 복음화를 외치기 전에 복음의 내용을 먼저 깨닫도록 정진하는 모습을 보여야 할 것이다. 복음화는 나의 복음화를 전제한다. 예수님이 세상에 복음을 선포할 수 있었던 것은 그분 자신이 복음화된 존재였기 때문이다. 글자 그대로 '복음으로 변화된' 존재, 그래서 복음 자체였기 때문이다. 세상을 복음화하기 위해서는 우리 자신이 복음이 되어야 한다.

본당이 세상의 복음화를 과제로 삼고 있다면 우리는 물어야 한다. 교회는 얼마나 복음화 되었는가? 교회에 봉사하는 사제와 수도자 그리고 신도는 얼마나 복음화 되었는가? 세상은 그들에게서 얼마나 복음을 느끼는가?

우리는 예수님의 복음으로 돌아가는 운동을 펼쳐야 한다. 그 진원지는 우리가 사는 곳이라면 어디든 해당하지만 본당이 큰 역할을 한다. 복음에 대한 이야기가 제일 많이 흘러나오는 곳이 본당이기 때문이다. 하지만 역설적으로 복음화가 가장 안 된 곳이 본당이기도 하다. 세상을 복음화하자는 구호가 성당 벽에 길게 걸려 있지만 정작 복음의 내용이 무엇인지는 모를 때가 많다. 예수님처럼 복음을 선포해야 한다고 하지만 "하느님 나라가 가까이 왔다."는 것이 그분 복음의 핵심이라는 것은 놀랍게도 대부분의 그리스도인이 놓치고 있다.

예수님은 하늘나라에 계시다가 복음이라는 보따리에 싸들고 세상에 내려오신 것이 아니나. 대부분의 그리스도인은 다음과 같이 말하는데 익숙하다. "그분은 처음 하늘나라에 살던 하느님의 아들이셨다. 어느 날, 땅을 굽어보시던 하느님께서 인간이 고생하는 것을 보시고 가엾은 마음이 드시어 당신의 아들을 세상에 보내어 구원하고자 하셨다. 하느님은 아들을 보내면서 하느님 나라에 대한 소식을 보따리에 챙겨 주셨다. 인간의 구원은 이 아들을 알아보는 데서 주어진다. 그런데 세상은 하느님에게서 온 이 아들을 알아보지 못하였다." 이것은 소설이다. 예수님은 우리가 쓴 소설 각본에 따라 움직이시는 분이 아니다. 예수님이 전하신 복음은 하늘에서 떨어진 어떤 교리가 아니라 예수님의 체험에서 나온 것이다. 그분은 하늘에서 아버지 곁에 계시다가 어떤 비책을 들고 우리에게 내려오신 분이 아니다.

하느님 나라가 가까이 왔다는 것은 그분의 체험이다. 이 체험은 그분의 세례 장면에서 분명해진다. 이 체험을 하기 전에 그분은 당신이 하느님의 사랑받는 아들임을 몰랐을 수도 있다. 말구유에 태어난 아기가 어떻게 자신이 하느님의 아들이라는 것을 알았겠는가. 그런데 우리는 마치 그 아기가 모든 것을 다 알고 태어난 것처럼 생각한다. 그 아기를 낳은 부모도 모든 것을 다 아는 것처럼 생각한다. 하지만 그것은 있을 수 없는 일이다. 아기가 이 사실을 알기까지는 많은 세월이 흘러야 했다. 커서 자기가 하느님의 아들임을 알았을 때, 그는 자기가 처음부터 하느님의 아들이었음을 알게 되었다. 하느님의 아들임을 알게 됨으로써 비로소 하느님의 아들이 된 것이 아닌 것이다.

그분은 우리 모두가 이 진리를 깨닫기를 바라신다. 그분은 우리로 하여금 당신처럼 하느님을 아버지라 부르게 하시며 우리도 처음부터 당신처럼 하느님의 아들과 딸임을 알려 주신다. 그러나 우리는 아직 우리 자신을 하느님의 아들과 딸로 체험을 하지 못하고 있다. 그분의 체험은 우리 모든 인류가 체험해야 할 내용이지만 우리에게 그 체험은 아직 요원하다. 그분은 우리가 이 체험을 하도록 복음을 선포하셨다.

복음을 깨닫는 것은 그분 이후 우리의 과제가 되었다. 복음을 깨달은 사람은 가난과 정결과 순명의 삶을 산다. 본당은 복음을 가장 잘 체험할 수 있는 장소가 되어야 한다. 우리는 그분께서 복음을 어디서 선포하셨는지 눈여겨보아야 한다. 사람들은 그분의 어떤 모습에서 그분을 복음으로 체험하였는지 감지해야 한다. 이는 복음사가가 의도한 일이기도 하다. 그분은 갈릴래아에서 복음을 선포하셨다. 왜 하필이면 갈릴래아일까? 그분은 제자들을 불러 모으실 때도 갈릴래아 호숫가로 가셨다.

여기는 여러 의미가 있다. 왜 갈릴래아로 가셨을까? 왜 갈릴래아 호숫가로 가셨을까? 왜 어부를 부르셨을까? 갈릴래아 호숫가는 상대적으로 가난한 사람들이 일상을 살아가는 변방이다. 그분은 가난하고 평범한 사람들이 살아가는 일상의 삶터를 찾으셨다. 제자들을 부르신 다음 그분은 병자들에게 다가가셨다. 왜 하필이면 병자일까? 그 다음 그분은 율법학자들과 많은 논쟁을 하셨다. 그들은 사막으로도, 병자들에게도 다가가지 못하는 이론만 가지고 사는 사람이다. 예수님의 행적에서 나는 수도자의 삶의 방향과 사명을 본다. 그리고 교회가 나아가야 할 방향을 본다. 나는 그 일에 수녀가 적극 참여할 수 있다고 생각한다. 왜냐하면 수녀는 바로 이런 복음의 삶을 살고자 하는 사람이기 때문이다. 이런 일은 지금의 구조상으로 볼 때 사제 혼자 감당하기는 버겁다. 왜냐하면 많은 사제가 갈릴래아에서 멀리 떨어진 곳에 살기 때문이다. 수녀는 이런 사제들에게 자극제가 되면서 공동으로 일을 할 수 있을 것이다.

본당의 사제와 수녀는 자기의 몸으로 복음을 세상에 보여 주어야 한다. 사람들은 복음의 눈으로 세상을 바라보고, 복음의 눈으로 서로를 바라보도록 해야 한다. 이를 위해 우리는 오늘도 복음적 권고에 충실한 삶을 살고자 한다. 본당이 그런 모범적인 장소가 되기를 기원한다. 많은 반성과 성찰이 따라야 하고, 무엇보다도 복음을 깨닫는 공부가 선행되어야 할 것이다.

사제와 수녀와 복음

때때로 나는 수녀들은 어떤 생각을 가지고 수도원에 입회했을까 하고 생각해본다. 수녀마다 입장이 다르고 생각이 다를 것이다. 이는 사제들에게도 마찬가지이다. 나의 경우 별달리 큰 뜻이 있어 신학교에 들어간 것은 아니다. 신부가 되어 무얼 하겠다는 계획도 없이 신학교에 들어간 나는 신학교 안에서 두려움을 느꼈다. 본당의 신자들이 신부에게서 기대하는 그런 삶을 살 수 없을 것만 같았기 때문이다. 신부의 삶이 너무 위대해서가 아니라 오히려 그 반대다. 틀에 박힌 듯 보이는 신부의 얼굴이 보통 사람의 얼굴과 달라 싫어졌기 때문이다. 그런데도 신부가 되었다. 신부가 되고 나서 더 신부다운 삶을 살아야겠다는 생각이 들었지만 이번에는 몸이 잘 따라주지 않았다.

세상 사람들은 신부와 수녀를 어떻게 볼까? 그들이 성직자와 수도자에게 바라는 것은 무엇일까? 사제생활을 하면서 사제는 신자의 바람을 채워주는 존재가 아니라는 것을 알게 되었다. 물론 신자를 의식하지 않고 살아야 한다는 말은 아니다. 신자가 의식하지 못하는 사제들의 고유한 삶이 있다는 뜻이다. 그런데 사제의 이런 생각과는 달리 사제의 마음을 맞추기 위해 노력하는 신자들도 많다는 것도 알게 되었다. 사제가 신자들의 마음을 맞추는 것이 아니라 신자들이 사제의 마음을 맞추려고 한다. 그런데 사제는 점점 이런 생활에 익숙해져 간다. 사목에서 점점 멀어지는 삶을 살게 되는 것이다. 이런 현상은 본당에서 두드러지게 나타난다. 본당수녀는 이런 곳으로 파견된 것이다. 이런 상황에서 본당의 사제와 수녀는 숭고한 사명감을 띠고 복음을 실현하기 위해 파견되었다고 말하기에 앞서 신자들에게 자신은 누구이며, 자신에게 본당은 무엇인지 물어야 한다. 처음 신학교에 또는 수도원에 발을 들여놓던 때의 꿈과 지금의 본당에서의 삶이 어떤 연관 속에 있는지 물으며 성찰할 수 있어야 한다.

본당신자들은 수녀를 세상과 멀어진 사람으로 본다. 그러나 수도자는 그렇게 생각하지 않는다. 그리고 사실이 그렇다. 수도자는 수도생활을 통하여 세상을 더 깊이 체험한다. 이 체험은 수도생활 가운데 체득하는 것으로 세상일에 파묻혀 사는 사람은 제대로 체험할 수 없다. 수도자는 이 체험을 본당에서의 삶을 통해 세상 사람이 느끼게 해야 한다. 그리하여 그들도 세상의 삶 속에서 수도자의 가난한 삶을 살 수 있게 해주어야 한다. 그것은 수도자의 사명이라고도 할 수 있다. 그 사명은 복음화를 통해서 이루어진다. 왜냐하면 세상 한 복판에 파묻혀 있는 보물을 체험하게 해주는 것이 복음화이기 때문이다. 사실 세상 사람들이 수도자의 삶을 동경하는 것은 그들 안에, 그들을 통하여 세상 안에 깊이 감추어 있는 보물을 느끼고 싶고 그 보물을 캐내고 싶어서이기도 하다. 수녀는 수녀원 안에서 체험한 세상에 대한 체험, 더 정확히 말해서 세상 안에 감추어 있는 복음에 대한 체험을 세상 사람들에게 느끼게 해주어야 한다. 이 느낌은 수녀의 복음적 권고를 통하여 빛을 발한다.

수녀는 가난과 정결과 순명을 그저 수녀이기에 지켜야 할 의무사항이 아니라 복음적 권고라는 사실을 깨달아야 한다. '복음 삼덕'이라 일컫는 이 권고는 복음의 삶을 살게 해주는 바탕이다. 이 권고는 수도원 안에서만 지키는 덕이 아니라 온 세상이 살아야 덕이다. 세상은 가난과 정결과 순명의 정신을 잃어가고 있다. 그 자리를 부와 쾌락과 권력과 명예와 인기 등으로 채우려 한다. 이런 것들이 삶에 참 기쁨을 찾아주지 못하다는 것을 누구나 경험하면서도 그 유혹에서 헤어나지 못한다. 불행하게도 세상에 복음을 선포해야 할 종교(교회)마저 세상의 이런 논리에 놀아난다. 예수님의 이름으로, 하느님의 이름으로 사람들에게 부자 되게 해 주겠다, 하는 일마다 잘 되게 해 주겠다, 병을 고쳐 주겠다며 부와 명예와 성공을 약속한다. 스스로 가난과 순명을 몰아내고자 한다. 스스로 부와 권력과 명예와 인기의 노예가 되어간다. 종교의 세속화는 종교의 타락을 의미한다. 종교가 타락하면 누가 인류에게 기쁨(복음)을 전할 수 있겠는가? 교회는 다시 예수님의 복음을 깨닫도록 해야 한다. 그러기 위해 가난과 정결과 순명이 왜 복음의 덕인지 깨닫도록 해야 한다. 이런 면에서 복음적 권고에 서약한 수도자가 종교의 세속화에 제동을 걸 수 있으므로 본당에서 활동하는 것은 권장하고 싶다. 복음적 권고는 세상에 빛으로 작용해야 하기 때문이다. 수도자는 그들이 한 서약으로 교회를 구하고 세상을 구해야 한다. 교구는 수도원의 이런 정신을 환영해야 할 것이다. 교회가 복음을 깨닫고 그들에게 복음을 전할 수 있도록 지원해 주어야 한다. 그리하여 세상이 수도자를 통해서 또 교회를 통해서 복음의 빛을 서로에게 발하며 살 수 있도록 해야 한다. 이런 면에서 가난과 정결과 순명에 서약한 수도자들에게 희망을 걸며 그들이 서약한 복음적 권고를 그들의 몸으로 체화하여 세상의 빛이 되기를 기도한다.

수녀가 본당이나 병원, 학교 등지에 파견되는 것은 예수님께서 복음을 선포하시기 위해 세상에 들어오신 과정에 비할 수 있을 것이다. 그런 의미에서 나는 수녀가 본당에 나와서 예수님의 복음과 복음 선포하는 과정을 몸에 익히기를 바란다. 사실 수도자는 어디서 일을 하든, 그것은 문제가 아니다. 본당이면 어떻고 본원이면 어떻고 병원이면 또 어떤가? 수도자는 자신이 있는 곳이 어디든 그곳에서 자기의 몸으로 사람들에게 하느님의 현존을 느끼게 해주어야 한다. 수도자는 세상을 피해 수도원으로 온 자들이 아니다. 수도자는 자기가 일하고 싶은 곳에서만 일하려고, 곧 자기가 원하는 곳에서 원하는 사람들에게만 복음을 선포하려고 본당이나 병원으로 파견되는 것이 아니다. 오히려 어디에나 하느님이 현존하신다는 것을 자기의 몸으로 보여 주기 위해서 어떤 곳도 가리지 않고 찾아나서야 한다.

수도자들은 예수님께서 복음을 선포하시면서 왜 갈릴래아로 가셨는지, 왜 그분께서 세례를 받으신 후 광야로 나가셨는지, 제자들을 불러 모으기 위해 그분은 왜 갈릴래아 호숫가를 거니셨는지, 다른 사람이 아닌 어부를 왜 먼저 부르셨는지, 그리고 복음을 선포하시면서 왜 병자들을 찾아가셨는지 묵상하며 이를 자신들의 신원으로 보여주어야 한다. 이것이 수도자가 이행해야 할 일이다.

사람들이 수도자에게서 예수님의 이 행적을 느끼지 못한다면 그들이 전하는 예수님과 그분의 복음은 그들 자신에게도 듣는 사람에게도 하나의 이론에 지나지 않기 때문일 것이다. 수도자는 예수님께서 체험하신 바를 체험해야 하며 예수님의 행적을 따라야 한다. 수도자는 예수님의 복음을 내 안에, 나의 묵상 안에, 내가 속한 수도원 안에, 내가 속한 본당 안에 가두어 두어서는 안 된다. 예수님을 따르고자 하는 의욕만으로는 부족하다. 자기가 일하는 곳을 예수님을 체험할 수 있는 장소로 만들 수 있어야 한다. 아이러니하게도 가장 취약한 지역이 본당이다. 본당에서 일하는 사제와 수녀 스스로가 복음의 삶을 살지 못할 때가 많다. 본당에서 사목하는 사제와 수녀에게 다음의 질문은 중요하다. 본당은 우리의 일상이 펼쳐지는 곳인가? 사람들을 일상에서 불러내려고만 하지 않는가? 신부와 수녀는 어떤 사람을 만나고 있는가?

사제는 수도자의 신원을 존중하고 자신의 영성 발전을 위해 수도자를 반면거울로 삼아야 한다. 수도자는 그 신원에서 "복음적 권고를 실천함으로써 더 자유롭게 그리스도를 따르고 더 가까이에서 그분을 본받고자 하여, 각자 나름대로 하느님께 봉헌된 생활을 하는 남녀"(PC 1)임을, 사제의 하수인으로 본당에 파견된 것이 아님을 겸손하게 받아들여야 한다. 교회 역사를 돌이켜 볼 때 그들은 실제로 "그리스도의 몸을 성장시키는 일을 하도록(에페 4,12 참조) 준비하는 데에 공헌하였을 뿐만 아니라, 마치 신랑을 위하여 단장한 신부처럼 교회가 자녀들의 갖가지 은혜로 꾸미고 나타나며(묵시 21,2 참조), 교회를 통하여 하느님의 매우 다양한 지혜가 알려지게 하는 데에 크게 공헌하였다(에페 3,10 참조)."(PC 1) 그들은 복음적 권고를 실천하기 위하여 정결, 청빈, 순명을 서원한 자들이다. 무엇보다도 그들이 그들만이 아니라 모든 인간, 특히 점점 부와 권력과 명예와 섹스의 노예가 되어가고 있는 현대인이 추구해야 할 덕이다. 그러므로 수도자들이 본당에 존재한다는 것만으로도 현대인은 정결, 청빈, 순명의 덕에 비추어 자신을 돌아볼 수 있게 된다. 사제는 이 점을 존중해야 한다.

우리는 여기서 왜 그냥 '삼덕'이라 하지 않고 '복음 삼덕'이라고 하는지 깨달아야 한다. 이는 말할 필요도 없이 삼덕이 복음에 근거하고 있음을 강하게 암시한다. 복음적 권고로서 삼덕은 우리로 하여금 그리스도를 따라 복음의 생활을 살도록 한다. 삼덕은 자신을 복음화하고 복음화된 몸으로 세상을 복음화하도록 한다. 복음적 권고를 실천하기 위해 수도자는 먼저 복음을 깨닫도록 해야 한다. 그리고 그 바탕에서 "성경, 전례, 교리, 사목, 일치 운동, 선교와 사회 등 모든 분야에서 자기 특성에 따라 교회의 활동과 목적을 자기 것으로 삼아 힘껏 발전시켜야 한다. … 인간 조건과 시대 상황 그리고 교회의 필요를 적절히 인식하도록 노력하여야 한다. 이렇게 하여 그 회원들은 현대 세계의 상황을 신앙의 빛으로 지혜롭게 판단하고, 사도적 열정으로 불타올라 사람들을 더 효과적으로 도울 수 있게 된다."(PC 2) 사제는 수도자들이 복음 삼덕을 잘 살 수 있도록 협력해야 하며 나아가 이들을 통해 삼덕을 자신의 몸에 쌓아야 할 것이다.

사제와 수녀의 상호 협력

예수님께서 복음을 선포하시며 제자들을 둘씩 짝지어 파견하신다. 복음을 전하도록 하기 위해서이다. 왜 둘씩 짝을 지어 보내셨을까? 서로가 자신을 복음화하며 복음을 전하도록 하기 위해서이다. 이는 예수님이 제자들 중에 서로 마음에 맞는 사람끼리 짝을 지어 보낸 것이 아니라는 사실을 받아들일 때 이해가능하다. 복음화란 자기의 마음에 맞지 않는 사람들 안에서도 하느님의 씨앗이 자라고 있음을 의식할 때 만개된다. 사제와 수녀가 서로 마음에 맞는 자만을 원할 때 복음화는 어려운 길을 걷게 될 것이다. 그런 마음으로는 신자들을 대할 때도 신자들이 자기 마음에 들게 행동해주기를 바랄 것이다. 신자들이 자기 마음에 들기를 바랄 것이 아니라 그 이전에 그들의 마음 안에 뿌려진 천국의 씨앗을 인식하고 그 씨앗이 자라고 있음을 느끼도록 해야 할 것이다. 이는 중요하다. 이는 신자 아닌 사람들을 대할 때도 마찬가지이다. 그리스도교 신자가 아닌 사람들, 예컨대 불자나 개신교 신자, 이들이 내 마음에 맞게 행동해주기를 바랄 것이 아니라 그들의 믿음과 그 믿음에 따른 인품과 행위 안에서 우리는 천국의 씨앗을 보고, 또 그 씨앗이 자라고 있음을 느끼도록 해야 한다. 복음화란 이런 느낌을 통해 이루어진다. 복음화는 상대를 내게 맞추는 것이 아니라, 상대가 나의 교파 안으로 들어오게 하는 것이 아니라, 오히려 그 반대로 성격과 교파와 종파가 다름에도 불구하고 그들의 마음 안에도 뿌려진 천국의 씨앗을 보고 존중하는 운동이다.

임지에서 만나는 파트너는 서로 마음이 맞고 안 맞고를 떠나 예수님께서 '둘씩' 짝지어 보내신 마음으로 서로를 받아들일 수 있어야 한다. 이는 주임과 보좌의 관계에서도 마찬가지이고, 수도자들이 보통 2~3명씩 파견된다는 의미에서 수녀 사이에도 마찬가지이다. 오로지 복음화의 사명의 토대 위에서 이들의 관계가 원만할 것이다. 본당에서 사제와 수녀의 관계를 묻기 위해서는 그들이 자신의 복음화를 위해 얼마나 애를 쓰고 있는지 물어야 할 것이다.

사제와 수녀가 한 본당에서 봉사한다는 것은 서로가 상대를 통해 봉사하는 인간으로 거듭날 수 있는 기회를 가진다는 말도 된다. 복음화의 바탕에 대한 이해 없이 이들 간의 관계를 이야기한다면 이야기는 겉돌고 감정에 치우친 탁상공론이 되고 말 것이다.

이런 면에서 나는 사제와 수녀가 한 본당에서 봉사하는 우리나라의 현실은 다른 어느 나라에서도 볼 수 없는 독특한 사례로 복음화에 대한 좋은 본보기가 되리라 생각한다. 이런 사례를 발전시키기 위해서는 우선 사제와 수녀의 의식의 변화가 요구된다. 특별히 복음화의 사명에 대한 의식이 있어야 할 것이다. 또 사제와 수녀는 노사의 관계로 이루어져서는 안 된다. 사제는 명령하고 수녀는 사제가 시키는 일을 따르면 된다는 의식을 벗어나 서로 각자의 신원을 존중해야 한다. 그들은 협력자이며 공동 사목을 한다는 의식을 가져야 한다. 그래도 한 울타리 안에 살다 보면 마찰이 있을 수 있다. 이 일이 원만하게 이루어지기 위해서는 수녀가 본당의 영역을 떠나 다른 곳에 머물면서 사제와 협력하는 것도 생각해볼 수 있을 것이다.

사제의 반성

복음 삼덕이 수도자만이 아니라 사제와 신자 모두를 위한 것임을 안다면 사제와 수녀는 본당에서 좋은 협력의 관계를 맺을 수 있다. 사제도 수도자의 협력자가 되어야 한다. 어떤 사제들은 때때로 수도자는 가난과 정결과 순명에 서약했지만 자신들은 정결과 순명만 서약했을 뿐이라고, 그래서 가난을 지키지 않아도 되는 것처럼 말한다. 그러나 정결과 순명은 자기 비움 없이는, 즉 가난을 바탕으로 삼지 않고서는 가능하지 않다는 것을 그들은 깨달아야 한다. 그들이 청빈한 삶을 보여주지 못할 때 그들과 수녀, 그리고 그들과 신자 간의 간격이 벌어진다는 것을 감지해야 한다.

사제도 수도자처럼 복음적 권고를 삶의 근본으로 삼아야 한다는 말이다. 그러므로 교령이 수도자에게 한 다음의 말은 사제에게도 해당된다. 그들은 "스스로 복음적 권고를 서원함으로써 하느님의 부르심에 응답한 것이므로 오로지 죄에 대하여 죽고(로마 6,11 참조) 세속도 포기하여 하느님만을 위해서 살아야 한다는 것을 그 무엇보다 먼저 명심하여야 한다. 사실 그들은 하느님을 섬기는 데에 온 삶을 바친 것"(PC 5)이다.

수도자는 "모든 것에 앞서 오직 하느님만을 찾으며, 정신과 마음을 하느님께 일치시키는 관상을, 구원 활동에 참여하여 하느님 나라를 넓히고자 노력하는 사도적 사랑과 합치시켜야 한다."(PC 5)

"복음적 권고를 서원한 이들은 우리를 먼저 사랑하신 하느님을(1요한 4,10 참조) 모든 것에 앞서 찾고 사랑하여야 하며, 모든 상황에서, 그리스도와 함께 하느님 안에 숨겨져 있는 생명을(콜로 3,3 참조) 증진하도록 노력하여야 한다. 여기에서 세상을 구원하고 교회를 이루어 나가게 하는 이웃 사랑이 흘러나오고 재촉을 받는다. 이 사랑으로 복음적 권고의 실천 자체도 활력을 얻고 인도를 받는다. … 하느님의 말씀과 거룩한 제단의 식탁에서 먹고 사는 그들은 그리스도의 지체들을 형제로서 사랑하고, 목자들을 효성으로 존경하고 사랑하며, 더욱더 교회와 더불어 생각하고 살아가며 교회의 사명에 자기를 온전히 봉헌하여야 한다."(PC 6)

사제가 자신의 직무를 수행하려면 수녀의 도움이 필요하다. 신자에게 봉사하는 경우만이 아니라 사제 직분에 걸맞은 신원의 삶을 살아가는 데 수도자의 삶은 도움이 된다. 수도자의 가난한 삶을 사제들 삶의 바탕으로 삼아야 한다. 수도자의 청빈 서약은 사제에게 하나의 자극이 될 수 있다. 뿐만 아니라 "수도 관구들이나 수도원들은 재산을 서로 같이 나누어, 더 많이 가진 곳은 곤궁에 시달리는 수도원들을 도와주어야 한다."(PC 13)는 공의회의 말은 빈부의 차가 심한 교구 사이에 자극이 될 수 있다.

수도 생활의 쇄신에 관한 교령은 "수도 단체들은 규칙과 회헌에 따라, 현세 생활과 활동에 필요한 모든 것을 소유할 권리를 가지지만, 사치와 지나친 이윤과 재산 축적으로 여겨지는 것은 모두 삼가야 한다"(PC 13)고 말하는데 이는 사제의 복음적 삶을 위한 조언이기도 하다. 사제의 생활과 교역에 관한 교령(PO)은 사제의 가난에 대해 말한다.

"사제들은 자발적으로 가난을 받아들여, 그 가난으로 더욱 뚜렷하게 그리스도와 동화되고 거룩한 교역을 더욱더 수월하게 수행하도록 권유받고 있다. 그리스도께서는 부유하시면서도 우리를 위하여 가난하게 되셨고, 그분이 가난해지심으로써 우리가 부유해졌기 때문이다. 그리고 거저 받은 하느님의 은혜는 거저 주어야 한다는 것을 사도들은 자신의 표양으로 보여 주었으며, 넉넉하게 살 줄도 알고 궁핍을 견딜 줄도 알고 있었다. 그러나 또한 초대 교회사에서 찬양하는 재산의 공유를 본받은 어떠한 재화의 공동 사용은 목자다운 사랑에 이르는 최선의 길을 닦아 준다. 그리고 그러한 생활양식을 통하여 사제는 그리스도께서 권고하시는 가난의 정신을 훌륭하게 실천할 수 있다.

그러므로 구세주께 기름을 부으시어 가난한 이들에게 복음을 선포하도록 보내신 주님의 성령의 인도를 받아, 주교들뿐 아니라 사제들은 어느 모로든 가난한 사람들을 멀어지게 할 수 있는 모든 것을 삼가야 하고 그리스도의 다른 제자들에 앞서 자기 일에서 온갖 허식을 버려야 한다. 또한 사제관은 누구라도 가까이 할 수 있고 비록 비천한 사람이라도 거리낌 없이 드나들 수 있어야 한다."(PO 17)

본당에서 신부는 왕이 아니라 봉사자로 와 있음을 깨달아야 한다. 본당 신부는 교령이 바오로 사도의 말을 인용하여 교회 안에 다양한 봉사가 있다고 말하는 다음의 항목을 마음에 새겨야 한다. 수도자와 신자를 복음화를 위한 공동협력자로 여길 수 있어야 한다.

"교회에는 여러 가지 사도직 활동에 헌신하는 성직자 단체나 평신도 단체가 많이 있어, 그들에게 주어진 은총에 따라 다양한 공헌을 하고 있다. 곧, 섬기는 이는 섬기고, 가르치는 이는 가르치며, 격려하는 이는 격려하고, 희사하는 이는 순수한 마음으로 주며, 자선을 베푸는 이는 기쁜 마음으로 베푸는 것이다.(로마 12,5-8 참조) '은사는 여러 가지지만 성령은 같은 성령이시다'(1코린 12,4). 이러한 단체에서 사도직 활동과 자선 활동은 수도 생활의 본질이며, 이들은 교회에서 거룩한 봉사와 사랑의 고유한 활동을 교회의 이름으로 실천하도록 위임받은 것이다."(PC 8) 봉사자로서 본당에 파견된 수녀는 "사도 정신으로 충만하여야 하며" 그들의 "사도직 활동 전체는 수도 정신으로 이루어져 한다."(PC 8) 는 것을 늘 인식해야 한다.

공의회는 "남자든 여자든 평신도의 수도 생활은 그 자체가 복음적 권고의 서원을 이행하는 신분을 이룬다. 그러므로 청소년을 교육하고 병자를 돌보며 그 밖에 다른 여러 봉사 직무를 수행하여 교회의 사목 활동에 공헌하는 수도 생활을 … 높이 평가하고, 그 소명을 받은 회원들을 격려하며, 현대의 요청에 그 생활을 적응시키도록 권고한다."(PC 10) 공의회가 높이 평가하는 수도자의 삶은 본당에서도 해당한다. 그들이 본당에서 할 봉사에 대해 본당사제(또는 교구)와 상의하는 것은 바람직하며 사제는 이를 도와야 할 것이다. 그들이 할 일은 제의방이나 성가 지도, 또는 여성 단체와 관련하여서만이 아니라 복음화를 위한 사도직이 우선적으로 되어야 할 것이다.

사제는 자기의 직무가 봉사직임을 잊지 말아야 한다. 이런 의미에서 사제는 모든 이의 삶에 대해 책임을 져야 한다. 사제교령 6항은 이점을 강조한다. "사제는 참으로 모든 사람에 대하여 책임을 지고 있지만, 가난하고 보잘것없는 사람들이 사제에게 특별히 맡겨져 있다. 주님께서는 당신 친히 이러한 사람들과 결합되어 계심을 보여 주셨다. 또 가난한 사람들에게 복음을 선포하는 것이 바로 메시아 활동의 표지로 제시되고 있다. 그리고 사제는 젊은이들은 물론 부부들과 부모들에게 특별한 관심을 기울여야 한다. 그리스도인으로서 흔히 힘든 생활 속에서도 더 수월하고 더욱 풍요롭게 살아가도록 서로서로 도와주는 친목 모임을 가지는 것이 바람직하다. 사제는 또한 모든 남녀 수도자를 기억하여야 한다. 수도자는 주님의 집안에서 탁월한 자리를 차지하므로 온 교회의 선익을 위하여 그들의 영성 진보를 특별히 돌보아야 마땅하다. 또한 병자와 임종하는 사람들에게 커다란 관심을 기울이고 그들을 방문하여 주님 안에서 힘을 북돋아 주어야 한다."

사제는 자기의 직무가 특권이 아님을 알아야 하며 수도자는 이를 자기의 봉사를 통해 보여주어야 한다. 사제가 그 직분에 따라서 사도의 임무를 수행하는 것은 사제의 특권이 아니다.

복음을 선포하고 하느님의 백성을 불러 모으고 희생제사를 바치는 것은 사제의 사명이며 이를 위해 사제는 무엇보다도 먼저 자기 자신을 바칠 수 있어야 한다.

"그러므로 사제들이 그 교역과 생활로 추구하는 목적은 그리스도 안에서 아버지 하느님께 영광을 드리는 것이다. … 사제는 기도와 경배에 전념하며, 말씀을 선포하고, 성찬의 희생 제사를 봉헌하며, 다른 성사들을 집전하고, 사람들을 위하여 그 밖의 교역을 수행하면서 하느님의 영광을 드높이고 거룩한 삶에서 사람들을 진보시킨다."(PO 2)

"신약의 사제들은 그 성소와 성품으로 어느 면에서는 하느님 백성의 품에서 선별되었지만, 그것은 하느님 백성이나 어떤 인간에게서 분리되는 것이 아니라, 주님께서 그들에게 맡기신 일에 온전히 봉헌되도록 하는 것이다."(PO 3)

"신약의 사제들은 성품성사를 받았기 때문에 하느님의 백성 가운데서 그 백성을 위하여 가장 고귀하고 필수적인 임무인 아버지와 스승의 임무를 수행할 수 있지만, 동시에 사제들은 모든 그리스도인과 더불어 주님의 제자들이 되고, 그들을 부르신 하느님의 은총으로 하느님 나라의 상속자가 되었다. 사실 세례의 샘에서 거듭난 모든 사람과 함께 사제도 서로서로 형제이고 그리스도의 같은 한 몸의 지체이다. 그 몸은 모든 사람이 완성시켜 나가야 한다.

그러므로 사제들은 이렇게 자기 것을 돌보지 않고 오로지 예수 그리스도의 일을 앞장서서 추구하여야 한다. 평신도들과 협력하고 그들 가운데에서 사람들에게 '섬김을 받으러 온 것이 아니라 섬기러 오셨고, 또 많은 이들의 몸값으로 자기 목숨을 바치러 오신'(마태 20,28) 스승의 모범에 따라 행동하여야 한다. 사제들은 평신도의 품위와 더불어 교회의 사명에 참여하는 평신도의 고유한 역할을 진지하게 인정하고 증진하여야 한다. 그리고 모든 사람이 지상 국가에서 누리고 있는 정당한 자유를 성실히 존중하여야 한다. 평신도들의 말을 기꺼이 듣고, 그들의 소망을 형제애로 숙고하며, 인간 활동의 여러 분야에서 그들의 경험과 역량을 인정하여야 한다. 그럼으로써 사제들은 평신도와 함께 시대의 징표를 인식할 수 있다. 사제는 어떠한 영이 하느님께 속한 것인지 판단하고, 평신도들이 받은 높고 낮은 여러 형태의 은사들을 신앙 감각으로 찾아내고, 기꺼이 인정하며, 열심히 보살펴 주어야 한다. 평신도들에게서 풍부하게 발견되는 하느님의 여러 가지 은혜 가운데에서, 많은 사람을 더 높은 영성 생활로 이끌어 주는 은혜들은 특별히 돌볼 가치가 있다. 또한 교회에 봉사하는 직무를 신뢰로써 평신도에게 맡기고 그들에게 행동의 자유와 여지를 남겨 주며, 또한 그들이 자발적으로 활동할 수 있도록 기회 있는 대로 격려하여야 한다.

사제들은 모든 사람을 '형제애로 서로 깊이 아끼고, 서로 존경하는'(로마 12,10) 사랑의 일치로 이끌기 위하여 평신도들 가운데에 서 있다. 따라서 갖가지 사고방식을 조화시켜 신자 공동체 안에서 아무도 따돌림 받는다고 느끼지 않도록 하는 것이 사제들의 임무이다. … 그리고 그리스도 신자들은 사제들에 대한 자신의 의무를 깨닫고, 목자이며 아버지인 사제들을 자녀다운 사랑으로 따라야 한다. 또한 사제들의 걱정을 함께 나누며 기도와 활동으로 자기 사제들을 힘껏 도와, 사제들이 더 쉽게 어려움을 이겨 내고 더욱 효과적으로 그 직무를 완수할 수 있게 하여야 한다."(PO 9)

"사제 교역에 절실히 요구되는 덕행들 가운데에서, 언제나 자신의 뜻이 아니라 오로지 그들을 보내신 분의 뜻을 따르겠다는 저 마음의 자세가 중요하다."(PO 15)

제2차 바티칸 공의회와 한국 천주교 평신도

제2차 바티칸 공의회를 기억한다

지난 반세기 동안 우리는 어쩌면 거의 하루도 거르지 않고 제2차 바티칸 공의회(1962~1965)에 대해서 이야기해 왔다. 빠지지 않는 말이 '쇄신'이다. 그런데도 우리는 공의회가 무엇인지, 공의회 전후를 비교하여 무엇이 어떻게 달라졌는지 아직 잘 모르고 있다. 공의회 이전에는 사제가 신자에게 등을 돌리고 벽을 향하여 미사를 드렸지만 지금은 제대를 사이에 두고 사제와 신자가 마주 보며 미사를 드리고, 라틴어로 드리던 미사를 지금은 각국의 모국어로 드리게 되었다는 정도의 변화 말고는 잘 느낄 수가 없다. 공의회의 전례헌장을 해석하며 전례에 대변혁이 일어났다고 하지만 우리 한국 교회는 공의회 이전에도 볼 수 없었던 일회용 '매일미사'로 미사를 드리고 있다. 오르간 반주자는 여전히 미사를 집전하는 사제의 동작 하나하나에 긴장을 해야 한다. 오르간 반주가 그 자체로 전례에 중요한 의미를 지니고 있다는 것을 깨닫지 못한 때문이다.

평신도도 사제직을 수행한다고 말은 하지만 정작 평신도는 자신을 사제로 느끼지도 못할뿐더러 성직자도 그들을 사제로 대하지 않는다. 공의회 이전과 비교하여 성직자와 평신도의 관계에 어떤 변화가 있었는지, 본당 운영이 어떻게 달라졌는지, 사목이 어떻게 달라졌는지도 일상에서 잘 느낄 수 없다. 교회(본당)의 사목은 여전히 성직자 혼자 결정하고 평신도는 성직자를 돕는 것을 자기의 임무로 생각하며 사목의 주체가 되지 못하고 있다. 성직자는 평신도를 본당 일의 협력자가 아니라 자기의 지시를 따라야 하는 자로 대하고 있다. 평신도의 활동이 그전보다는 적극적이라고 하지만, 그 적극성은 사제의 지시에 의한 것일 때가 많고 평신도는 여전히 수동적이다. 공의회는 법률적이고 성직자 중심주의적인 교회 상을 벗어나야 한다고 강조하였지만 이를 실현하지 못하고 있다. 그런데도 불구하고 우리는 공의회가 쇄신을 가져왔다고 말한다. 교회는 정말 쇄신이 되었는가? 어떤 면이 쇄신되었는가?

공의회가 끝난 지 거의 반세기가 되어간다. 그러나 묻고 싶다. 우리에게 공의회가 시작된 적이 있었던가? 공의회는 여전히 우리에게 미래가 아닌가? 공의회는 우리에게 수많은 희망적인 언어로 이야기하게 하였지만 우리는 공의회의 심장에서 울려오는 고동소리를 듣지 못하고 있는 것은 아닌가? 공의회에 대해 이야기하면서도 우리는 공의회를 모른다. 여기서 '우리'란 성직자를 포함한 '우리 교회', '우리 한국 천주교회'다. 공의회란 말은 성직자의 입에서 가장 많이 나왔기 때문이다.

공의회의 정신에 접근하기 위해 교황 요한 23세가 제2차 바티칸 공의회를 소집하게 된 배경과 그 이유부터 알아볼 필요가 있다. 공의회를 소집한 교황의 마음이 우리의 삶 속으로 얼마나 스며들었는지 반성해 볼 필요가 있다.

교황 요한 23세는 1958년 10월에 교황으로 선출되었다. 제2차 세계대전이 끝난 지 불과 13년이 지났을 무렵이다. 13년이란 세월은 전쟁의 상처가 아물지 않고, 아직 전쟁이 남긴 혼란에 처해 있을 때다. 이 혼란은 프랑스 혁명을 위시한 근대사조와 함께 정신적으로 더욱 심각하였다. 이 혼란 속에서 교회도 많은 어려움을 겪어야 했다. 요한 23세는 정신적으로 혼란한 이 사회의 한 복판에 교회가 존재하고 있다는 사실을 간과하지 않았다. 교회가 사회의 여러 문제에 대해 방어적인 자세를 취하며 자신을 보호하기에만 급급하다면, 이는 교회를 사회로부터 분리시키는 것임을 긴 사목생활을 통해 체감하고 있었던 것이다. 사회가 당면한 문제들 앞에서 교회가 세상에 물들세라 몸을 사리며 거리를 둘 것이 아니라 오히려 교회가 사회 문제에 적극 참여함으로써 세상의 복음화를 위해 애를 써야 한다는 것을 강하게 직감하였다. 이리하여 요한 23세는 사회의 문제에 대해 방어적인 이전의 공의회와 차별을 두었다. 이전의 공의회는 가톨릭의 교리 및 삶과 관련한 지시와 비가톨릭적인 이론 사이에 금을 그으며 구별하였다. 가톨릭의 전통과 교의가 큰 어려움 없이 형성되었다. 초기 교회는 교회의 본질을 잃어버리지 않고 그리스 사상과 독일 사상과 쉽게 융합하였다. 하지만 프랑스 혁명(1789) 이후 근대주의 사조와 만나면서 상황은 달라졌다. 그런데 교회는 이 변화를 의식하지 못하고 '근대주의'라는 유령에 겁을 먹고 '전통'이라는 이름으로 맞섰다. 전통은 그리스도인의 삶을 그리스도에게로 안내하는 통로 역할을 한다. 전통이 이 역할을 하지 못하고 스스로 목표가 되어 교회의 관심을 자기에게 집중시킬 때 교회는 사회로부터 고립되고 만다. 그것은 교회에도 사회에도 도움이 되지 못한다. 2천 년 교회 전통이 변화와 쇄신을 가로 막는다는 것은 아이러니다. 교황 요한 23세는 반근대주의적 해독제가 그리스도인 삶과 세상에 도움이 되지 않는다는 것을 간파했다. 신앙인이 신앙의 세계와 삶의 세계에서 거리감을 느끼면서 점점 비 신앙인이 되는 것을 체험했다. 이전 교황이 이런 상황을 병증으로 본 데 반해 요한 23세는 '시대의 징표'로 해석하고자 했다. 해답은 대결이 아니라 만남과 대화를 통해 얻어야 한다는 것이었다. 교황은 교회가 현대 세계 안에서 처한 여러 문제 앞에서 교령과 지시가 아니라 조언과 대화로 해결하고자 하였다. 어떻게 교회는 동시대인에게 매력적으로 작용할 수 있을까? 어떻게 임무를 느끼며 선교적일 수 있을까? 교황이 던진 이 질문은 사목적이다. 이리하여 그는 교황으로 선출된 지 3개월 만인 1959년 1월 25일에 공의회 개최를 선언하고, 1962년 10월 11일 공의회를 소집하였다. 공이히는 교황의 이 질문에 답할 것이다. 이 공의회를 준비하는 데 거의 4년이 걸렸고, 공의회는 3년간 진행되었다.

교황은 공의회 개막 연설에서 제2차 바티칸 공의회는 단순히 교의를 강화하거나 어떤 경우에도 단죄를 하지 않을 것이며, 교회 내 여러 연구를 통하여 현대적인 사고와 언어로 현대의 '변화된 상황과 새로운 삶의 형태'의 물음에 대하여 해답을 찾기 위하여 '용감하게' 그리고 '두려움 없이' 앞을 향하여 나아갈 것이라고 피력하였다. 지시에 앞서 대화를, 교의에 앞서 사목을 강조한 것은 새로운 것이다. 지금까지 그 어떤 공의회도 자기가 처해 있는 세계와 세계의 여러 문제점을 사목직으로 다루지 않았으며 세계와 교회의 관계를 근원적으로 검토하거나 묻지 않았다. 이는 곧 세상을 향하여 교회가 자신을 여는 것을 의미한다. 지금까지 교회는 세상이 교회를 향해야 한다고 생각하였고, 가톨릭교회의 배를 타야만 구원이 된다고 강조하였다.[29] 그런데 교황은 세상과 대화하기 위하여 자신의 문을 열어야 한다고 강조하였다. 이는 교회의 쇄신을 요구하는 획기적인 변화였다. 복음을 이 세상에서 믿도록 선포하기 위해서 교회가 먼저 쇄신되어야 한다. 대화와 개방은 공의회의 바탕이 된다.

로마 교회의 영향권 안에서 구성된 공의회 준비 위원회는 교황의 의도를 꿰뚫지 못했다. 이 위원회가 처음 준비한 텍스트는 여러 이단에 대한 단죄를 담고 있었으며 현대 세계에 대해 방어적이었다. 사람들은 이 의안이 별다른 토론 없이 그대로 받아들여져 2~3주면 공의회가 끝날 것으로 예측했다. 그런데 교황의 개막 연설은 이 위원회가 준비한 텍스트에 비판으로 작용하였다. 대부분의 교부들은 현대 세계에 방어적이고 비판적인 진술은 이제 영향력을 잃었으며, 복음은 두려움으로 움츠러 들지 말고 대화로 자신을 열 때 현대 세계에 신뢰를 주며 선포되고 증언이 될 수 있다고 확신하게 된 것이다. 위원회는 현대 세계를 바라보면서 교회 자체가 쇄신되어야 한다는 목표를 설정하였다. 이 목표를 달성하기 위해서 교회는 복음의 정신에서 현대의 세계를 응시하며 변화된 상황을 인식하고 도전을 받아들여야 한다. 세계의 변화를 바라는 마음은 교회의 자기 쇄신 없이는 이루어질 수 없다. 여기서 교회의 권위주의와 성직자 중심의 교회가 비판을 받으며 '하느님의 백성'과 '신앙인들의 공동체'로서의 교회(성직자와 평신도의 동등성)가 강조되고, 교의적 교회에 대해 사목적 교회가 강조되었다. 공의회의 관심은 교회의 쇄신을 통해 인류의 복음화를 실현하는 것이다.

공의회 개막을 알리며 교부들이 교황의 동의를 받아 모든 사람에게 보낸 메시지(1962. 10. 20)에 잘 나타난다.

우리는(우리 교부들은)
- 성령의 인도를 받아
- 그리스도의 복음에 더욱 더 충실해지도록
- 자신을 쇄신할 방법을 찾는다.
  교부들은 성령에 자신을 맡기는 자세로 공의회에 임했다. 그리스도의 복음에 충실하기 위해서는 자신과 교회가 먼저 쇄신되어야 한다는 것을 인식하면서 교부들은 자기들이 우선적으로 해야 할 일을 거론한다.
- 현대인들이 하느님의 진리를 알아듣고 기꺼이 받아들이도록 노력한다.
- 자신들에게 맡겨진 양 떼의 쇄신에 온갖 심혈을 기울인다.
- 예수 그리스도의 사랑스러운 얼굴을 만민에게 드러낸다.
  이를 위해서는 자신이 마음속에 빛을 비추어 주시는 예수 그리스도의 사랑스러운 얼굴을 느끼도록 해야 한다.
- 자신들이 '하느님의 자녀라고 불리게' 되었음을 상기한다.
- 지상의 과제와 노고를 멀리하지 않는다.
- 스승의 모범을 본받아 인류에게 봉사한다.
- 현대인이 겪고 있는 온갖 고뇌에 끊임없이 관심을 기울인다.
- 특히 더 낮고 더 가난하고 더 힘없는 사람들에게 관심을 쏟는다.
- 기아와 곤궁과 무지로 고통 받는 군중에게 연민을 느낀다.
- 인간답게 살아가지 못하는 사람들을 끊임없이 바라본다.
- 인간 존엄성과 관련된 모든 것, 진정한 인간 공동체에 기여하는 것을 중시한다.

- 세상의 평화를 위하여 모든 노력을 기울인다.
- 현대 세계에서 불의와 불평등을 고발하고 참된 가치 체계를 회복하여 복음의 원리에 따라 인간의 삶이 더욱 인간답게 되도록 노력한다.
- 이 모든 일이 성령의 힘에 자신을 맡길 때 가능하다.

이 메시지에서 느끼는 것처럼 제2차 바티칸 공의회는 그 이전까지 교회를 지배하였던 법률적이고 성직자 중심주의적인 교회를 극복하고자 했다. 이전의 교의적인 공의회와는 달리 사목적이었다. 그 어떤 학설도 이단으로 단죄하지(anathema sit) 않았다. 무엇보다도 눈에 띄는 것은, 쇄신 작업은 인간의 힘으로 이루어지는 것이 아니며 자기 자신의 쇄신이 선행되어야 한다고 강조한 점이다. 공의회 교부들은 자신을 성령의 인도에 맡겼다. 교회가 끊임없이 쇄신을 이야기하는데도 쇄신과 거리가 멀다면 자신을 성령에 맡기지 못한 때문이다.

공의회는 1962년에서 1965년까지 네 번의 회기를 거치면서 4개의 헌장과 9개의 교령 그리고 3개의 선언을 내놓았다. 이 문헌에 나타난 근본 결정은 이렇다.

- 교회는 하느님 백성이며, 신앙인들의 공동체다. 신앙인들은 하느님 앞에서 근원적으로 평등한 가운데 서로 결합되어 있다.
- 교회의 직무는 신앙 공동체 안에서 통치가 아니라 봉사의 역할을 한다.
- 교회 집행부의 형제적 구조(주교단)
- 신앙을 이해하고 실현하고 전달하는 데 능동적인 역할
- 모든 신앙인이 참여한다는 의미에서 전례의 쇄신

- 주교회의와 이로써 지역교회의 특성
- 다른 그리스도인을 이해하고 일치하기 위한 의지(일치 운동에 관한 교령, 동방 교회에 관한 교령)
- 세계 내 질서의 고유 합법성과 그 고유 영역의 인정과 이로써 가톨릭 신자들 간의 합법적인 다양성 인정.
- 현대 세계와의 관계 속에서 개방과 대화와 논쟁을 위한 결단(사목헌장)
- 종교 자유(종교 자유에 관한 선언)
- 양심과 신앙의 확신에서 그 어떤 것으로부터도 강요받지 않을 권리(비 그리스도교에 관한 선언)
- 그리고 마지막으로 진리추구와 결단추구를 위한 규범적인 방법으로서 대화와 논쟁, 즉 공의회 자체뿐만 아니라 원칙적으로 교회 안에 일어나는 모든 문제를 풀기 위한 규범적인 방법으로서 대화와 논쟁

이 문헌에 기인하여 공의회의 몇 가지 특징을 나열한다.

첫째, 공의회는 영성적 사건이었다. 제2차 세계대전 이후 교회 전반에 걸쳐 세속화와 탈교회화가 급속도로 퍼져나갔다. 교황과 교부들은 이런 추세에 대해 인류의 일치를 위한 길을 준비하고 강화해야 했다.

둘째, 이 영적인 목표는 교회 자신이 기존의 신학을 진정으로 성찰하고 전통의 내용을 새롭게 조명하고 표현하는 방향으로 나아갈 때 도달할 수 있다. 종교개혁 이후 반개혁적이고 신 스콜라 신학의 영향 아래서 교회의 자아 이해는 불확실했다. 이 신학은 근대의 철학과 자연과학의 견해를 부정하고 교회와 문화 사이에 구제할 수 없는 거리를 두게 하였다. 교회쇄신은 신학적이고 교의적이면서 동시에 실천적이고 사목적이어야 한다.

셋째, 공의회는 이 목표에 달성하기 위하여 두 가지 방법을 이용하였다. 하나는 인간과 인류에게 의무를 느끼는 인간학적으로 정향된 신학이다. 이 신학의 출발점은 모든 인간이 하느님의 모상이라는 구약성경의 가르침과 하느님의 보편적인 구원의지에 대한 신약성경의 확신이다. 이에 근거하여 교부들은 교회일치, 종교 자유, 비그리스도교 종교, 세계에 대한 관심(사목헌장)을 주제로 다루었다. 다른 하나는 형이상학적이고 본체론적인 교의 이해에서 역사가 강조되었다.

넷째, 이 방법은 교부학, 역사 비판적 주석을 이용한 성경운동, 중세 스콜라 철학의 재발견, 중세를 벗어난 전체 교회 전통을 연구한 교의사 연구(뤼박)를 기억한다. 전례운동과 교회일치 운동도 잊을 수 없다.

다섯째, 성령으로 소집된 공의회는 모든 인간에게, 특히 이 시대에 살고 있는 교회의 자녀들에게 예수 그리스도 안에 교회에 위임된 하느님의 구원의 말씀을 새로 선포하고자 하였다. 교회는 그 어느 때보다 모든 이에게 가까이 다가가 있기에, 실제로 전 세계의 교회로 발전했기에 모든 이에게 절실히 말을 거는 것은 교회에 어울린다. 사목적 염려 때문에 교회는 교회의 모든 자녀에게 그리고 하느님의 말씀에로 열려 있는 모든 인간에게 말을 걸고자 한다. 신학적 체계를 제공하거나 새로운 교의를 확정하면서가 아니라 이 시대가 당하는 고통에 복음의 빛을 비추면서 말이다. 형제적 토론으로 두려움 없이 그리고 이 복음의 빛을 비추는 일에 의무에 경직됨이 없이 우리 모두가 노력한다면, 그리고 공의회에 모인 교황과 세계 교회의 주교들의 텍스트에서 이를 위한 의무와 구원하는 충동을 본다면 공의회는 의심 없이 특별한 영적인 선물이다.

공의회는 회의를 마무리하면서 세상에 메시지를 보냈는데 그 대상은 국가 지도자, 사상가와 학자, 예술가, 여성, 노동자, 가난한 이들과 병자와 고통 받는 이들, 그리고 젊은이들이다. 성직자가 빠져 있는 것이 특이하다. 그중 국가 지도자들에게 보내는 메시지 일부를 소개한다.

"우리는 여러분의 권위와 주권을 존대하고, 여러분의 임무를 존중합니다. 우리는 여러분의 정당한 법률을 인정하고, 입법자들과 사법자들을 존경합니다. 그러나 우리는 여러분에게 드릴 지극히 거룩한 말씀이 있습니다. 곧 하느님 홀로 위대하시다는 것입니다. 하느님 홀로 시작이며 마침이십니다. 하느님 홀로 여러분 권위의 원천이시며, 여러분 법률의 토대이십니다.

…

지상에서 여러분은 바로 사람들 사이에서 질서와 평화의 증진자가 되어야 합니다. 그러나 잊지 마십시오. 인류의 아버지는 바로 하느님, 살아 계시는 하느님이십니다. 그 사실을 우리에게 말해 주고 또 우리는 모두 형제라는 사실을 알려 주러 오신 분은 바로 하느님의 영원하신 아드님 그리스도이십니다. 그리스도께서는 지상의 질서와 평화를 이룩하시는 위대한 창조주이십니다. 인간 역사를 인도하시고, 선생과 불행을 낳는 사악한 욕성을 버리도록 마음을 이끌어 주실 수 있는 분은 그리스도 한 분뿐이시기 때문입니다. 그분께서는 인류의 양식을 축복하시고, 인류의 노동과 고통을 성화하시며, 여러분이 줄 수 없는 기쁨을 인류에게 주시고, 여러분이 달랠 수 없는 고통에서 인류를 위로하여 주십니다."

한국 천주교의 현실을 걱정함

제2차 바티칸 공의회의는 쇄신과 대화를 강조하였지만 공의회 이후 반세기가 지나도록 한국 교회는 여전히 공의회 이전에 교회를 지배하였던 권위주의와 성직자 중심의 틀을 벗어나지 못하고 있다. 이 구조 안에서 사제는 여전히 임금이요, 신자는 그 신하다. 사제는 명령하고 신자는 복종한다. 이런 구조에 익숙하여 교회는 사제와 평신도가 협의해서 일을 결정하는 것이 아니라 사제의 구상에 따라 본당이 움직이는 데도 익숙해 있다. 이런 상황에서 성직자와 평신도 사이에 자유로운 대화가 오갈 수 없으며 명령과 복종이 '사목'의 이름으로 자행된다. 오로지 사제의 구상을 실천하기 위한 명령과 복종만이 있을 뿐이다. 말로는 평신도의 자율성을 강조하지만 이들의 자율성은 성직자가 펴주는 멍석 위에서만 가능하다. 이들의 자율성은 성직자에게 도전처럼 여겨진다.

하느님은 삼위일체로서 공동체(communio)를 이루며 대화적인 존재라고 강조하고, 삼위일체이신 하느님께 신앙을 고백하는 교회는 하느님의 백성으로서 공동체라고 강조하지만 정작 교회는 그리고 이를 가르치는 성직자는 공동체적이지 못했다. 하느님을 향하여서도, 세상을 향하여서도 열려있지 못했다. 일찍이 빈의 주교였던 쾨니히 추기경은 이렇게 말하였다. "교회와 세상의 대화는 교회 안에 대화가 있을 때에만 성과를 얻을 수 있다. 불행하게도 오늘날 교회 안에는 대화가 대단히 마비되었다." 이는 곧 교회가 믿을만한가 하는 질문으로 이어진다. 여기서 교회 내의 대화는 성직자와 평신도는 물론이고 교구와 교구, 본당과 본당, 교회 모든 구성원의 대화를 의미한다. 하느님이 세상을 향하여 열린 존재인 것은 내적으로 대화적이기 때문이다. 이 하느님을 믿는 교회는 자연히 세상을 향하여 열려 있어야 한다.

대화는 우정을 전제한다(한스 발덴펠스). 대화가 없다는 것은 우정이 없다는 것이다. 명령과 복종 사이에는 우정이 형성되지 않는다. 나는 평신도가 본당 신부를 모시는 것을 부정적으로 보지는 않는다. 그러나 그들의 관계가 우정이 아니라 명령 복종의 관계로 형성된다면 이는 대화를 방해하는 것이다. 사제는 사목회장을 우정의 관계에서 대하는가 아니면 자기의 명령을 수행하는 자로 보고 있는가? 자기의 명령을 이행하는 것을 사목으로 본다면 이 자체로 그는 대화를 거부하고 있는 것이다. 사목회장이 본당신부에게 충실함을 본당신부의 명령에 복종하는 것으로 생각한다면 그 또한 대화를 거부하는 것이다. 성직자는 평신도의 눈높이에서 그들을 만나야 한다. 자기 성에 차지 않는다고 신자들을 비판해서는 안 된다.

대화를 하기 위해서는 열린 존재가 되어야 한다. 일찍이 마태오 리치는 중국과 대화하기 위해서는 먼저 그들과 우선적으로 우정을 맺어야 한다고 강조했다. 우정 없는 대화는 불가능하다는 것이다. 리치는 우정을 이야기하면서 예수님에 대해서는 언급하지 않았다. 그렇지만 그는 이렇게 쓴다. "친구는 나 자신의 반쪽이며 '다른 나'다. 그렇기 때문에 친구를 자기 자신처럼 대하는 것이 요구된다." 친구가 나 자신이라는 말은 바오로의 말을 상기시킨다. 그리스도인은 세례 때 그리스도를 입은 존재다(갈라 3,27 참조) 그리스도인은 '다른 그리스도'가 되어야 한다. 그리하여 바오로처럼 "더 이상 내가 아니라 내 안의 그리스도가 나를 산다."(갈라 2,20)고 말할 수 있어야 한다.

우정은 봉사의 자세와도 일치한다. 예수님께서 말씀하신다. "사람의 아들은 섬김을 받으러 온 것이 아니라 섬기러 왔다."(마르 10,45) "나는 섬기는 사람으로 너희 가운데에 있다."(루카 22,27) 대화는 교회가 섬기는 자들의 공동체로 행동할 때, 교회 구성원 모두가 지배하려는 태도를 버리고 서로의 눈높이에서 만날 때, 대화 상대자 사이에 이해와 들음, 받음과 줌이 있을 때에만 이루어진다.

　대화에는 언어도 중요하다. 어떻게 말하는가 하는 것이 중요하다. 우리는 대단히 자주 교회 안에서 소리를 높여 공격적으로 말하는 모습을 목격한다. 특히 요즘처럼 인터넷이 발달한 사회에서는 익명으로 소리를 높인다. 익명으로 소리를 높여 비방하기 전에 자기의 사는 모습을, 대화하는 모습을 보여줄 수 있어야 한다. 대화는 인내를 요구한다. 소리를 높이기 전에 자기의 소리가 그를 비방하기 위한 것인지 그에 대한 사랑에서 나온 것인지 물어야 한다. 상대를 존중하는 마음이 없이는 대화는 가능하지 않다. 비방과 반대가 대화를 위한 것이 아니라면 그것은 비방을 위한 비방, 반대를 위한 반대일 뿐이며 자기 분에 겨운 화풀이밖에 되지 못할 것이다.

　그런데 우리 교회는 대화의 준비가 되어 있지 않다. 비(非)의 사용이 그 예다. 남을 비 그리스도인, 비 가톨릭으로 나누는 한, 그들과 진정한 대화를 기대할 수 없다. 신자 아닌 사람을 '외인'이라 부르거나 성당에 나오는 횟수에 따라 신자를 냉담자(쉬는 교우)로 구분하는 것도 대화를 방해하는 일이다. 마음에 '비'가 가득 차 있는데 말의 표현이 부드럽게 바뀐다고 '비'의 정서가 사라지겠는가? 그들과 대화하고 우정을 나누고자 하는 마음이 진심이라면, 그들에게 어떤 수식어도 붙이지 말고, 오히려 그들을 내가 그리스도인으로 살게 해주는 그리스도와 같은 존재로 대해야 할 것이다. 이런 면에서 우리 사회에 퍼져나가고 있는 '다문화 가정'이라는 표현도 자칫 그들에게 상처를 줄 수 있다.

　한국교회는 보수적이라고 말을 하지만 나는 근본주의의 성향에 더 가깝다고 생각한다. 이런 구조에서 여성들은 사제 말 한마디에 미사보를 머리에 썼다 벗었다 한다. 사제는 여성 신자에게 미사보를 쓰라거나 쓰지 말라거나 명령할 권한이 없다. 예수님은 당신의 몸을 모시러 오는 여성이 미사보를 썼는가 안 썼는가 보지 않으신다. 사제는 레지오 마리애에 의무적으로 가입하라거나, 소공동체에 의무적으로 참여하라고 말할 권한이 없다. 이 모든 일은 자율적으로 일어나야 한다. 신자에게 명령하는 것을 사제의 권한으로 보는 한, 한국교회는 영원히 자율적일 수 없으며 공의회의 교회를 실현할 수 없다.

이 모든 것은 우선적으로 사제들 사이에서 공론화되어야 한다. 사제는 신자에게 쇄신과 봉사를 강조하기 전에 자신이 먼저 쇄신되고 봉사하는 자세로 임해야 한다. 스스로 쇄신되면서 세상에 봉사하는 교회를 조성해나가야 한다. 교회가 쇄신되고 봉사하는 교회가 될 때 사회에 대해서도 쇄신과 봉사를 이야기할 수 있다. 그러기 위해 다음 항목은 사제의 삶의 쇄신을 위해 숙고해보아야 할 내용이다.

- 고관 부임하듯 하는 사제의 부임
- 명령하는 사제
- 반말하는 사제
- 영명축일과 은경축 금경축에서 오가는 돈 봉투

지금 우리 사회는 위기에 처해 있다. 국민이 대통령을 비롯한 위정자들의 말을 잘 믿으려 하지 않는다. 그들이 권위를 잃었기 때문이다. 말로는 서민 정책을 이야기하지만 실제 펼쳐지는 내용은 자신들의 부를 채우는 일이다. 말과 행동이 다를 때 권위를 잃게 된다. 권위를 잃기는 교회(성직자)도 마찬가지다. 권위를 찾기 위해 교회는 자신의 언어와 행위를 먼저 돌아보아야 한다. 사제는 권위를 찾아야 한다. 권위는 위엄 있는 말이 아니라 말한 바를 실천하는 행위로 드러난다.

"그들(율법 학자들과 바리사이들)이 너희에게 말하는 것은 다 실행하고 지켜라. 그러나 그들의 행실은 따라 하지 마라. 그들은 말만 하고 실행하지는 않는다. 또 그들은 잔칫집에서는 윗자리를, 회당에서는 높은 자리를 좋아하고, 장터에서 인사받기를, 사람들에게 스승이라고 불리기를 좋아한다. 그러나 너희는 스승이라고 불리지 않도록 하여라. 너희의 스승님은 한 분뿐이시고 너희는 모두 형제다. 또 이 세상 누구도 아버지라고 부르지 마라. 너희의 아버지는 오직 한 분, 하늘에 계신 그분뿐이시다. 그리고 너희는 선생이라고 불리지 않도록 하여라. 너희의 선생님은 그리스도 한 분뿐이시다. 너희 가운데에서 가장 높은 사람은 너희를 섬기는 사람이 되어야 한다. 누구든지 자신을 높이는 이는 낮아지고 자신을 낮추는 이는 높아질 것이다."(마태 23,3.6 - 11)

"민족들을 지배하는 임금들은 백성 위에 군림하고, 민족들에게 권세를 부리는 자들은 자신을 은인이라고 부르게 한다. 그러나 너희는 그렇게 해서는 안 된다. 너희 가운데에서 가장 높은 사람은 가장 어린 사람처럼 되어야 하고 지도자는 섬기는 사람처럼 되어야 한다."(루카 22,25 - 26)

성직자들이 권위가 있는 것은 서품 때 그들의 몸을 완전히 땅바닥에 밀착시키는 복종이 있기 때문이다. 복종 없는 권위는 남을 굴복시키는 폭력으로 변하며 상대에게 치유할 수 없는 상처를 준다. 언어의 폭력이 주먹보다 무서운 것이다. 권위는 봉사를 통하여 드러난다.

전례의 중요성을 강조하면서 공의회가 끝난 지 반세기가 되도록 일회용 '매일 미사' 없이는 미사를 드릴 수 없는 교회, 환경을 오염시켜서는 안 된다고 하면서 한 달밖에 사용할 수 없는 '매일 미사'를 발행하는 교회, 이것으로 돈벌이하는 교회, 성가를 1절만 부르는 교회, 사제의 눈치를 보면서 오르간을 반주하는 교회, 전례가 전례이어야 한다.

이제는 소공동체를 반대하는 이야기를 꺼내는 것 자체가 두렵다. 소공동체의 본래의 취지는 평신도의 자율성과 복음적인 삶이다. 그러나 교회 안에 조직으로 자리를 잡으면서 성직자중심의 교회를 굳히는 데 일조하고 있다. 성직자의 지시가 없으면 되지 않는 것이 소공동체가 아닌가?

무엇보다도 신학 부재를 이야기하지 않을 수 없다. 우리는 우리 자신을 신앙인이라 부른다. 신앙인은 믿는 자다. 우리는 무엇을 믿는가? 우리는 전능하신 하느님을 믿는다고 고백한다. 예수 그리스도를 믿는다고, 부활을 믿는다고, 우리 주 예수님께서 동정녀에게 잉태되어 나셨음을 믿는다고, 천국을 믿는다고, 고백한다. 이러한 고백을 하면서 우리는 어떤 상상을 하는가? 지난 수천 년 동안의 교회는 우리가 지금 믿음을 고백하면서 상상한 대로 그렇게 믿음을 고백해 왔을까? 우리 믿음의 바탕은 복음이다. 복음을 모르고서는 우리가 고백하는 믿음은 맹신이요 광신일 수 있다. 그러므로 우리는 물어야 한다. 예수님의 복음이 무엇인가? 중세 때 형성된 신학의 문장을 암기하여 이야기하는 것으로 부족하다. 그 문장이 형성되기까지의 역사와 이를 현대의 언어로 알아듣는 것이 필요하다. 기초 작업이 필요하다.

2천 년의 역사에 익숙해진 습성이 하루아침에 바뀌기를 바라는 것은 무리한 요구일지도 모른다. 예수님께서 복음을 선포하신 이래 교회는 끊임없이 그분의 복음에 대해서 이야기하고 있지만 우리의 의식 상태는 그렇게 변하지 않았다. 예수님의 복음을 남에게 선포하기 위해 열정을 쏟는데도 정작 우리 자신은 그 내용을 모르기 일쑤다. 언제 우리가 그분의 복음을 온몸으로 깨닫는 날이 올까? 이에 대해 나는 대단히 회의적이다. 하지만 교회 안에는 소수이지만 복음을 깨닫고 복음 때문에 목숨을 내놓고 인류에게 봉사한 사람들이 있기에 세계와 교회가 유지되고 존속한다. 복음은 사람이 깨달았든 깨닫지 못하였든, 그리스도인이 복음에 따라 살든 살지 못하든, 인류에게 늘 미래를 제시해준다. 공의회는 이를 일깨워 주었다.

공의회의 근본적인 결단은 폭넓은 반향을 일으키고 많은 그리스도인의 책임 있는 의식을 각인시키고 있다. 공의회의 정신은 여전히 현대의 여러 물음에 대한 설득력 있는 해답이다. 미래의 여러 문제들에 대한 해결책을 제시하기 때문이다. 즉 열린 대화를 촉구하고, 교회 모든 구성원이 동등한 품위를 지닌 하느님 백성임을 의식케 하며, 지속적인 쇄신에 대한 준비를 제시하고 있다.

여성과 교회

이것은 여자가 할 수 없다

2011년 노벨평화상은 1901년 이 상이 제정된 이래 처음으로 여성 3명이 공동 수상했다. 엘렌 존슨 설리프(73) 라이베리아 대통령과 라이베리아 시민운동가 레미마흐 그보위(39), 그리고 예멘 반정부 시위를 주도한 타와쿨 카르만(32)에게 돌아갔다. 설리프는 하버드대 출신 경제학자로 2005년 아프리카 최초의 여성 대통령으로 당선됐다. 내전이 빈번한 라이베리아에서 개혁과 평화 정착 작업을 선도하고 있다. 그보위는 여성의 참정권 확보를 위해 라이베리아 군벌에 맞서 기독교 및 무슬림 여성그룹을 조직한 인물이다. 그보위는 2003년 라이베리아 2차 내전을 끝내는데 큰 역할을 했으며 설리프가 아프리카 첫 여성 대통령이 되는

데 디딤돌을 놓았다. '평화구축 여성 네트워크(WIPNET)'에 가입한 뒤 지도력과 조직 능력을 인정받아 지도자로 올라선 후 '평화를 위한 라이베리아 여성 대중행동'을 만들었다. 그는 찰스 테일러 대통령과 만나 가나에서 열리는 평화회담에 참석하겠다는 약속을 받아냈으며 라이베리아 여성들을 이끌고 직접 가나에 가서 협상 타결에 압력을 넣기도 했다. 카르만은 세 아이의 엄마로 비정부기구 '자유 여성 언론인'을 이끌고 있다. 특히 그는 '아랍의 봄' 물결에 힘입어 알라 압둘라 살레 대통령 퇴진 운동에서 상징적인 인물이다.

이들은 후진국 출신 여성이라는 점, 그리고 여성 인권과 평화, 민주화를 위해 비폭력 투쟁을 전개했다는 공통점을 갖고 있다. 노벨위원회가 여성 세 명에게 공동 수상을 결정한 것은 각 개인의 업적을 높이 평가했다는 점을 넘어 세상에서 여성의 영향력을 인정했다는 데 더 큰 의미가 있다. 토르비에른 야글란 노벨위원회 의장은 "여성이 남성과 동등한 권리를 가지지 못하면 민주주의와 평화 정착은 이뤄질 수 없다."며 "수상자들은 여성의 안전을 위해 그리고 평화 구축 작업에 여성의 참여권 신장을 위해 비폭력적 투쟁을 벌인 공로"라고 그 선정취지를 설명했다.

노르웨이 노벨 위원회가 2011년도 노벨 평화상을 세 명의 여인에게 주기로 한 것은 남성의 힘이 강조되는 세상에서 희생당하는 여성의 인권을 강조하면서 이를 통하여 여성의 힘이 받아들여질 때 남성의 인권도 인정받을 수 있다는 역설을 펴기 위함이다. 얼마나 많은 여성이 여자라는 이유로 정치, 경제 등 제반 분야에서 인간다운 대접을 받지 못하고 있는가?

설레프를 포함한 3명의 여성이 노벨 평화상 수상자로 선정되자 쥐

드도이체 차이퉁은 사설에서 노벨 위원회가 노벨 평화상을 잠재력이 있는 정치인 대신 잘 알려지지 않은 평화 활동가에게 수상하기로 하면서 이 상의 본래 취지를 다시 찾게 되어 알프레드 노벨도 기뻐할 것이라고 썼다. 왜냐하면 이 세 명의 여성은 전 세계가 당면한 문제를 위하여 싸웠기 때문이다. 지금까지 노벨 평화상의 영광은 정치적 선언이었고 시대정신에 굴한 것이었다. 그래서 국가 정책의 상반된 상황에서 정치인에게 많이 수여되었다. 알프레드 노벨의 정신을 제대로 반영하지 못한 것이었다. 그런데 이번에 노벨 위원회는 세 명의 여성에게 이 상을 수여함으로써 여성의 안전과 세상의 평화를 건설하는 일에 여성이 적극 참여하도록 비폭력적 투쟁을 표창한 것이다. 이 주제는 아라비아나 아프리카를 넘어 전 세계적인 주제이다. 여성들은 평화과정의 단계에서 대표성을 띠지 못했다. 전쟁과 논쟁에서 보호를 받지 못했고 폭력을 조정하는 데 이용당했다. 여성은 평화를 이룩하는 일을 할 수 없다고 생각했다. 그런데 이번 노벨 평화상은 이를 극복하게 해 주었다. 나아가 여성이 여성을 보호해야 한다는 의식을 고치시켰다.

이번 평화상은 여성도 남성처럼 정치를 할 수 있다는 것을 보여준 것이 아니라 여성으로서 할 수 있는 일이 무엇인가 하는 물음을 던지게 해 주었다. 정치 경제 등은 남성만의 영역이 아니라 여성의 관심사이기도 하며 여성의 관점에서 이를 풀어나가야 하는 것이 우리의 관심사임을 인식시켜 주었다.

여성의 동등한 권리를 주장하는 이유는 여성도 남성처럼 힘을 발휘할 수 있으며 그렇게 남자처럼 능력이 있다거나 그렇게 해야 한다는 의식을 불러일으키기 위한 것이 아니다. 여성의 동등권을 주장하는 것은 그동안 남성에 의해서 인간 불평등이 저질러졌기 때문이다. 불평등은 인간을 인간답게 살지 못하게 한다. 불평등의 희생자는 여성과 어린 아이이기도 하지만 동시에 남성 자신도 그 희생자임을 남성은 깨달아야 한다. 불평등은 힘의 논리로 말미암아 힘의 균형이 깨어짐을 말한다. 힘의 논리에 의해서 여성은 억압을 받아왔다. 여성이 힘의 논리에 의해 억압을 받는다는 것은 힘의 논리에 의해서 인권이 침해받는다는 것을 의미한다. 여성의 힘을 강조하는 것은 단순히 남성과의 동등권을 주장하는 것을 넘어 인간을 발견하기 위함이다. 인간은 남자의 힘만으로 창조된 것이 아니며 인류의 존속과 평화는 남자의 힘만 가지고는 유지할 수 없다.

여성 동등권을 주장하는 것은 남성이 하는 일을 이제 여성도 할 수 있다는 것을 인식시키기 위함이 아니라 오히려 그 반대로 여성이기에 남성이 할 수 없었던 일을 할 수 있고 또 남성이 하는 일은 여성이 할 수 없다는 선입견을 종식시키기 위함이다. "여자이기에 이 일은 할 수 없다."는 것이 남성의 무한 역량을 강조하는 것으로, 그래서 남자의 힘이 모든 것의 기준이 되어야 한다는 주장인데 이를 부정하는 것이 여성 동등권의 취지가 되어야 한다는 말이다.

여성의 정치 참여가 여성의 남성화로 끝난다면 이는 비극이다. 남성화된 여성은 남성보다 더 남자의 힘을 폭력적으로 사용할 수 있기 때문이다. 어린아이가 어른의 흉내를 낼 때 더 무서운 결과가 나타난다.[30] 노벨 위원회가 이 세 여인에게 평화상을 수상한 것은 이들에게서 인류가 잃어버린 여성성을 보았기 때문이다. 여성의 정치 참여를 권장하는 것은 남성의 힘이 하지 못한 일을 여성의 부드러움과 모성으로 해결할 수 있다고 보았기 때문이다. 인류는 지금까지 남성의 힘이 지배하는 정치에 영향을 받아왔고 희생이 따랐다. 희생당한 것은 여성과 어린아이였다. 여성과 어린아이가 최대 희생양이 된 것은 인류 역사가 여성의 부드러움과 모성, 어린아이의 순진성을 차츰 잃어버렸기 때문이다. 이 희생의 역사는 여성이 남성의 힘으로 무장한다고 극복되는 것이 아니다. 이는 어린아이가 어른 흉내를 낸다고 어른이 되는 것이 아닌 것과 마찬가지다. 이 잃어버린 마음은 그 누구보다 여성이 찾아 줄 수 있다.

라이베리아 제2의 건국이라는 과제를 안고 대통령에 취임한 노벨 평화상 수상자 엘렌 존슨 설리프에게 "이것은 여자가 할 수 없다." (Frauen können das nicht)라는 말은 단순히 남자가 할 수 있는 일은 여자도 할 수 있다는 것을 보이기 위한 말이 아니다. 여자이기에 자동차 수리도 정치도 할 수 없다는 것은 여성을 받아들이지 못하는 사회에서 일어나는 현상이다.

설리프는 1938년 라이베리아 수도 몬로비아에서 태어났으며 서아프리카 대학에서 경제학과 회계학을 전공했다. 17살 때 제임스 설리프와 결혼하여 미국으로 유학을 가서 위스콘신 대학, 콜로라도 대학에서 학사 학위를 받은 후 하버드 대학에서 경제학 석사학위를 받았다. 그 후 세계은행에서 일을 하면서 여성들은 다르게 정치를 할 수 있다는 확신을 가지게 되었다. 그는 언젠가 "나는 여성인 것이 기쁘다. 왜냐하면 여자이기에 사물에 대한 다른 시각을 제시할 수 있다고 믿기 때문이다."라고 말하였다. 자기가 남성처럼 일을 할 수 있게 된 것을 기뻐하는 것이 아니라 남성과 다른 시각으로 정치를 할 수 있게 된 것을 기쁘게 생각하는 것이다. 여성의 동등성이 왜 강조되어야 하는지 그 이유를 깨닫게 해주는 말이다.

어렸을 때 그는 자기가 완전 까맣지가 않다고 해서 자주 놀림을 받았다.(그의 할아버지는 독일 상인이었다) 그럼에도 대학을 다녔고 나중에 하버드 대학에 유학하였다. 그리고 귀국하여 현실 정치에 뛰어들었다. 1980년 새뮤얼 도가 군사 쿠데타를 일으키자 케냐로 망명했다가 1985년 귀국하여 1년간 옥살이를 하였다. 그 후 미국으로 건너가서 국제연합 개발계획(UNDP)의 아프리카 담당 재정국장으로 일하게 된다. 1989년 군사독재에 대항한 찰스 테일러의 반란을 지원하지만 곧 후회한다. 14년간 계속된 긴 내전은 2003년까지 무려 25만 명의 희생자를 내었기 때문이다. 그는 찰스 테일러 정권에 반대하는 연설을 했다가 내란 혐의로 기소돼 다시 망명길에 올랐다. 1997년 테일러와 대선에서 겨루지만 큰 표 차이로 패하였다. "그러나 당시의 고난이 훈장이 되어 '철의 여인'이라는 별명을 얻었고 강인한 의지와 추진력으로 고비를 넘긴 그녀는 부패 척결과 경제 재건을 내세운 라이베리아의 새로운 희망으로 떠올랐다."(출처: 「오마이뉴스」)

2003년 테일러가 대통령직을 하야하면서 그의 시대가 열렸다. "라이베리아는 14년간의 내전으로 모든 것이 피폐해졌다. 전기가 들어오지 않고 상수도며 유선전화망이 모두 파괴되어 버렸고 주택문제도 심각하다. 내전으로 인한 피해 외에도 부정부패, 폭력, 질병, 가난 등 갖가지 문제가 산재해 있다. 남성 중심의 폭압정치에 억눌릴 대로 억눌린 국민은 새로운 돌파구가 필요했고 그 대안으로 여성의 힘이 라이베리아의 고통을 치유할 것이라는 기대가 높았다."(출처: 「오마이뉴스」) 죽음의 위협 앞에서도 굴하지 않은 설리프는 국가개혁위원회 위원장을 맡았으며 2005년 대선에 출마하여 당선되었고 2006년부터는 공식적으로 대통령이 되었다.

"그녀의 등장은 자유가 없는 자유의 땅 라이베리아에서 처음으로 실시된 자유롭고 공정한 선거를 거쳤다는 점에서, 그리고 22명이나 되는 후보가 난립한 가운데 세계적으로 유명한 축구스타 조지 웨아를 제치고 최다 득표하여 주목을 받았다. 남성 중심 사회인 아프리카 대륙에서 여성인 엘렌 존슨 설리프가 결선투표에서 승리할 수 있었던 요인은 유권자들이 그녀가 지도자로서 자질을 갖췄고, 국정운영 경험이 풍부한 만큼 내전으로 피폐해진 라이베리아를 재건하는 데 적격이라고 판단했기 때문이다."(출처:「오마이뉴스」)

"그녀는 취임하자마자 국가 재건을 위해 가장 먼저 부패 척결에 나섰다. 라이베리아 정부 재무부와 세계은행에서 근무한 경제 전문가인 그녀는 자신의 경력을 살려 부패 청산이란 초강수로 재무부 직원 12명을 해고했다. 재무부는 2003년 과도정부 구성 이후 여태껏 해외 원조로 대부분 메워지는 1억 달러의 정부 예산을 멋대로 운영함으로써 부패의 온상으로 지목돼왔다. 취임 20일 만에 취한 전격적인 조치였다.

다음으로 관심을 기울인 것은 여권신장이었다. 사신의 내각이 적어도 30%는 여성으로 구성되길 바란 엘렌 존슨 설리프는 취임식 석상에서 다양한 분야에서 라이베리아 여성들에게 힘을 실어주겠다고 밝혔다. 그리고 취임 이튿날 '강간형벌'이라는 오랜 악습을 철폐하고 경찰청장에 여성을 등용하는 등 자신을 전폭적으로 지지해준 여성 유권자의 기대에 화답했다. 또 내전 이후 구성된 새 군대에 여군을 모집했다. 이는 여권신장, 즉 남녀평등 달성을 위한 정부정책의 일환이었다."(출처:「오마이뉴스」)

2005년 한 인터뷰에서 그는 자기의 정치 경력이 젊은 여성에게 하나의 자극이 되기를 바란다며 말한다. "만일 당신이 직장에서 남성들과 경쟁한다면 당신은 그들보다 더 잘해야 합니다. 그리고 동료로서 꼭 그들로부터 존경과 인정을 받도록 해야 합니다. 그들로부터 인정을 받더라도 우리는 여전히 남성 지배 사회에 속해 있지요. 그들은 '오, 이제 저 여자도 남자들 중에 끼였군'이라고 말합니다." 그녀의 대선 캠페인 배지엔 "엘렌, 그녀는 우리의 남자"(Ellen? Sie ist unser Mann)라고 적혀 있었다.

"내전으로 인해 사회 전반에 팽배한 불신을 해소하고 국민통합을 이룩하기 위해 그녀는 진실과 화해 위원회를 출범시켰다. 내전과 혼돈의 암흑기에 저질러진 전쟁 폭력과 인권유린 의혹을 규명하기 위한 조치다. 그녀는 라이베리아에 진정한 평화를 정착시키기 위해서는 이 같은 과정이 필수불가결하며 이 과정을 통해 지난 시절의 갈등과 상처를 씻어낼 수 있을 것이라고 말했다. 그녀는 AP와의 인터뷰에서 여권신장의 의지를 다음과 같이 피력한 바 있다.

'어린 소녀들이 이제 나를 자신들에게 영감을 주는 역할모델로 봐주길 바랍니다. 나는 더 많은 라이베리아 여성들, 아프리카 여성들이 더 잘 살길 바랍니다. 세계 각국의 여성 모두가 그렇게 되길 바랍니다'."(출처:「오마이뉴스」)"전쟁, 빈곤, 질병 등 아직도 라이베리아에는 해결해야 할 과제가 산재해 있다. 자신에게 주어진 과제 앞에서 국민들의 상처를 치유하고 국가경제를 어떻게 살려나갈지" 여성 대통령의 앞으로의 행보가 기대된다.

여성이 여성을 보호해야 한다

세 명의 여인에게 노벨 평화상이 수여된 데는 여성이 여성을 보호해야 한다는 성찰이 따른 것이다. "여성이 여성을 보호해야 한다"(Frauen müssen Frauen schützen)는 하나의 격언이다. 왜냐하면 전 세계적으로 망명자(탈주자)의 75%가 여성과 어린아이들이기 때문이다. 게다가 여성은 전쟁의 도구가 되고 있다. 성폭력으로 인간과 가정 그리고 사회가 파괴되고 있다. 범죄자는 아무런 죄책감도 느끼지 않는다.

세 명의 여성에게 평화상이 수여된 것은 여성이 평화 과정에 전 세계적으로 적극적인 역할을 하였으며 동시에 더 기여할 수 있다는 것을 보여준다.

제2차 바티칸 공의회는 공의회를 끝내면서 다양한 계층에 메시지를 전달했는데 여성에게 보낸 메시지는 이러하다.

"이제 우리는 딸이든 아내이든, 어머니이든 홀어머니이든, 모든 상황의 여성 여러분에게 말씀드리고자 합니다. 또한 봉헌된 동정녀와 독신녀 여러분에게 말씀드립니다. 여러분은 거대한 인류 가족의 절반을 차지하고 있습니다. 여러분도 알다시피, 교회는 여성을 들어 높이고 해방시켜 주었으며, 여러 세기를 내려오며 다방면에서 근본적인 남녀평등을 부각시켜 왔음을 자랑스럽게 여깁니다. 그러나 여성의 소명이 충만히 성취되는 때, 여성이 사회 안에서 지금까지는 결코 가지지 못하였던 영향력과 명성과 힘을 얻을 때가 왔고 또 이미 와 있습니다. 따라서 인류가 깊은 변화를 체험하는 이 순간에, 복음 정신에 충만한 여성들이 인류가 타락하지 않도록 돕는 데 많은 일을 할 수 있습니다. 여성 여러분, 여러분은 언제나 가정을 지키고 생명의 샘을 사랑하고 요람을 돌보는 것을 천분으로 지녀 왔습니다. 생명의 신비가 시작되는 곳에 여러분이 있습니다. 죽음으로 헤어질 때에 여러분은 위로를 줍니다. 우리의 기술은 비인간적인 것이 될 위험이 있습니다. 사람들을 생명과 화해시키십시오. 우리는 여러분에게 간청합니다. 그 무엇보다도 우리 인간의 미래를 지켜 주십시오. 광란의 순간에 인류 문명을 파괴해 버리려고 하는 사람의 손을 붙들어 주십시오. 한 가정의 아내이며 어머니로서, 아늑한 집안에서 인류를 키우는 최초의 교육자로서, 여러분은 아들딸들에게 조상의 전통을 물려주며 미지의 미래를 준비시켜 주십시오. 어머니는 자녀들을 통하여 그 자신은 보지 못할 미래에 속하여 있다는 사실을 언제나 기억하십시오.

…

시련 속에 있는 여성 여러분, 마리아처럼 십자가 아래 꿋꿋이 서 있는 여러분은 역사 속에서 흔히 사람들에게 끝까지 투쟁하고 순교에 이르기까지 증언할 용기를 주어 왔습니다. 사람들이 다시 한 번 큰일을 위하여 힘을 내고 작은 시작의 뜻을 새겨 한결같이 끈기를 지니도록 도와주십시오.

진리를 온유하고 부드럽고 알기 쉽게 만들 줄 아는 여성 여러분, 이 공의회의 정신이 단체와 학교, 가정, 일상생활에 스며들도록 노력하여 주십시오. 그리스도인이든 비신자이든 온 세상의 여성 여러분, 역사에서 지극히 중대한 이 시기에 여러분에게 생명이 맡겨져 있으며, 세계 평화의 수호가 여러분에게 달려 있습니다!"

여성 신학의 과제[31]

복음서는 당시 증인으로서 자격이 없는, 사도들도 처음에는 부질없는 헛소리려니 하고 믿으려 하지 않았던 여인네들(루카 24,11)을 부활의 증인으로 내세웠다. 여인을 부활의 증인으로 내세우고, 초대교회가 이를 받아들였다는 것은 놀라운 일이다. 초대교회는 그만큼 여성을 배제하고는 존재하기 어려운 공동체였다. 이것은 사도 바오로의 서간에서 더욱 분명히 나타난다. 로마서 마지막 장(章)에서 바오로가 문안 인사를 전한 명단을 보면 절반이 여성이다. 바오로는 그 중에 겐크레아의 페베를 부제(봉사자)라 부르며 여성 보호자(프로스타티스)로 칭하는데(로마 16,1 이하), 이는 초대교회 안에서 여성들도 책임 있는 자리를 맡았다는 것을 암시한다. 로마의 히폴리투스(235년 사망)는 "하와가 사도가 되고 여성들이 하느님의 사도가 된다"고 썼고, 어머니 모니카의 영향을 많이 받은 아우구스티노도 "성령이 막달레나를 사도들의 사도로 삼았다."고 하였다. 여성들의 이런 위치는 당시 가부장적 제도의 세계에서는 획기적인 현상이었다.

교회는 처음 예수님의 정신을 따라 교회를 위-아래의 위계질서가 아닌, 서로가 서로를 조심스럽게 감싸주는 지체들로 구성된 몸으로 이해하였다(1코린 12장). 그러다가 콘스탄티누스 전환과 함께 교회 안에 위계질서와 가부장적 구조가 교회를 지배하게 된다. 신학자들은 여성을 이 세상의 죄의 근원이며, 남성보다 열등하게 창조된 존재(아우구스티노)로, 이 때문에 올바로 도덕적 결정을 내릴 수도 없는 '결함을 가진 인간'(토마스)으로 정의 내리게 된다. 15세기에서 18세기에 이르기까지 유럽에서 있었던 마녀 재판에서 여성 경시의 절정을 보게 된다. 마녀 재판의 가장 혹독한 피해자는 여성이었다. 재판을 받아야 하는 이유는 여성은 본래 약하기에 쉽게 잘못된 교리에 빠지고, 도덕적으로 열등하기에 시기와 복수로 잘 기울고, 그리스도교 신앙이 약하고, 참을 수 없는 욕망 때문에 쉽게 악마의 성적(性的)인 제의를 수락하고, 밤손님으로 찾아오는 사탄과 신나는 시간을 보낸다는 것 등이었다.(말레우스 말레피카룸에서).

이런 성차별 역사는 오늘날도 여전히 극복되지 못하고 있다. 여성의 사제직이 공적으로 거부되는 등 평등과 상호 호혜성과 상호 의존성이 실현되지 못하고 있다. 남성 중심의 사회인 한국에서는 이런 차별이 오히려 너무도 당연한 것처럼 여겨지고 있다. 이런 상황에서 여성 신학자들의 표현은 때로는 과격하다(남성적이다). 그들의 주장은 겉으로는 가부장제도로 인한 성차별과 이로 인한 남녀 평등성의 곡해를 비판한 것에 역점을 두고 있지만, 근본적으로는 성차별이 인간성에 가한 모욕임을 강조한 것이다. 그들의 관심은 여성이 아니라 인간이며, 인류이고 그 미래인 것이다. 혹자는 그들의 소리가 너무 크다고 한다. 때로는 그들의 소리가 너무 남성을 닮았다고도 한다. 여성은 여성다워야 한다고도 한다. 그러나 그들의 소리를 듣지 못할 때 교회는 남성의 교회로 남아 있을 것이며 시대의 소리를 외면하게 될 것이다.

과거에 여성이 남성에 대해 일방적으로 소홀한 취급을 받았고 지금도 그러하다는 것을 지적하면서 여성의 평등성을 주장하는 것은 정당하다. 하지만 여기에 여성 신학의 전부를 걸고 가부장적인 구조로 인한 여성의 피해를 고발하고 가부장적 구조를 비판하는 데에만 온 정력을 쏟다 보면 자칫 여성 신학의 원대한 뜻을 축소시키고 이를 편협하게 만들 우려가 있다.

여성 신학은 여성이 사회와 교회로부터 당한 피해를 되새기며 무언가를 새롭게 대우받고 인정받으려는 차원을 넘어, 스스로 사회와 교회를 변화시킬 수 있는 힘을 지닌 학문이다. 희생과 자비와 부드러움과 모성이 그 힘의 원천이다. 이런 능력과 방법론을 제시하신 분은 예수님이다. 그분은 시대의 인물이었지만, 희생과 자비로 당신의 시대를 미래를 향하여 열어놓았고, 과거와 미래를 당신을 향하여 열게 하셨다. 그분은 비록 가부장적 구조에서 사셨지만 여성의 인격을 인류에 찾아주고 현대의 여성 신학을 가능하게 하셨다.

여성 사목에 대하여

여성 신학자들의 소리는 바로 교회 자신의 소리이다. 교회는 가부장제도의 사회에서도, 권위와 제도의 사회에서도 가난한 이의 교회, 힘없고 빽 없는 이들의 교회, 죄인들의 교회, 연약한 여성의 교회였기 때문이다. 이런 면에서 여성들은 그 연약함 때문에라도 교회의 주체이다. 여성이 교회의 주체라는 것은 교회가 겉으로는 남성 교황과 남성 주교 그리고 남성 사제들이 관리하는 교회지만 여전히 자모이신 교회로 불려왔다는 사실이 말해 준다. 교회는 오랫동안 이런 자기의 모습을 잊어왔다. 제2차 바티칸 공의회는 이런 관점을 반성하면서 가난한 이, 연약한 이, 여성에서 교회의 정체성을 찾게 해 주었고, 이로써 여성 신학의 가능성을 열어 주었다. 여성 신학은 제2차 바티칸 공의회가 원한 신학으로서 단순히 여성의 권리를 보장하기 위한 신학이 아니라 이를 넘어 인류와 교회의 정체성을 찾게 해주는 미래의 신학이다.

여성 신학에 대한 새로운 이해와 함께 교회 안에서 하는 여성 사목도 새롭게 이해되어야 한다. 여성 사목은 남성인 성직자가 여성을 대상으로 하는 사목일 수 없다. 여성 사목은 남자와 여자, 성직자와 평신도, 노인과 어린이 등 전 인류를 여성적으로 사목하는 프로그램이어야 한다. 폭력과 정복과 지배에 시달리는 지구를 살리는 일도 여성 신학과 여성 사목의 지평에서 대할 때 더욱 결실을 맺을 것이다. 세계는 지금 여성의 부드러움과 여성의 따뜻함, 모성을 그리워하고 있다. 세계는 지금 여성이 사목의 대상이 아니라 사목의 주체이기를 원하고 있다. 여성 사목은 인류와 지구에 희망과 미래를 열어주는 사목이다.

본당에서 여성의 역할

우리 교회의 구조는 너무 남성 중심이다. 그리고 성직자 중심이다. 여성은 활동을 많이 하지만 남성을 돕는 일로 끝이 날 때가 많다. 나는 「교회 - 순결한 창녀」에서 성직자 중심과 남성중심의 교회를 비판한 적이 있다. 제2차 바티칸 공의회는 로마 중심, 성직자 중심 등 '~ 중심주의'를 벗어나 교회와 신도들의 신원을 찾아주었지만 2천 년이라는 세월이 길어서인가 교회는 몸에 젖은 '중심주의적인 사고'를 벗어나지 못하고 있다. 이런 상황에서 교회는 평신도의 위치를 강조하지만 실제로 교회를 운영하는 과정에서 그들은 인정을 받지 못하고, 여성은 교회 내의 남성 중심적 성향으로 한 번 더 소홀한 대접을 받는다고 비판한 것이다. 교회 안에서 직무자와 평신도의 평등성이 인정되었다고는 하지만 교회는 여전히 성직자 중심주의를 벗어나지 못하고 있는 것처럼 여성들은 교회 안에서 성직자 중심과 남성중심의 구조에 의해 이중으로 소홀한 대접을 받고 있다.

교황 요한 바오로 2세는 1988년에 반포한 「여성의 존엄」(Mulieris Dignitatem)에서 여성의 인간학적, 사회학적, 법적, 영성적 존엄성과 동등성을 강조하였다. 이는 과거 교회사에서 볼 수 있었던 여성에 대한 입장과는 큰 차이를 보이는 것이었다. 그럼에도 그것으로 여성의 문제에 대한 충분한 답변이 주어졌다고는 볼 수 없다. 여성의 존엄성과 또 여성과 남성의 동등성이 강조되었음에도 불구하고 여성들은 여전히 교회 안에서 전례형태와 지도체제에 나타난 일방적인 '성직자 - 교회'와 '남성 - 교회'의 모습을 보면서 그들의 성(性) 때문에 구조적으로 차별을 받고 있기 때문이다. 몇 년 후 교황은 여성이 제단 위에 올라가는 것을 금하면서 소녀의 복사까지 금하였다. 오늘날에는 이를 진지하게 받아들이는 사람이 없다는 것이 다행이다.

역사적으로 볼 때 교회의 언어는 이스라엘의 가부장적 구조의 맥락에서 발생했고, 2천 년에 가까운 서양전통의 남성중심적 세계상과 인간상의 맥락에서 규정되었다. 하느님에 대한 이야기가 남성적인 이미지를 남기는 단어들(아버지, 주님, 세상의 창조주, 임금님 등)로 비유되어 사용되었고, 남성의 능동적이고 지배적인 역할을 나타내는 술어가 하느님과 그리스도께 사용되었다. 하느님을 남성으로 묘사한 것은 하느님의 영원한 의지가 아니라 가부장적 사회의 남성의 의지가 표현되어 있기 때문이라고 보는 학자들도 많다. "수용과 순종과 봉사는 여자만이 아니라 남자를 포함한 모든 피조물이 창조주에게 드려야 하는 근본태도이다." 그리스도 이후 남자와 여자의 관계에 대한 근본형태는 "그리스도를 두려워하듯이 서로 순종하라"(에페 5,21)라는 말에서 찾아 볼 수 있다.

인간이 남자와 여자로서 다 하느님 모상(창세 1,27)으로 창조되었다는 것은, 남자와 여자 둘 다 하느님의 실재임을 표현하는 것이다. 이는 하느님의 실재가 남성이나 여성 어느 한 성을 지니고 있는 것이 아니라 성을 초월하여 계신다는 것을 의미하는 것이기도 하다. 하느님의 실재에 대한 개념과 비유 중에는 하느님의 여성적이고 어머니적인 차원을 강조한 것들도 많은데 이 또한 하느님을 남성적으로만 생각한 것을 벗어나고자 한 것으로 이해할 수 있다.

오늘날 여성 사제직이 많은 논란을 야기하고 있다. 이 문제가 한국에서 논의되기는 아직 이르다고 보는 견해도 많다. 여성이 제단에 오르는 것은 한국인의 정서에 맞지 않는다는 것이다. 이런 견해는 남성뿐 아니라 많은 여성도 동조하고 있다. 그러나 여기서 '아직 이르다'는 것

은 무엇을 뜻하며 또 한국인의 정서란 무엇에 기준한 것인가? 여성 사**제를 논하는 사회**의 분위기가 조성되고 나서 이에 대해 논하는 것이 옳다고 보는 견해에 대해 나는 여성 사제직이 사회의 분위기 쇄신에 기여한다고는 볼 수 없는가 하는 기초적인 질문에 더 가치를 두고 싶다. 여성사제에 대한 문제는 여성 자신에 대한 물음이라기보다는 교회 자체에 대한 물음이다.

노인과 노인사목

늙음과 죽음은 하늘의 선물

고령화 문제는 오늘날 우리사회가 당면한 심각한 현안 중 하나다. 이 문제는 장차 일할 수 없는 무기력한 노인을 어떻게 먹여 살려야 하는가 하는 관점으로 접근해서는 안 된다. 이런 접근 방식은 노인과 젊은이의 간격을 한없이 벌려놓는 것으로 노인은 물론이고 이들을 부양하는 **젊은이도** 행복할 **수 없다.**

노인사목은 노인이**든 젊은**이든 늙음을 존중하며 받아들여 인생을 의미 있게 살게 하는 데에 그 목적을 둘 때 진실한 것이 된다. 노인사목은 늙음은 인생을 완성시키는 통로이고 그러기에 노인을 인생의 스승으로 모시며 그들에게 인생을 배우는 자세로 임할 때 '사목적'이 된다. 노인사목은 노인을 사목의 주체로 대할 때 '사목적'이 된다. 노년에 이르는 시간은 영원한 하느님 나라에 이르는 시간이며, 노인은 하느님 나라에 들기 위하여 인생이 거쳐야 하는 단계임을 깨우쳐 주는 것이 노인사목의 과제다. 모든 인간이 이 깨달음을 얻어야 한다는 차원에서 노인뿐만 아니라 젊은이도 노인사목의 대상이며 그렇기에 그들은 노인 사목의 주체다. 노인이 사목의 주체라는 것은 제2차 바티칸 공의회(1962~1965)의 사목 개념에 근거해서이다. 제2차 바티칸 공의회는 사목을 성직자가 평신도에게 봉사하는 교회 내의 일로 보면서 성직자를 사목의 주체로, 신자를 사목의 대상으로 이해한 종전의 사고를 바꿔놓았다. 공의회에 의하면 성직자와 평신도가 다 함께 인류에게 봉사하는 사목의 주체이자 동시에 대상이다. 성직자와 평신도에 대한 이런 이해는 스승과 제자, 의사와 환자의 관계에도 해당된다. 참 스승은 제자를 자기의 가르침을 전수 받아야 할 대상으로만 여기지 않는다. 오히려 가르치면서 제자를 자기의 인생 스승으로 받아들인다. 제자는 가르침의 대상이기만 한 것이 아니라 가르침의 주체다. 의사와 환자의 관계도 마찬가지이다. 참 의사는 환자를 자기에게서 고침을 받아야 하는 대상으로만 다루지 않고 환자에게서 자기를 치유해 주는 의사의 면모를 본다. 환자의 병을 고치면서 환자로부터 자기 존재의 치유를 받는 자가 참 의사다. 예수님은 그런 식으로 인류에게 의사요 환자셨다. 의사이기 위하여 그분은 병을 앓는 사람으로 오신 것이다. 제자를 자기의 가르침을 받아야하는 자로만 여기고, 환자를 자기 의술의 수혜자로만 여기는 자는 참 스승이요 참 의사라 하기에 부족하다. 사목자는 이런 의미에서 병들고 약한 노인을 보호를 필요로 하는 대상으로만 여길 것이 아니라 그들이 곧 자기 인생의 스승이요 의사임을 깨달아야 한다. 노인은 단순히 사회가 보호해야 할 부담스러운 존재가 아니라 사목의 주체임을 사목자는 인식해야 한다. 노인을 봉사의 대상으로만 여기는 사람은 봉사를 하면서도 진정으로 노인을 만날 수 없다.

노인이 살아온 인내와 희생적인 삶은 노인과 봉사자의 공동 작업을 통해 세상 끝날 때까지 전수되어야 한다. 물론 젊은이의 가치관과 인생관이 노인의 세대와 달라서 젊은이의 인생은 인생선배들의 조언과는 다른 방향으로 전개될 수 있다. 하지만 세월이 지나면 그들도 그들의 젊은이들에 의해 인생의 선배가 되며, 그들이 젊었을 때 인생선배들에게 들었던 조언이 진부한 것만이 아님을 깨닫게 될 것이다. 노인사목은 이런 인생의 공통 체험을 전수하는 역할을 해야 한다.

늙지 않는 것에 인생의 목표를 두고 젊음만을 강조하는 것이 노인사목의 주제일 수 없다. 노인사목의 과제는 노인이 젊은이처럼 살도록 하는 데에 있지 않고, 늙음과 죽음을 하느님의 선물로 받아들이며 살게 하는 데에 있다. 인생은 영원히 젊을 수 없고 영원히 살 수 없다는 것을, 인생은 풀잎 끝에 맺혀신 아침 이슬과 같다는 깃을 받아들이게 하는 것이다. 이슬방울이 영원히 그대로 맺혀 있기를 바라는 것은 어리석은 희망이다. 늙은이는 이슬처럼 증기가 되어 하늘로 사라져야 하고 그렇게 다시 이슬로 내리게 해야 한다. 그렇다고 인생의 허무를 이야기하는 것이 아니다. 존재하는 모든 것은 하느님 앞에 "천칭의 조그만 추와 같고 이른 아침 땅에 떨어지는 이슬방울"(지혜 11,22) 같지만 하느님의 자비와 사랑을 느끼게 하는 존재다. "생명을 사랑하시는 주님 모든 것이 당신의 것이기에 당신께서는 모두 소중히 여기십니다."(지혜 11,26)

노인사목은 늙음이 인생을 완성시켜주는 단계임을 깨닫고 이를 향하여 정진하게 한다. 노인사목의 목적은 늙은이에게 젊음을 노래하게 하는 것이 아니라 늙은이와 젊은이가 함께 늙음을 찬양하게 하는 데에 있다. 이런 의미에서 노인사목은 장차 노인이 될 젊은이를 위한 것이기도 하다. 노년만을 위한 노년만의 사목이란 따로 있을 수 없다.

노인사목은 늙음을 인간이 극복해야 할 시간이 아니라 젊음을 탄생시키는 시간으로 깨닫게 해 준다. 태어난 모든 것은 늙음과 죽음의 순환을 통하여 새로 창조된 것이며, 세상의 모든 새로운 것은 늙음을 보존하는 데서 창조적인 것이 된다. 한 알의 밀알이 땅에 떨어져 썩지 않고서는 새로운 결실을 맺을 수 없고, 하나의 열매가 무르익어 땅에 떨어져 썩어야만 새 씨앗이 드러날 수 있는 것처럼, 노년은 젊음과 생명에 길을 열어주는 때이며 그런 의미에서 늙은이는 젊은이에게 새로운 희망을 준다. 늙음은 쇠퇴하는 시기라기보다 창조하는 시기이며 인생에 새로운 시간을 열어 주는 때이다.

얼마나 오래 살았는가 하는 것이 인생에 중요한 것이 아니다. 이는 얼마나 젊고 건강하게 살았는가, 얼마나 부와 명예와 권력에서 성공하였는가 하는 것이 중요한 것이 아닌 것과 같다. 인생에 중요한 것은 얼마나 아름답게 창조적으로 늙음에 도달하였는가 하는 것이다.

노인사목은 늙음을 찬양하며 인간을 변화시킨다. 시편의 저자처럼 자기의 과거를 뒤돌아보면서 늙음을 찬양하는 자에게서 우리는 그의 존재가 무르익는 것을 본다. "저는 태중에서부터 당신께 의지해 왔고 제 어머니 배 속에서부터 당신은 저의 보호자시니 저의 찬양이 언제나 당신께 향합니다. 저의 입은 온종일 당신 찬양으로, 당신 영광의 찬미로 가득 찼습니다."(시편 71,6.8) 매 순간 자기가 원하는 것이 이루어지지 않는다고 불평하던 젊은 때의 모습과는 달리 노인이 되면서 자기 인생이 달려온 매 순간을 감사하게 된다. 힘든 일, 불행했던 일, 괴롭고 슬펐던 일에도 감사한다. 그 때 그 순간이 없었다면 지금 이 순간도 있을 수 없다. 무엇보다도 하느님을 원망하고 저주하며 멀어졌을 때에도 생의 은총을 주신 하느님을 생각하면 감사하지 않을 수 없다.

노인사목은 그렇게 한 인간을 평화 속에 늙음을 즐길 수 있게 한다. 그의 주변 환경이 평화로워서가 아니라 환경을 다스릴 수 있게 되어서이다. 자기의 마음을 하느님께서 다스리시게 함으로써 세상도 다스릴 수 있게 된 것이다. 그는 이제 어떠한 상황에서도 고요히 눈을 감을 수 있다. 지나온 삶을 감사의 정으로 맞이하고 하느님께 되돌려 드리게 된다. 생로병사로 얽힌 삶이 은총임을 받아들이게 된다.

노인과 노인대학

어느 날 만원 버스를 타고 가는데 한 노파가 올라탔다. 노파는 사람들 사이를 비집고 들어와 한 젊은이 잎에 시디니 디찌고짜 탄식하기 시작했다. "아이고 다리야, 허리야. 요즘 젊은것들은 늙은이 공경할 줄을 몰라" 버스 안의 시선이 젊은이에게로 쏠렸다. 하지만 젊은이는 놀랍게도 미동도 하지 않고 그대로 앉아 있었고 그럴수록 노파의 탄식소리는 커져갔다. 결국 그 젊은이 뒤에 앉았던 한 중년이 노파에게 자리를 양보했다. 버스는 한참을 더 달렸고, 어느 정거장에서 젊은이가 내리면서 할머니에게 한 마디 했다. "대우 받을 짓을 하세요."

유럽에 유학하던 시절이다. 지금은 세상을 떠나셨지만 그때 만난 신현준 바티칸 한국대사를 나는 잊을 수 없다. 그라츠 교구 신학생들과 로마 순례를 할 때 다른 한국 신학생과 함께 대사관을 방문하였다. 대사가 우리를 반갑게 맞이하였다. 그분의 이름을 듣고 나는 "해병대 초대 사령관도 신현준이셨는데요." 하고 말했더니 자기가 바로 그 사람이라 했다. 이미 고인이 된 줄 알았는데 내 눈 앞에 계신 분이 바로 그분이라니 놀랍고 신기했다.

그분이 우리를 점심식사에 초대했는데 식사 중에 미국인과 결혼한 그분의 막내딸이 들어왔다. 막내라서 그런지 성격이 쾌활했다. "와, 맛있는 것 많이 했네" 하며 밥상에 앉자마자 먹는 데 열중하더니 대뜸 "엄마, 물이 없어!" 하고 말했다. 대사 부인이 "참, 내 정신 좀 봐" 하며 일어서자 대사가 자기도 아까부터 그 말을 하고 싶었는데 참았다고 했다. 부인이 진작 말하지 그랬냐고 핀잔을 주니까 대사는 "손님이 와 있는데 내가 물이 없다고 말하면 당신이 얼마나 무안하겠어요. 당신이 정성껏 준비한 밥상이 부족한 듯 보이지 않겠어요." 하고 말했다. 그분의 말에 나는 내 귀를 의심할 정도로 감탄하였다. 우리 같은 학생을 귀빈이나 손님으로 대하는 것도 그렇지만 아내를 존중하는 마음이 한꺼번에 느껴졌기 때문이다.

대사관을 들어 설 때 대사가 우리에게 했던 말도 기억이 난다. "저는 학생들이 어떤 차림으로 오는가 하고 창문을 통해 내다보았습니다. 넥타이에 정장차림으로 오면 나도 정장을 하려 하였는데 편한 차림으로 들어오기에 나도 편한 차림을 하였습니다." 편한 차림으로 온 내가 부끄러웠고 나이를 초월하여 모두를 귀하게 맞이하는 그분의 인격이 존경스러웠다. 늙음에는 한 인간이 살아 온 인생이 함축되어 있다. 긴 인생을 살아온 노인은 후손에게 생명을 느끼게 해 주고 인생을 새로 체험하게 해 주는 인생의 스승이다.

노인대학은 나이 든 것만으로 존경 받으려 하지 않고 늙음을 통하여 만인에게 존경 받는 사람으로 봉사하는 것을 가르치고 배우는 학교가 되어야 한다. 노인은 젊은이에게 효를 강조하면서 봉사와 대우를 받으려고만 할 것이 아니라 지금까지 살아온 인생으로 젊은이에게 봉사해야 한다. 노인은 평생을 통해 얻은 내면의 자유를 인생의 후배들에게 느끼게 해 주어야 한다. 내면의 자유는 부와 가난, 장수와 단명, 젊음과 늙음, 생과 사 등을 양극화하는 사고를 초월할 때 주어진다. 노인대학은 노인이 자기 인생을 통해 도달한 이 경지를 세상에 전해 주어야 한다. 노인대학은 젊은이든 늙은이든 나이듦의 창조적인 면을 가르치는 학교여야 하고, 동시에 늙음을 즐기게 하는 학교여야 한다. 늙음을 즐긴다는 것은 씨앗을 품고 있는 탐스런 열매에서 얻는 기쁨을 누리는 것과 같다. 늙음은 인생의 끝이 아니라 창조를 보여주는 사건이다. 노인대학에서 그들은 학생이기만 한 것이 아니라 인류의 스승이기도 하다. 그들은 젊은이들에게 기다림과 인내와 희생을 통하여 터득한 지혜와 생명을 새롭게 느끼게 해 주는 스승이다.

노인대학은 젊음과 늙음, 생과 사, 가난과 부를 초월하는 여유를 가르치는 학교여야 한다. 노인대학은 늙음의 의미를 깨닫게 해 주는 방향으로 운영되어야 한다. 노인대학은 집에 혼자 들어앉아 있는 노인들의 무료함을 달래기 위하여 불러내어 젊은이들이 만든 여러 프로그램으로 그들을 기쁘게 해 주는 학교일 수 없다. 음악을 크게 틀어 노인이 젊은이처럼 춤추고 노래하고 웃는 방식으로 그들의 지루함을 없애주고 고독을 달래주는 프로그램은 노인에게 잠시 기쁨을 선사할 수는 있겠지만 그런 기쁨은 시간과 함께 곧 사라진다.

노인은 젊은이의 보호와 위안을 받아야 할 무기력한 사람이 아니다. 노인대학은 노인이 젊음을 뽐내게 하는 곳이 아니라 늙음의 의미를 발견하고, 노인만이 할 수 있는 일을 개발하여 인생을 즐기게 하는 곳이어야 한다. 안젤름 그륀이 소개한 칼 라너의 견해는 노인대학의 중요한 과제를 일깨운다. "바로 구세대와 신세대 사이에 다리를 놓는 일, 두 세대를 중개하는 일이다. 나이 들었다고 사회 바깥쪽으로 물러서지 말고 사회 한가운데서 자기들의 경험을 나누어야 한다. 다만 노인들은 젊은이들을 흉내 내려 하지 말고 자기가 나이 들었다는 사실을 의식해야 한다."(그륀, 89)

노인대학은 노인들이 평생 몸에 익힌 그들의 희생과 인내를 아름답게 표현하는 곳이라는 면에서 젊은이에게 희생을 통하여 미래를 열어 보여 주는 학교여야 한다. 노인은 노인대학의 학생이자 자신의 늙음을 통하여 젊은이에게 인생을 가르치는 스승이다. 노인대학은 노인들의 건강을 유지하고 젊게 사는 방법을 가르치기에 앞서 노인들의 마음 안에 간직된, 결코 잃지 말아야 할 심성을 북돋우고, 이를 젊은이들에게 몸과 마음으로 전달하는 학교가 되어야 한다. 노인대학은 젊은이들이, 아니 이 사회가 노인들의 마음 안에 고이 간직된 그 마음을 향하여 나아가는 것을 목표로 삼아야 한다.

우리 사회의 희망과 미래는 노인의 마음에 감추어 있다. 노인대학이 인생을 종합하고 늙음과 죽음을 감사하게 받아들이게 하는 일보다 오로지 젊음을 유지하는 일에만 초점을 맞춘다면 이는 늙음을 폄하하는 것이나 다름이 없다. 노인대학은 늙었어도 젊게 사는 것을 익히는 곳이 아니라 늙음을 즐기는 법을 익히게 하는 곳이라야 한다. 이런 면에서 도민게스가 예를 든 다음의 경우는 귀담아 들을 필요가 있다.

"뉴욕 대학이라든가 클리블랜드의 웨스턴 리서브 그리고 프랑스의 툴루스 대학 같은 곳에서는 이미 은퇴한 사람들을 위한 특별한 학위과정을 설립하고 있다. 이런 일을 추진하는 이들의 의도는 노인들로 하여금 과학의 최근 문제들에 관심을 쏟게 함으로써 그들의 지성적 호기심을 계속 살리려는 데에 있다. 노화 현상 학자의 현재 견해로는 활동하던 생활에서 은퇴의 전적 수동상태로 옮기면서 유발되는 폐단은 주로 심리적이라는 것이다.

툴루스의 경우 일반 학생이 학교 시설을 쓰지 않는 5월과 9월에 노인을 위한 집중강의가 열린다. 이런 강좌들은 평소에 자신이 일찍이 받은 교육과정과는 성격을 달리하고, 어떤 의미로는 자신의 세대가 변혁해 온 사회의 제반 정신문제를 계속 뒤지지 않고 따라온 사람에게는 물론 매우 유익하다. 그런 강좌에서 얻는 새로운 지식이 이런 노인들로 하여금 젊은 세대의 불안정성과 그들을 뒤흔들고 있는 시대사조를 더 잘 이해하게 할 수 있다. 그리고 젊은이들을 더 잘 알게 됨에 따라 그들에 대한 원망도 사그라지고 아울러 자신을 대치한 사람들에 대한 적잖은 증오감도 줄어든다. 사람이란 자기가 모르거나 못 알아듣는 것을 미워하기 십상이기 때문이다.

독일인 안과의사 히르슈베르크는 마드리드 근교에 있는 에스코리알 궁에 소장된 중세 아랍인 의사들의 원고를 읽기 위해서 75세에 은퇴한 연후에 아랍어 공부를 시작하였다. 그는 물론 라틴어와 희랍어에는 이미 능통했었다. 한참 후 그는 일곱 권으로 된 『안과 의학 역사』를 발간했는데, 이 명저는 전문연구서로서 뿐 아니라 하나의 문화사 연구로서 베를린 역사학회의 인정까지 받았다."

여러 교회가 운영하는 노인 성경학교에서 노인들의 성경 이해와 체험을 바탕으로 한 책을 엮으면 어떨까 하는 생각도 해 본다. 젊은이가 노인을 위하여 쓴 성경이 아니라 노인이 자신들의 신앙 체험을 바탕으로 집필하여 젊은이에게 들려주는 성경책 말이다. 그런 의미에서 노인대학은 인생철학을 논하는 학교일 수도 있고 성경을 읽는 시간이 될 수도 있다. 이때 중요한 것은 노인에게 성경에 대한 어떤 새로운 지식을 심어주려 하기보다 "그들의 눈으로 읽는 성경"을 들어보는 시간으로 꾸미는 것도 좋을 듯하다. 그들이 평생 성경을 어떻게 읽었는가를 듣는 시간, 또는 그들의 신앙체험을 듣는 시간으로 꾸밀 수도 있을 것이다.

노인대학을 어린이와 함께 하는 시간을 통하여 인생 학교로 만들 수도 있다. 어느 날 미사를 마치고 마당으로 내려오는데 두세 살 꼬마 여자아이가 할머니와 함께 긴 돌계단을 따라 내려왔다. 층계 아래서 내가 팔을 벌리며 오라고 하니 꼬마가 겁을 먹고 할머니 치맛자락 뒤로 숨었다. "신부님이야" 할머니가 그렇게 말하자 꼬마는 할머니 치맛자락을 더욱 꼭 움켜쥐고 몸을 숨겼다. "할아버지야, 할아버지한테 가봐야지. 할아버지 신부님" 하고 할머니가 다시 말했다. 그 말에 나는 꼬마에게 겁을 주지 않으려고 새끼손가락을 내밀며 "악수해" 하니 꼬마가 슬며시 고사리 같은 손을 내밀며 나에게 다가 왔다. "이 애는 할아버지와 할머니를 좋아해요."

꼬마들이 천국에서 이 세상에 태어난 지 얼마 되지 않았다면 늙은이는 천국으로 돌아갈 날이 얼마 남지 않았다. 둘은 방향은 다르지만 나이만큼 천국에 가까이 있다. "너희가 회개하여 어린이처럼 되지 않으면, 결코 하늘나라에 들어가지 못한다."(마태 18,3)는 예수님의 말씀을 우리는 노인이 되지 않으면 천국에 갈 수 없다는 말로도 알아들을 수 있을 것이다. 노인은 어린아이에 가까이 있기 때문이다. 노인과 어린아이가 천국과 비슷한 거리로 가까이 있다는 것은 둘 다 힘이 없다는 데서도 드러난다. 천국은 힘없는 자, 힘을 내려놓은 자만이 체험할 수 있다.

　노인대학은 힘과 젊음을 예찬하며 지루함을 달래주는 학교가 아니라 바로 힘을 내려놓는 것을 배우는 학교다. 그러므로 힘을 예찬하는 수업보다 어린아이와 노인이 함께 프로그램을 만들어 인간의 순수성을 체험하게 하는 것도 좋은 프로그램이 될 수 있다. 이 프로그램은 아이들이 무대에서 하는 공연으로 엮을 수도 있다. 이때 아이는 노인을 기쁘게 해 주기 위해 그들 앞에서 춤추고 노래 부르는 존재를 넘어 천국의 순수를 체험하게 해 주는 인생의 동반자로 무대에 등장한다. 어린아이들과 노인들이 함께 하는 프로그램은 이 시간을 준비한 부모와 젊은이를 위한 시간이기도 하다. 어른들은 아이들이 천국의 순수를 공연하는 것을 보게 될 것이며 천국의 즐거움을 맛 볼 수 있을 것이다. 어른들은 이 '공연'을 통해 지나온 '나'와 늙어가는 '나'의 모습을 비교하면서 어린아이가 되는 것이 자기 인생의 목표임을 새삼 실감하게 될 것이다. 그리고 아직 노인이 되지 않은 어른들은 어린아이와 한 마음이 되는 노인을 자기 인생의 복표로 삼게 된다. 노인대학의 과제이며 어린아이와 함께하는 프로그램의 효과이기도 하다. 이 대학은 노인뿐만 아니라 젊은이에게 미래의 꿈을 꾸고 희망을 설계하게 한다.

　노인대학의 생명은 영성이다. 영성은 노인이 세상에 마지막으로 보여줄 수 있는 그의 일생을 통하여 쌓은 덕이요 선물이다. 노인대학은 영성 대학이 될 때 그 존재 가치가 있다. 영성 대학은 노인이 자기의 나이를 부담스러워하면서 사회로부터 소외되고 쓸모없는 인간이 되어간다는 자괴감에서 벗어나게 하고, 열심히 일하는 것으로 늙지 않았음을 입증해 보이려는 부질없는 생각을 극복하게 해 주어야 한다. 노인이 그들의 존재로서 빛을 발하고 사랑으로 변화하는 것을 느끼게 해 주어야 한다. 영성은 노인대학이 이수해야 할 필수과목이다.

　노인대학은 자기를 보살펴 준 젊은이가 아니라 늙음과 죽음을 체험하게 해 주신 하느님께 감사하는 삶을 세상에 보여 주고 가르치는 학교여야 한다. 젊은이는 늙음에 감사하는 노인의 삶을 보면서 그들과 같은 사회에서 함께 사는 데 감사하게 될 것이다. 노인대학은 인간이 늙음을 자연스럽게 받아들일 수 있는 마음이 들도록 해야한다. 감사하는 마음이 내 온 몸에 배어들고, 자신을 비운 인간, 동정의 인간, 여유로운 인간, 인내심 있고 너그러운 인간, 자비로운 인간이 되도록 돕는 곳이어야 한다.

　노인대학은 늙음과 죽음을 배우고 천국을 가까이서 느끼며 배우는 학교여야 한다.

양로원과 가정

　독일에서 유학할 때 나는 수녀원이 경영하는 양로원에서 살았다. 교통이 편리한 중앙역 부근에 위치한 그곳에서 나는 매일 새벽 미사를 드리고 숙식을 해결했다. 양로원에는 승용차 세 대 정도가 주차할 수 있는 조그만 뜰이 있었는데 햇볕이 따스하게 드는 날이면 할머니들은 양지바른 뜰에 나와 앉아 볕을 쬐며 잡지를 뒤적이거나 오가는 사람들을 관찰하는 일로 소일하였다. 그것은 할머니들에게 낙이었다. 기력이 없어 아래로 내려오기 힘든 높은 층에 사는 할머니들은 창가에 앉아 지나가는 차와 사람을 내려다보는 것을 낙으로 삼았다. 그런 풍경을 보면서 양로원이 왜 도심 한복판에 세워졌는지 알 것 같았다.

나이가 들면 은퇴하여 조용한 곳에 가서 농사나 지으면서 여생을 마치겠다고 생각하는 사람들이 많지만 그것은 젊을 때 생각이고 막상 나이가 들면 도심을 찾는다. 도시가 의료시설에 접근하기가 쉬워서이기도 하지만 사람들이 움직이는 것을 보면서 생동감을 느끼고 싶은 마음이 더 크게 작용하기 때문이다. 도심의 풍경을 창밖으로 내다보는 그들의 모습에는 사람들과 함께 하고 싶어 하는 마음이 간절히 표현되어 있다. 창밖을 지나는 사람들을 내다보는 그들의 모습은 과거에 묻혀 사는 이가 아니라 그들 마음속에 묻어둔 과거를 현재의 시간에 간절히 전달해 주고 있는 모습이다. 나는 병자영성체를 하러 간 양로원에서 만난 쇠약한 노인들의 모습에서 침묵 속에 간직된 그들의 과거를 듣는다. 그들의 얼굴은 과거로 흘러 들어가는 얼굴이 아니다. 이들에게 성체를 영해주다 보면 이들의 얼굴에 나의 부모의 얼굴과 나의 미래의 얼굴이 겹친다. 그들에게 성체를 영해 주면서 나는 가끔씩 생각한다. 이들이 나의 어머니 나의 아버지라면? 그들의 모습은 나의 부모의 모습이고 늙어가는 나의 모습이다.

양로원의 노인들 중에는 처음 학교에 입학하는 어린아이처럼 들뜬 마음으로 "의지할 곳 없는 노인을 모아 돌보는 시설"이라는 일반적인 인식을 부정하며 들어온 사람들도 많다. 그러나 그곳에서 거동하지 못하는 노인, 치매 노인들을 매일 대하게 되면서 또는 자기도 이들 노약자와 크게 다르지 않다는 것을 자각하면서 새로운 환경에서 새로운 인생을 설계하겠다는 환상은 깨어지고 사회에서 밀려났다는 허탈감과 소외감으로 좌절하는 사람들도 생겨난다. 사람의 손길이 그립고 대화할 사람이 필요하지만 그들의 말에 귀를 기울이는 사람은 흔치 않다. 그곳에서 그들은 인생을 길게 살아온 현자가 아니라 아무 것도 모르는 어린애 취급을 받기도 한다. 사람들은 그들의 인생에 귀를 기울이지 않는다. 바빠서 그들의 말에 신경을 쓸 겨를이 없다. 그런 가운데 어떤 이는 소외감과 싸우며 자기는 다른 동료들과 다르다는 것을 은연중에 강조해보지만 이런 우월감은 얼마 가지 못하고 자식들이 자기를 양로원에 맡기고 떠났다고 원망하는 마음으로 바뀌기도 한다.

노인은 사회와 교회로부터 소외당하고 있다. 미사가 끝나고 신자들이 우르르 성당 밖으로 빠져 나갈 때 종종 마음이 우울해질 때가 있다. 젊은이는 젊은이대로 남자는 남자대로 여자는 여자대로 저마다 끼리끼리 군데군데 모여 이야기하는 틈새에서 노인들은 아무 데도 끼지 못하고 그들의 존재가 젊은이들에게 방해가 되지 않을까 하여 조심스럽게 돌아가는 뒷모습을 볼 때 쓸쓸함을 느낀다. 사람들은 그들이 "자녀와 친척의 소홀함이나 무심함에서 발생하는, 육체적이기 보다는 흔히 심리적이고 감정적인 고독", "병환, 기력 쇠진, 남에게 의존해야 한다는 비굴함, 사랑하는 사람들에게 부담이 되지 않나 하는 처량함, 생명의 종말이 온다는 것 등에서 야기된 고뇌"(『가정 공동체』 77)로 고통을 당하고 있다는 것을 모른다. 사회와 교회는 노인복지 정책을 내놓으면서도 노인을 그들의 사회로부터 소외시키고 있다. 가정에 관한 교회 문헌도 대개 부모와 자식, 부부의 관계에 초점을 맞추어 이야기한다. "그러므로 남자는 아버지와 어머니를 떠나 아내와 결합하여, 둘이 한 몸이 됩니다." (에페 5,31) 라는 성경 말씀에 따라 가정이 부모를 떠난 젊은이가 이루는 것으로 이야기하지만 여기서 가정은 소가족 개념으로 이해되고 있다. 부모를 떠나 새로 형성되는 '젊은' 가정에 초점을 맞추다 보니 자식을 떠나보내는 부모의 외로움이나 나중에 어른이 된 이들 자식에 대한 이야기는 빠져 있다.[32)] 노인은 가정에서 제외되고 노인이 없는 가정에 대한 이야기만이 강조되고 있는 것이다.

교황 요한 바오로 2세의 권고인『가정 공동체』도 가정의 기도에 대해서 언급하면서 젊은 가정을 위주로 말한다. "가정기도에는 그 나름대로 특성이 있다. 그것은 남편과 아내, 부모와 자녀가 함께 공동으로 바치는 기도이다."(『가정 공동체』59) 여기서 부모는 노부모가 아니라 어린 자녀를 둔 부모임을 금방 알 수 있다. 노인의 외로움은 늙음에서 오는 것이라기보다 소외에서 오는 것이 더 크다. 가정에서 소외된 노인은 사회에서도 외롭다. 여러 복지시설이 가정의 역할을 하기 위해 애를 쓰고 때로는 자식들보다 더 잘 모시지만 그들은 친자식의 손길을 더 그리워한다. 그러다 보니 가정에서 노인의 역할은 경시되고, 노인이 가정을 보호하는데 기여할 수 있는 점에 대해서는 무관심하다.

그런 가운데서도 노인에 대한 『가정 공동체』의 다음 말은 중요하다. "가정의 모든 성원은 각자의 고유한 특은에 따라, 매일 매일 인간들의 일치를 건설할 은혜와 책임을 가지고 있으며, 가정을 '더욱 풍요한 인간성을 길러내는 학교'(GS 52)로 만들 책임도 있다. 어린이들, 병자들, 노인들을 돌보고 사랑하는 곳에서, 매일 서로 봉사하는 곳에서, 가진 것을 나누고 기쁨과 슬픔을 나눔이 있는 곳에서는 그렇게 될 것이다."(『가정 공동체』21)

노인은 보호를 받으면서 가정을 보호하는 역할을 한다. 마찬가지로 가정 구성원도 노인을 보호하면서 희생과 사랑을 배운다. 그렇게 가정 구성원은 서로가 서로에게서 희생과 사랑을 배울 기회를 제공한다. 노인은 보호의 대상을 넘어 사랑과 희생을 가르치는 가정의 스승이다. 가정 공동체 27항은 이 점을 강조한다. 노인에 대하여 특별한 존경과 큰 애정을 갖는 문화에서는 "노인들이 가정을 떠나서 살거나 또는 쓸모없는 부담으로만 취급되기는 고사하고, 그들은 젊은 가정의 자율성을 인정하면서 가정생활에서 적극적이고 책임 있는 역할을 담당하고 있다. 그들은 우선 과거의 증인이 되고 젊은이와 미래를 위해서 예지의 원천이 되는 중대한 사명을 이행하고 있다." 그러면서 산업화된 도시 문화권에서 빚어진 노인에 대한 대우를 우려하며 다음과 같이 권고한다. "그러나 다른 문화에서는 특히 무질서한 산업 발전과 도시화를 뒤따라, 과거와 현재에, 노인들이 부당하게 소외되고 있다. 이 현상은 노인에게 극심한 고통을 야기하고 많은 가정을 정신적으로 가난하게 만든다. 교회의 사목활동은 모든 이들을 도와가며 사회와 교회 공동체에서, 특히 가정 안에서 노인의 역할을 개발하고 잘 사용하도록 해야 한다. '노인의 생활은 인간 가치의 폭을 명백히 하는 데에 도움이 되고, 세대들의 연속성을 보여주며 하느님 백성의 독립성을 드러낸다. 노인들은 흔히 세대 격차를 메우는 특은을 가진다. 얼마나 많은 어린이들이 노인들의 눈과 말과 그 어루만짐에서 이해와 사랑을 발견하였던가? 얼마나 많은 노인들이 '자손은 늙은이의 면류관이다'(잠언 17,6)라는 계시된 말씀에 자진해서 수긍하였던가!'"

자식이 부모를 떠나 배우자를 만나 자식을 낳으며 가정을 이룬다는 것이 노인을 소외시켜도 좋다는 말로 전개되어서는 안 될 것이다. "부모를 떠나 가정을 이룬다는 것"은 부모와의 관계 단절을 의미하는 것이 아니라 온 인류를 언어와 종족을 초월한 우주적인 차원의 관계에서 보게 하는 것이다. 창조주 하느님께서는 우주를 하나의 커다란 가정(집)으로 창조하셨다. 이 큰 가정에서 하느님은 아버지이고 우리 모두는 인종과 민족과 종교와 언어를 초월하여 가족관계로 맺어져 하느님을 아버지라 부르는 하느님의 자녀들이다. 이런 가정을 생각한다면 노인의 의미는 참으로 크다.

노인은 하느님의 이 창조사업에 동참한 자이며, 자식을 출가시키고 나서도 이 일에 동참하고 있다는 사실을 인류는 깨달아야 한다. 그들이 늙었다고 이 사업에서 제외한다면 이는 창조사업을 인간의 삶에서 제외시키려는 것이나 다름이 없다. 다음의 권고는 노인에게도 해당한다. "하느님께서는 남자와 여자를 당신의 모상대로 창조하심으로써 당신의 활동에 면류관을 씌워 완성하셨다. 그분은 인간들이 인간 생명의 은혜를 전달하는 데에 자유롭고 책임 있게 협력함으로써 창조주요 아버지인 당신의 사랑과 능력에 특별히 참여하도록 말씀하셨다. '자식을 낳고 번성하여 온 땅에 퍼져서 땅을 정복하라.' 그러므로 가정의 기본 임무는 생명에 봉사하는 것, 창조주의 첫 축복을 역사 안에서 실현하는 것, 즉 출산을 통해서 하느님 모상의 사람에게서 사람에게로 전달하는 것이다."(『가정 공동체』 28)

"교회는 인간 생명이 나약하고 고통을 당할지라도 언제나 선하신 하느님의 훌륭한 선물이라고 굳게 믿고 있다. … 교회는 개개인의 생명에서 그리스도 자신인 '그렇다'와 '아멘'의 위대함을 발견한다. 세계를 괴롭히며 가해하고 있는 '아니다'에 반해서 교회는 '그렇다'라고 대답하며, 생명에 대하여 해악과 음모를 꾸미는 사람들로부터 인간과 세계를 보호한다."(『가정 공동체』 30)

가정을 강조하면서도 더 이상 노인과 함께 하는 가정은 문제가 있다. 교회의 사목은 여기에 관심을 가져야 한다. 이는 시설을 가정적으로 꾸미는 것만으로는 부족하다. 오히려 교회와 시설은 노인의 주체성을 찾아 주는데 기여해야 한다. 노인은 보호받는 노약자이기만 한 것이 아니라 한 가정의 뿌리를 느끼게 하는 주체라는 점을 잃지 않도록 해야 한다. 사실 늙은이의 사랑은 어느 젊은이에게서 볼 수 없는 성숙 그 자체다.

세상에는 불행히도 "극단적 무지 때문에 진정한 가정이라고 할 수 없는 조건"에서 살아가는 사람들이 많다. "여러 가지 이유로 세상에 홀로 남게 된 사람들도 있다. 그러나 '가정의 기쁜 소식'은 이 모든 사람들을 위해서도 있는 것이다. … 가정이 없는 이들에게는 커다란 가정인 교회의 문이, 교구 가정과 본당 가정에서, 교회 기초 공동체와 사도직 운동에서 구체적으로 표현되는 교회의 문이 활짝 열려야 한다. 세상에서 아무도 가정 없이 살지 말아야 한다. 교회는 모든 이들의 집이고 가정이며, 특히 '무거운 짐을 지고 허덕이는 사람들'(마태 11,28)의 집이고 가정이다."(『가정 공동체』 85)

교회는 세상에서 가정 없는 사람들의 가정이 되어야 한다. 가정을 느끼게 해 주는 집이어야 한다. 노인이 외로움을 느끼는 곳이 아니라 외로움을 달래는 집이어야 한다. 그들을 위로하고 즐겁게 해 주는 데 그치지 않고 가정을 느끼고 사랑을 느끼게 해 주는 곳이어야 한다. 그러나 무엇보다도 중요한 것은 노인들이 사랑의 중심에 있다는 것을 받아들여야 한다. 노인을 위한 복지시설은 노인을 위한 가정이 되어야 한다.

우리 사회가 양로원, 요양원, 노인대학 등 노인 시설을 통해 늙은이에게 관심을 보이는 것은 다행한 일이다. 하지만 이런 복지시설은 갈 곳 없는 불쌍한 노인들이 들어가는 곳이라는 인식을 주어 노인에 대한 존경심보다는 그들을 보호 대상으로만 여겨서는 안 될 것이다. 도민게스는 이렇게 지적하였다.

"이런 모든 사업이 노인들의 물적 경제적 생활환경을 향상시켜 주기는 하나 사회의 다른 성원으로부터 그들을 더욱 더 격리"시킨다는 혐의를 받아서도 안 될 것이다. 사실 이런 종류의 많은 시설들은 "가족과 분리시켜 폐쇄된 존재로 이끌어 넣어, 자신처럼 밀려난 다른 노인들, 그렇다고 종전의 정상적 생활에서 오래 사귀던 친구도 아닌 노인들 하고 밖에 접촉할 수 없게" 만드는 경우가 종종 있다. 하지만 "늙어서 새 우정을 맺는다는 것은 수월한 일이 아니다." 이리하여 그들은 "적응하기에 어려운 낯선 환경 안에서 살아야 한다."

진정한 노인복지는 노후의 생활을 책임지고 편안하게 생애를 마치게 하는 정도에서 그쳐서는 안 된다. "노인의 질환을 사전예방 또는 조기발견하고 질환상태에 따른 적절한 치료·요양으로 심신의 건강을 유지하고 노후의 생활안정을 위하여 필요한 조치를 강구" 하는 정도의 정책만 가지고는 부족하다. 그런데 종합사회복지관을 관장하고 있는 김철홍에 의하면 "지금까지 나온 대부분의 대책은 거동이 불편하거나, 경제능력이 상당히 떨어지는 노인들에 대한 의식주 문제해결 및 정서지원 수준의 정책이다." "현재 우리나라의 노인 복지예산은 대부분 노인들을 케어(care)하는데 사용하고 있다. 안타깝게도 예산이 많이 부족하기 때문일 것이다. 그러나 미래의 노인복지 발전을 위해서는 노인들이 자신만이 지니고 있는 전문적인 능력을 펼쳐 사회에 도움이 될 수 있는 일을 할 수 있도록 도움을 주는 정책과 예산책정이 필요하다."[33]

제3부
교회의 사회적 역할

5·18을 기억한다

부끄러운 고백–기억을 지우다

'5·18을 기억한다'는 세미나에서 기조강의를 해달라는 요청을 받고 나는 망설였다. 30년이 지난 지금 5·18 민주화운동에 대해서 나는 무엇을 기억해낼 수 있을까? 무엇보다도 5·18이라 하면 더 이상 듣고 싶지도 말하고 싶지도 않다는 사람이 많아진 것을 의식하면서 나는 자문했다. 5·18을 기억하고자 하는 이유가 무엇인가? 5·18에 대한 기억이 우리의 사고와 시대를 변화시킬 수 있을까? 망설이는 나에게 강의를 부탁한 측은 그리스도교의 anamnesis(기억)와 관련하여 이야기하면 된다고 제안하였다. 5·18을 기억하는데 종교가 큰 역할을 하였음은 부인할 수 없지만, 그럼에도 5·18을 예수님의 죽음과 부활을 기억하듯이 섣불리 신학적으로 조명하는 것은 자칫 억지처럼 비칠 수 있고, 무엇보다도 5·18이 일어나고 10년이 지난 뒤 광주의 신학교에서 몇 년을 지냈을 뿐, 그 현장에 있지도 않았던 내가 마치 그 일에 동참이라도 한 듯 신학적으로 5·18을 조명하는 것은 염치없는 일이라 스스로 용납하기가 어려웠다.

내가 5·18 소식을 처음 들은 것은 오스트리아 유학 시절이었다. 신학교 휴게실에서 유럽 친구들과 함께 TV 뉴스를 통해서 그 끔찍한 현장을 보았고, 친구들은 놀란 나의 마음을 상하지 않게 하려고 침묵으로 조심스럽게 나를 감싸주었다. 친구들의 말없는 배려가 나를 더욱 부끄럽게 하고 비참하게 했다. 그때처럼 한국인이라는 것이 부끄러웠던 적은 없다. 그날 TV 뉴스에서 본 것은 진압군이 손을 뒤로 묶은 젊은이들을 개머리판으로 내리치며 나란히 땅바닥에 엎드리게 하고서는 철사 줄로 한 명 한 명씩 목을 졸라 죽이는, 믿어지지 않는 장면이었다. 그런 잔인한 보도가 언론을 덮을 때 독일 광부로 왔다가 오스트리아에 정착한 한 가장이 십몇 년 만에 휴가를 얻어 한국에 가 있었다. 뉴스를 보면서 그의 부인은 애가 탔다. 남편이 뉴스를 보면 정의감에 불타서 가만있지 못할 거라고 걱정하였다. 몇 주가 지나고, 그의 남편이 건강하게 돌아왔다. 가족은 마치 전쟁터에서 살아온 용사인 양 그를 맞았다. 무슨 영문인지 몰라 얼떨떨해 하는 그에게 TV에서 본 이야기를 전하자 그는 화를 내며 큰 소리로 말했다. "무슨 말이야. 나는 한국에서 무슨 일이 일어났는지 이 두 눈으로 보고 돌아오는 길이야. 여기 TV에서 봤다는 건 다 거짓말이야" 그는 국내 언론에서 보여준 대로 광주 시민은 폭도이며, 진압군의 진압은 정당하다고 주장하였다. 하루 이틀 지나면서 그는 자기가 한국에 있는 동안 실제로 무슨 일이 일어났는지 알고는 입을 다물었다. 그 일이 있고 난 얼마 후 나는 사제로 서품되었다. 사제 서품식 때 나의 어머니가 한국에서 오셨는데, 그때 신문과 잡지에 난 사진들을 보고 눈물을 흘리셨다.

망월동과 아우슈비츠

서품되고 나서 나는 몇 년을 더 독일에 머물렀다. 학위를 끝내고 귀국한 1987년에 박종철 사건을 시작으로 6·10, 6·29 등 격동의 한해를 지켜보았고, 1989년에 광주 신학교로 발령을 받아 몇 년을 광주에 머물렀다. 광주에서 나는 여러 번 망월동 묘역을 찾았다. 나에게 손님이 찾아오면 으레 그곳을 방문하였다. 하지만 망월동 묘역이 장소를 옮겨 웅장하게 새로 단장한 이후에는 방문할 때마다 아쉬운 마음이 더 들었다. 5·18 영령을 위로한다지만 그들의 희생이나 아픔을 마지막으로 기억할 수 있는 흔적을 지워버리고, 그들을 영웅으로 추모하려는 인간들이 마음만 웅장한 비석에 새겨진 것 같아서였다. 새로 단장한 묘역을 보면서 나는 폴란드의 아우슈비츠 수용소나 뮌헨의 다카우를 떠올렸다. 그곳에서는 당시 참혹했던 수용소의 모습을 그대로 볼 수 있다. 우리 한국인의 눈에는 현장을 그대로 보존하는 것은 방치하는 것이고, 거기서 죽어간 이들에 대한 예의가 아닌 것처럼 보일지 모르지만, 그들은 그때의 처참했던 현장을 원형대로 보존하여 당시 희생자들의 마음을 느끼게 한다. 그곳을 찾는 이에게 희생자들의 마음과 하나 되어 다시는 그런 일이 일어나서는 안 된다(nie wieder)는 다짐을 일으키게 한다. 우리가 기억하고자 하는 것은 돌에 남아있지 않다. 우리가 기억하고자 하는 것은 돌이 아니라 땅 속에 남아 있다. 몸을 굽히고 무덤 속을 들여다볼 때 우리는 그들의 마음을 만날 수 있을 것이다. 그런데 그들의 무덤과 묘가 다른 곳으로 옮겨진 것이다. 그래서 나는 망월동을 찾을 때면 그들의 슬픔과 그들의 의로운 분노가 더 잘 묻어나는 처음의 묘역을 기꺼이 찾는다. 새로 단장한 묘역에서는 느낄 수 없는 그들의 마음을 그곳에서 느낄 수 있기 때문이다. 그 곳에서 내 마음은 그들의 침묵 속으로 가라앉으며 숙연해짐을 느낀다.

우리가 5·18 민주화운동 30주년을 기념하는 것은 5·18을 돌에 새겨 기념비적으로 찬양하기 위해서가 아니다. 주년을 따지며 기념행사로 반짝 기억하는 것은 어쩌면 5·18을 잊어간다는 반증일 수도 있다. 30주년 기념행사가 5·18을 과거사로 만드는 또 하나의 기념행사가 아니길 바라면서 질문을 던져본다. 5·18 이후 지난 30년 동안 우리는, 우리 사회는 얼마나 변화하였는가? 그때의 그 사건이 양상을 달리하여 오늘날에도 여전히 나타나고 있는 것은 아닌가?[34] 그때 저항하며 물리치고 극복하려 했던 대상이 어쩌면 그때보다 더 잔인하고 더 교묘한 방법으로 우리 사회를 지배하고 있는 것은 아닌가? 때로는 미화시키면서 5·18이 지금까지 우리의 의식과 우리 사회를 변화시키지 못했다면 오늘 이 행사가 미래의 우리 사회를 변화시킬 수 있을지에 대해서도 묻지 않을 수 없다.

나치 투항 후 65년이 되는 올해 초, 독일의 청소년들에게 나치에 대해서 물었더니 대부분의 학생은 "그것은 지나간 일이다. 그게 지금의 나와 무슨 상관이냐?"는 식의 반응을 보였다고 한다.[35] 우리의 어린 학생들은 우리의 과거에 대해 어떤 반응을 보일까? 더욱 두려운 것은 5·18을 체험하지 못한 젊은이뿐이 아니라 그 일을 체험한 어른들의 반응도 별로 다르지 않을 것이라는 점이다. 이제 고작 30년이 지났을 뿐인데 우리는 그 사건을 기억 속에서 지워버리고 있다. 우리가 5·18에 대해서 이야기하기를 꺼리는 것은 모든 것을 정치 경제의 논리로 흐려 놓는 우리의 수준 낮은 정치적 사회적 분위기 탓도 있지만, 5·18을 기억 속 과거의 한 조각으로 여기는 우리의 의식수준도 문제이다. 그리스도인이 예수님의 죽음과 부활을 기억하는 미사를 매일 드리면서도 미사에 식상하지 않는 것은 그리스도인에게 그리스도의 죽음과 부활은 과거의 사건이 아니기 때문이다. 이번 세미나가 '기억'이라는 개념을 주제로 삼는 것도 다시는 그런 일이 일어나지 않기를 바라는 정도를 넘어 그 사건이 현재진행형임을 상기하며 이 사건을 통해서 우리의 원천과 미래를 찾기 위함일 것이다. 5·18을 기억하는 일은 단순히 과거의 사건을 상기하는 차원을 넘어 미래를 위한 일이다. 5·18 민주화운동 30주년이 되도록 우리 사회가 그때와 별 다를 바가 없다면 우리는 아직 5·18을 올바르게 기억하지 못하고 있기 때문이다. 5·18이 역사적 기념물로, 돌에 새겨진 기념일로만 기어될 때 우리의 미래는 차단된다. 이는 곧 5·18에 있었던 폭력은 언제든 다시 일어날 수 있다는 것을 암시한다.[36] 기억을 피하는 것은 폭력으로의 회귀를 의미한다. 역사를 다시 되돌리지 않기 위해[37] 우리는 물어야 한다. 5·18에 우리는 누구를 기억하는가?(whom) 무엇을 기억하는가?(what) 5·18을 기억하는 이들은 누구인가?(who) 그리고 어떻게(how) 5·18을 기억할 것인가?

듣기 위해 기억한다

5·18을 기억하기 위해 우리는 우선적으로 우리의 존재를 초월하여 타자, 희생자들의 목소리에 귀를 기울이어야 한다. 우리가 지금 그들을 기억하고자 하는 것은 그들의 목소리를 듣기 위해서이다. 바르토체브스키는 아우슈비츠를 기억하면서 말한다. "기억은 고통과 죽음과 비극의 장소에서 오늘에 이르기까지 꺼지지 않고 메아리처럼 들려오는 과거의 영을 불러내는 소리를 들으려고, 버림받은 수용소 바라크의 벽 사이로 메아리치는, 잡초 우거진 훈련소와 녹슨 철조망 그리고 경비초소의 빈 탄환 구멍에서 메아리쳐 들려오는 소리를 들으려고 인내를 가지고 귀를 기울이는 것이다."[38]

우리가 귀를 기울여야 할 대상은 그날에 희생된 사람들만이 아니다. 그들의 죽음을 목격한 사람들, 그들의 죽음 앞에 공포에 떤 사람들, 희생 직전에 목숨을 구한 사람들, 무엇보다도 그들이 죽어가면서 마음에 새겼을 사람들, 부모, 형제, 자식, 친지 등 이름 없는 수많은 사람들, 이 모두가 우리가 귀를 기울여야 할 사람들이다.

그리고 그들의 가까운 부모 형제 친척 동시대인을 넘어 그들에게 생명을 부여하고 생명을 느끼게 한, 그들이 이름 부르며 죽은 이 땅의 모든 소리에도 귀를 기울여야 한다. 그 날의 소리에 귀 기울이는 것은 유구한 역사를 통해 이 땅에 살아온 민족의 소리, 태고로부터 이 땅을 유유히 흘러온 낙동강 영산강의 물소리, 대나무 소나무 흔드는 바람소리, 하늘에 구름 흘러가는 소리, 더위와 추위가 바뀌는 계절의 소리에 귀를 기울이는 것이다.

그리고 그들을 희생으로 몰고 간 사람들과 방관한 자들에게도 귀를 기울여야 한다. 이런 점에서 5·18은 부끄러움이 없이는 기억할 수 없는 사건이다. 이 땅에 태어나 살고 있는 것만으로도 우리 모두는 피할 수 없이 30년 전 그 날의 신음을 듣기 위하여 초대받았다. 우리 모두가 이 날에 초대받은 자들이라는 사실을 망각할 때 우리는 언제든 폭력자로 변할 수 있는 소지를 안고 사는 것이 된다.

그러기에 이 날은 피해자만이 아니라 가해자들도 함께 기억해야 한다. 아벨을 죽인 카인에게 하느님은 "네 아우는 어디 있느냐?"(창세 4,9) 하고 물으셨다. 아우를 살해한 때를 기억하게 하는 질문이다. 이는 형과 아우가 한 부모로부터 태어난 끊을 수 없는 형제의 관계로 맺어져 있음을 깨닫게 해주는 질문이다. 다시는 폭력이 일어나지 않도록 하기 위해서 우리는 "네 형제는 어디 있었느냐?" 하고 질문을 던져야 한다. 그러지 않고 폭력의 순간을 잊으려고만 할 때, 형제를 희생제물로 삼으려는 폭력의 악순환은 끊이지 않을 것이다. 지금 우리 사회가 불평불만으로 가득하고 미움이 증가하는 듯 보이는 것은 그런 악순환의 고리를 끊지 못한 때문이다. 그들이 흘린 피에 귀를 기울일 수 있을 때 아무도 카인을 해치지 못하게 그의 이마에 보호의 인호를 박아주신 하느님의 마음도 만나게 될 것이다. 우리가 5·18을 기억하고자 하는 것은 이렇게 민족과 하느님의 마음에 귀를 기울이면서 서로 대화하며 다시 만나기 위해서이다. 그들이 흘린 피에 귀를 기울이는 곳에 민주주의가 있고 정의가 있고 용서와 화해가 있고 평화가 있다고 믿기 때문이다. 5·18은 민족과 생명의 가치와 문화와 문명과 인간성을 거부한 인간의 타락상을 보여주었고, 정의와 관용이 결핍된 우리의 실상을 드러내 보여주었기 때문이다.

우리들의 문제는 5·18을 기억하는 5·18 가해자들이 자기들을 가해자로 생각하지 않는다는 점이다. 당연히 그들은 스스로 피해자라 주장하는 자들을 비판하면서 그날의 희생에 대해 책임을 지지 않으려고 한다. 그리하여 이 사건은 우리의 망각 속에서 과거에 있었던 미해결의 문제로 남게 되고, 과거에 있었던 한 사건으로 비석이 되어, 미래에 대한 어떤 답변도 주지 못한다. 다시는 5·18이 일어나지 않기를 바라면서도 사회가 정의롭게 변해가지 못한다. 5·18을 기억하면서도 법은 여전히 힘 있는 자들의 편에서 가난하고 힘없는 자들을 무능한 자로, 때로는 불평분자로 내몬다.

5·18을 기억하는 것은 희생자들을 희생자로서만이 아니라 인간으로 기억하기 위해서이다. 우리가 5·18의 희생을 기억하는 근본적인 이유는 우리의 사회가 힘 있는 자 중심이 아니라 인내를 가지고 없는 자의 편에 서서 그들의 신음소리를 듣기 위해서이다. 그러므로 5·18을 기억하는 이 날은 그때의 희생자들만이 아니라 오늘의 가난하고 힘없는 자들을 기억하는 날이어야 한다. 5·18을 기억하는 이 날은 가난한 이들을 슬프게 해서는 안 된다. 지금 이 땅에 벌어지고 있는 슬픈 일들 예컨대 4대강 사업은 이런 면에서 5·18에서 영감을 받아 해결해야 할 것이다. 그들의 소리를 진정 듣는 일에서부터 시작해야 할 것이다. 4대강을 흐르는 소리는 그들이 들은 소리이기도 하기 때문이다.

5·18 희생자들을 기억하며 다시는 그런 불의한 일이 일어나지 않기를 바라며 폭력에 저항하는 것은 인간의 가장 원초적인 체험에서 나온 것이다. 그러므로 이 저항에는 보다 나은 세계를 지향하는 인간의 희망과 믿음이 표현되어 있다. 이 믿음과 희망은 타자, 우리가 희생물로 삼은 자들의 마음속으로 자신을 초월할 때 채워진다.

5·18의 음성

5·18을 어떻게 기억할 것인가? 강의를 부탁 받고 고민하던 어느 날 미사의 제1 독서가 귀에 들어왔다. 신명기의 한 부분인데 이스라엘은 그들의 역사를 기억하기 위하여 백성에게 자기희생을 강조하였다는 내용이었다. 들음은 자기희생 없이는 불가능하다. 그러므로 들음을 가능하게 하는 기억도 자신을 하느님께 봉헌하는 일이 없이는 진실일 수 없다. 이스라엘의 사제는 백성이 주님께 봉헌하는 광주리를 받아서 하느님 제단에 놓고 조상들의 역사를 기억하였다. "저희 조상은 떠돌아다니는 아람인이었습니다."(신명 26,5). 그들은 조상들의 신원에서부터 시작하여 현재에 이르기까지 역사를 기억하였다. 아브라함의 자손인 이스라엘은 나라에 기근이 들었을 때 이집트로 피난을 갔고, 그곳에서 먹을 것을 구하며 사는 동안 크고 강하고 수가 많은 민족이 되었으나, 100년 200년 세월이 흐르면서 남의 땅에 몸 붙여 사는 종살이와 같은 삶을 살게 되었다. "이집트인들이 저희를 학대하고 괴롭히며 저희에게 신한 노역을 시켰습니다"(신명 26,6) "그래서 저희가 주 저희 조상들의 하느님께 부르짖자, 주님께서는 저희의 소리를 들으시고, 저희의 고통과 불행, 그리고 저희가 억압당하는 것을 보셨습니다. 주님께서는 강한 손과 뻗은 팔로, 큰 공포와 표징과 기적으로 저희를 이집트에서 이끌어 내셨습니다. 그리고 저희를 이곳으로 데리고 오시어 저희에게 이 땅, 곧 젖과 꿀이 흐르는 땅을 주셨습니다. 주님, 그래서 이제 저희가 주님께서 저희에게 주신 땅에서 거둔 수확의 맏물을 가져왔습니다.' 그런 다음에 너희는 그것을 주 너희 하느님 앞에 놓고, 주 너희 하느님께 경배드려야 한다."(신명 26,7 – 10)

들음을 중요하게 여긴 이스라엘이 과거의 아픈 역사를 기억하는 것은 못되게 군 이집트에 원한을 품고 복수하기 위해서가 아니다. 그들은 이집트에서 종살이하던 그 아픈 시절을 기억하면서 하느님께서 보살펴 주셨음을 기억하였다. 주님의 보살핌 아래 종살이를 벗어나게 되었음을 기억하였다. 이집트 종살이에서 벗어난 후 광야에서 40년을 헤매며 고생한 기억을 떠올리는 것은, 하느님을 원망하던 조상의 소리를 기억하는 것은, 하느님의 구원하는 손길을 기억하기 위해서이다. 이스라엘은 조상이 광야에서 고생할 때 모세에게 대들며 "굶겨 죽이기 위해서 이집트에서 이끌어냈느냐, 차라리 이집트에서 종살이하던 때가 더 나았다" 하고 불평한 일도 기억하지만, 동시에 그들은 조상들이 고통 가운데서 하느님께 울부짖자 하느님께서 들으시고 구해주셨다는 사실을 부끄럽게 기억한다. 고난의 시절을 기억하는 것은 그런 지독한 고통 속에서도 하느님께서 보호해 주셨음을 상기하기 위해서이다. 고통이 전부다가 아니었음을, 고통 중에도 하느님께서는 늘 함께하시며 자비와 은총을 베풀어주셨음을, 그래서 이집트를 탈출할 수 있었고, 지금 여기 젖과 꿀이 흐르는 땅에 안착하여 살게 되었음을 기억하기 위해서이다. 그들이 이집트 종살이와 광야의 고통을 기억하는 것은 오늘의 그들을 있게 한 하느님의 보이지 않는 구원의 손길과 은총에 감사하기 위해서이다. 그러기에 과거에 대한 아픈 기억은 그들에게 미래를 위한 희망을 열어준다. 조상들에 대한 기억을 지울 때 그들은 다시 빵과 권력과 인기의 노예가 되어 남의 나라 이집트와 거친 광야를 헤매게 될 것이고, 미래를 향하여 나가지 못할 것이다.

이런 기억력을 가지고 있기에 이스라엘은 그들의 역사를 기억하면서 자신을 봉헌하지 않을 수 없었다. 하느님께서 조상을 보호하고 돌보아 주신 덕분에 지금 그들이 있다는 것을 감사하며 조상의 삶을 그들의 희생의 광주리에 담아 하느님께 바치며 기억하였다. 역사는 피해자든 가해자든 자기를 희생시키는 마음이 없이는 기억할 수 없다. 우리 민족은 아픈 역사를 많이 가지고 있다. 외부의 침략도 많이 받았고 최근에는 일제 강점기도 겪었다. 6·25 전쟁도 겪었으며, 군사독재와 5·18 등 수많은 고난을 겪었다. 요즘엔 경제논리 때문에 서민뿐만 아니라 강토까지 표현할 수 없을 만큼 심한 고통을 겪고 있다. 이 아픔이 지나가 버린(버릴) 과거의 일이 아니라면 우리는 이 아픔을 우리의 희생으로 엮은 광주리에 담아 하늘에 봉헌할 수 있어야 한다. 쓰라린 역사 속에서도 무너지지 않고 살아온 데에는 하느님의 보살핌과 은총 속에 조상의 희생이 있었음을 깨닫고, 우리도 그들처럼 민족의 온 역사를 우리의 희생의 광주리에 담을 수 있어야 한다.

지금 우리 사회가 이기적이고 배타적인 마음으로 고통을 당한다면, 이 민족의 역사를 나의 희생 광주리에 담아 제단에 바치지 못하기 때문이다. 재물에 대한 유혹, 권력과 인기에 대한 유혹이 너무 커서 조국을 사랑한다고 입버릇처럼 말을 하면서도 우리 자신을 희생의 광주리에 담지 못하기 때문이다. 이 땅 이 민족을 사랑한다면서 이 땅 이 민족의 심층에 있는 사랑과 희생을 배우려하기보다 자기의 욕심을 채우기 위해 이들을 희생시키려고 하기 때문이다. 우리를 돌보고 보호하시는 하느님의 목소리는 우리가 우리 자신을 희생하며 하느님처럼 신음하는 이웃의 음성에 귀를 기울일 때 들을 수 있다.(탈출 3,7) 나의 귀에 5·18의 신음하는 소리가 들려오지 않는다면 이 땅과 이 민족을 위하여 희생하는 마음이 내게 부족하기 때문이다. 수천 년 수만 년 동안 흐르고 있는 낙동강 물결소리에서, 자연의 소리에서 천만 년 고여 있는 민족의 음성이 들려오지 않는다면, 땅의 소리에서, 그 위에 살아 숨 쉬는 모든 생명의 소리에서 창조하시는 하느님의 음성이 들려오지 않는다면, 이 민족 이 땅을 위하여 귀를 기울이며 나를 희생하지 못하기 때문이다. 겉으로 보이는 욕망을 좇으며 그것이 전부라고 생각하며 살기 때문이다. 돈과 권력, 욕망, 이런 것들의 마음에까지 귀 기울일 수 있다면, 이 모든 것을 희생의 광주리에 담아 하느님께 바칠 수 있을 것이다. 이웃이, 민족과 이 땅이 나를 위하여 희생해주기를 바라지 않고 내가 그들을 위하여 희생할 수 있을 것이다. 민족의 역사에 귀 기울이는 것은 나를 희생의 제물로 내놓기 위함이다.

내가 여기서 희생을 강조하는 것은 5·18이 우리에게 희생심을 심어주었기 때문이다. 5·18 희생자들은 단순히 폭력에 저항하다가 희생된 자들이 아니라 희생만이 일치와 화해와 평화와 사랑을 이 땅에 심어 줄 수 있다는 것을 목숨을 걸고 보여준 자들이다. 우리가 5·18의 정신을 살리기를 진정 원한다면 우리 마음(사회) 안에 꺼져가는 희생심의 불꽃을 다시 살려야 한다. 우리가 5·18을 잊는다면 또는 피한다면, 우리의 사회가 부와 권력과 명예와 인기를 추구하는 마음 때문에 희생심을 잃어가고 있기 때문이다. 평화와 일치와 화해와 정의를 부르짖는 소리가 온 사회를 덮는데도 사회가 평화롭지 못하다면 희생정신이 사라지고 있기 때문이다.

미래를 위하여 기억을 배운다

2010년 1월 27일은 아우슈비츠 포로수용소 해방 65주년이 되는 날이었다. 이날 독일 의회는 이스라엘의 총리 페레스를 초대하여 연설을 들었다.[39] 86세의 페레스는 나치 주범들이 아직 살아 있다면서 이들을 끝까지 추적하여 법정에 세워야 한다고 독일에 요구하였는데, 그의 끈질김이 놀랍기도 하였지만 가해 당사자인 독일이 그토록 많은 대가를 치르고도 피해 당사자를 국회에 초청하여 그의 소리에 귀 기울이는 모습에서 더욱 감명을 받았다. 페레스는 그때의 일을 상기하면서 그 주범들이 그대로 자연사하도록 내버려 두어서는 안 된다고 강조하였다. "피와 재가 바라크를 뒤덮었습니다. 바라크는 텅 비어 있었습니다. 한 사람도 보이지 않았습니다. 기만의 고요가 흘렀습니다. 그때 얼어붙은 대지의 심연에서 한 목소리가 들려 왔습니다. '1월 27일은 너무 늦게 왔습니다.'"

페레스는 어렸을 때 아버지를 따라 고향 폴란드를 떠나 텔아비브로 갔지만 그의 할아버지는 고향에 남았다가 나치의 손을 피하지 못하고 1942년에 불에 타서 죽었다. 그는 할아버지를 기억하면서 말한다. "그는 나의 스승이며 선생이었다 시나고게에서 나는 그의 맑은 음성을 듣곤 했다. …" '뜨거운 재와 연기'로 변한 할아버지를 기억하면서 그는 독일과 온 세계에 아직 살아 있는 나치의 주범들을 꼭 법정에 세워달라고 요구하였다. "홀로코스트(대학살, 大虐殺)에서 살아남은 생존자가 점점 세상을 떠나고 있습니다. 하루하루 생존자 숫자가 줄고 있습니다. 하지만 지구상에서 가장 추악한 행위, 대학살에 관여했던 사람들은 아직도 독일과 유럽 땅, 세계 나머지 지역에 살아 있습니다. 이들이 정의의 심판을 받도록 할 수 있는 모든 것을 하여 주십시오. 간절히 청하는 바입니다." 그는 곧 이어서 말한다. "복수가 문제가 아닙니다. 교육이 문제입니다." 페레스는 보복이 아니라 교육적인 차원에서 전범을 끝까지 찾아내어 심판대 위에 세워야 한다고 강조하였다. 독일정부가 그동안 나치의 강제노동에 동원됐던 외국인 근로자들의 보상 문제를 해결하기 위해 재단을 설립하고, 51억 유로(현재 환율로 8조 2천억 원) 규모의 기금을 마련하여 국제이주기구(IOM)와 손잡고 그에 대한 보상 문제를 처리하는 등, 과거사 문제 해결을 위해 많은 노력을 기울였음을 알고 있으면서도, 독일 의회를 찾은 이스라엘 총리는 '역사를 잊지 말자'며 다시금 사과하도록 요구하였다. "다시는 인종 학살이 없도록, 다시는 민족들 사이에 우월감이 작용하는 일이 없도록, 다시는 사냥과 살인과 법을 무시하는 일을 신이 주신 것처럼 위선적으로 정당화하는 일이 없도록, 다시는 신을 부정하는 일이 없도록" 기억이 상실된다면 이런 일은 언제든 다시 일어날 수 있다. "기억은 증언해야 할 의무를 지니고 있다. 기억은 시간의 흐름과 함께 점점 약해진다. 기억이 사라지는 일은 없지만 흐려진다."[40]

하지만 기억하는 일이 진정 인간의 생명과 정의를 위한 것이고, 미래의 세대를 위한 교육적인 차원이라는 페레스의 말이 진심이라면, 나치에 대한 이스라엘의 기억은 팔레스타인 사람들에게도 적용이 되어야 할 것이다. 그러나 현실은 그렇지 않다. 이스라엘은 팔레스타인 땅에서 수천 년을 살아온 아랍인들에게 자신들이 당한 아픈 기억을 고스란히 넘겨주고 있다. 이스라엘이 팔레스타인 자치령을 에워싸고 높은 담을 수백 킬로미터나 쌓은 것은 팔레스타인 사람들에게는 아우슈비츠의 철조망이나 다름없다. 이스라엘의 기억이 미래를 위한 것이고 교육적인 것이 되기 위해서는 그들의 기억하는 행위도 정의로워야 하고 미래지향적이고 타자를 향해 열려 있어야 한다. 그런데 이스라엘은 아우슈비츠를 기억하면서 폭력의 악순환에 빠져 있다. "이스라엘은 자신의 처절한 역사(특히 아우슈비츠로 표현되는)에도 불구하고 깊은 폭력의 악순환에 빠져 있고, 다른 민족을 억압하는 하나의 국가로 존재하고 있습니다. 이스라엘인이 수많은 우여곡절의 역사를 딛고 살아남았지만, 한 국가를 새롭게 이루면서, 폭력의 주체가 되었습니다. 역사의 아이러니가 아닐 수 없습니다."[41] 이스라엘은 그들의 기억을 정당화하기 위하여 기억을 민족의 '틀 속에 빠지는 것이 아니라 인간의 보편적 가치를 위한 헌신으로 승화'시켜야 할 과제를 안고 있는 것이다.

이 과제는 그대로 홀로코스트를 기억하는 독일에도 해당한다. 만일 상대가 이스라엘이 아니라도 독일은 속죄하는 마음으로 그들의 대표를 의회에 초대하여 강연하게 하고 그들의 목소리에 귀를 기울였을까? 나치에 희생된 유대인이 6백만 명에 이르지만, 유대인이 아닌 루마니아인, 폴란드인, 러시아인, 집시, 동성애자, 장애인, 유아 등의 희생자들은 6백만 명을 훨씬 능가하는 것으로 추산한다. 그런데도 독일은 유대인의 죽음만을 기억한다. 결국 독일의 속죄 행위도 사회적 강자인 유대인에게만 집중되어 있음 뿐 그 외 약소민족의 희생자는 보상이나 다른 혜택을 받지 못하고 있다. 나치에 희생된 집시만도 25~50만 명쯤 되지만 그들은 철저히 무관심 속에서 잊혀졌다. 인류의 미래와 교육을 위한다는 명목으로 유대인이 '모범적인 희생자'(model victim)로 기억되는 동안, 다른 희생자들은 기억에서 지워지고 있다.[42] 노르만 핀켈슈타인에 의하면, 유대인이 '가장 존중 받는 희생자'로 인정받는 데에는 그들의 로비도 크게 작용했다. 유대인 로비단체들은 미국을 등에 업고 '홀로코스트 희생자'라면 맥을 못 추는 독일을 이용하여 홀로코스트를 신성화하며 큰 이득을 챙겼다는 것이다.[43] 폭력의 악순환은 약자의 인권이 보장될 때 밈출 수 있다. 이런 점에서 독일의 홀로코스트 기억이 진심이라면 유대인에 그치지 않고 유럽 전역에 흩어져 있는 850만 명의 집시들을 비롯한 소수 민족의 희생에 대한 기억으로 이어져야 한다. 독일과 세계가 풀어야 할 기억의 새로운 과제이다.

한국의 5·18은 이런 기억의 과제를 풀어줄 수 있을까? 5·18이 광주라는 "지극히 특수한 곳에서 일어난 사건이지만(마치 특정한 시대에, 특정한 배경을 지닌 사건으로서의 예수의 죽음처럼), 민족의 틀을 벗어난 보편성의 의미"를 지닌 사건으로 기억될 수 있을까? 미워하기 위해서가 아니라 사랑하기 위해서, 저항하기 위해서가 아니라 포용하기 위해서, 책임을 전가를 위해서가 아니라 민족의 화해와 인류의 미래를 위해서 5·18이 5·18을 넘어 인간의 근원으로 이끌어 기억하게 하는 날이 될 수 있을까? 이런 반성의 질문을 던질 수 있을 때 5·18은 희생자만이 아니라 희생에서 살아남은 자들과 이들을 희생시킨 자들과 이를 관망한 자들과 30년 후 오늘을 사는 모든 국민이 화해와 평화를 위하여 기억하는 날이 될 것이다. 그때 5·18은 더 이상 정치의 희생물이 되지 않을 것이며 'nie wieder 혈연', 'nie wieder 지연', 'nie wieder 학연'이 실현되고 부가 가난 위에 군림하거나 권력과 명예가 인간 위에 설 수 없는 더는 사람이 정치 논리에 의해 희생되지 않는 건전한 사회를 실현시키는 '민족의 정신'이 될 것이다. 우리가 5·18 희생자들을 기억하고자 하는 것은 이런 사회를 염원하기 때문이 아니겠는가. 발전이라는 미명 아래 눈에 보이는 탑을 높이 세우려는 인간의 욕망이 작용하는, 기억이 상실된 곳에서는 어떠한 형태로든 언제 또 다시 그런 일이 일어날지 모른다.

화해를 위하여 침묵을 배운다

'어떤' 언어로 우리는 5·18을 기억할 수 있을까? '5·18을 기억하기 위해 우리는 우리가 사용하는 언어를 반성해야 한다. 오염된 언어로는 5·18을 올바로 기억할 수 없다. 어쩌면 5·18을 기억하기에 우리의 언어는 너무 오염되었다. 우리의 언어가 오염되었기에 그들의 희생 앞에 우리는 말을 잃는다. 유다인 학살의 주범인 아이히만을 재판하는 법정에서 고소인의 변호인인 하우스너는 다음과 같이 말하였다. "어떤 도움도 받을 수 없는 수백만 명의 시민을 냉혈적이고 포악하게 절멸시킨 일은 … 어떤 말도 필요 없는 하나의 역사이다. 말이란 인간의 경험을 전달하는데 기여하기 때문이다. 이 학살 행위는 모든 정도를 넘어선다. 이 행위는 어떤 식으로도 표현할 수 없는 것이기 때문이다. 이 행위는 말을 잃게 한다."44) 노벨문학상을 수상한 엘리 위젤은 말한다. "나는 희생자들의 마지막 시간에 관하여 모든 것을 알고 있다고 생각한다. 나는 아무 것도 이야기하지 않을 것이다. 이 모든 것을 상상한다는 것은 무례한 짓이며 이를 설명한다는 것은 파렴치한 짓이다. … 우리가 해야 할 일은 이것이다. 아주 조금이라도 이 시대의 폭군적인 소리에 귀를 기울이기 위하여 함께 숨을 죽이고 기다리는 것이다. 불에 타고 또 탔지만 결코 타버리지 아니한 기억의 소리에"45) 기억한다는 것(Gedenken)은 기억된 것(Gedaechtnis)이 재로 덮이지 않도록 보호해주는 우산이다. 기억은, "우리는 눈을 감고 있다. 우리의 입은 침묵하도록 선고를 받았다. 무엇을 어떻게 이에 대해 이야기할 수 있겠는가?" 하며 잊기를 원하는 자들을 향한 무언의 외침이다. 5·18 민주화운동 30주년을 맞이하여 희생자들 앞에서 그때의 일을 기억하고자 하는 우리의 염원이 진실이라면 우리는 우리의 오염된 언어를 침묵시키는 법을 먼저 익혀야 한다. 침묵 속에서만 바로 기억할 수 있기 때문이다. 기억은 침묵 속에 행해지는 성찰이다. 바르토체브스키는 말한다. '기억은 구체화된 침묵 (verkoerperte Stille)'[46)]이다.

기억하기 위해 우리는 잠든 그들 영령처럼 침묵할 수 있어야 한다. 그들의 희생을 영웅적으로 찬양하는 소리를 무질서하게 내뱉기 전에 침묵하고 듣는 법을 먼저 배워야 한다. 카인이 동생 아벨을 죽였을 때 하느님께서 속삭이듯 카인에게 물었다. "네 아우 아벨은 어디 있느냐?" 카인은 하느님의 음성을 듣고 조용히 길을 떠난다.(이 순간만은 카인은 침묵하였음이 분명하다) 우리는 카인이면서도 카인이 아님만을 주장하고, 아벨의 희생을 카인의 죄로 돌리며 자기는 거기에 전혀 가담하지 않은 듯 소리 지르느라 하느님의 음성을 듣지 못할 때가 많다. 침묵할 때 하느님께서 카인에게 한 질문이 우리에게도 들려 올 것이다. "네 아우 아벨은 어디 있느냐?" 우리가 이 음성을 듣지 못하는 것은 우리가 침묵을 잃은 때문이기도 하다.

침묵을 몸에 익힐 때 침묵 속으로 사라진 그들의 희생하는 소리가 우리에게 속삭이듯 들려올 것이다. 그리고 조국에 대한 그들의 사랑을 느낄 수 있을 것이다. 침묵은 조용히 머리를 숙이는 자세에서 흘러나온다. 그들을 기억하기 위하여 머리를 숙이는 1분 정도의 묵념 시간, 이 짧은 시간 동안 우리가 무엇을 기억할 수 있겠는가만 우리가 그들을 위하여 묵념하는 시간은 길어야 1분이다. 모든 인간의 소리를 침묵시키는 이 순간이야말로 희생자들에게 가장 귀를 기울이는 진실의 순간이다. 기억하기 위해 우리는 머리를 숙이고 몸을 굽혀야 한다. 위젤은 이렇게 말한다. "하늘에서 땅에 떨어진 재, 수천수만 명의 유대인 자녀들,

사계절 바람이 흩어진 그들의 가련한 유해를 찾기 위해 침묵 속에 그리고 슬기롭게 아주 슬기롭게 땅을 향하여 몸을 굽히는 것으로 충분하다."[47] 기억은 심오하여 그 어떤 명료한 단어도 필요로 하지 않는다. 기억은 어떤 의식(儀式)도 필요로 하지 않는다. 사열식이나 축포는 분명히 아니다. 이 모든 것이 전통이라 하더라도 말이다. 지금 우리 사회는 저마다 내는 소리 때문에 그들의 희생과 죽음을 기억하는 분위기를 조성하기가 어렵다.

침묵의 근본은 들음에 있다. 수도원에서나 피정 때에 침묵하는 것은 듣기 위해서이다. 침묵할 때 하늘의 음성이 들려오고, 조국을 향한 5·18 영령들의 외침이 들려오고, 그들의 염원이 들려 올 것이다. 침묵은 우리를 원천으로 향하게 한다. 우리를 창조하신 하느님의 음성을 향하여 귀 기울이게 한다. "우리와 같은 모상으로 인간을 만들자"는 하느님의 음성은 침묵하는 자만이 들 수 있다. 우리가 5·18을 기억하고자 하는 것은 그들에 대하여 '말하기' 위해서가 아니라 그들의 침묵을 '듣기' 위해서이다. 지금 이 나라가 소동이 불가능하게 보이는 것은 침묵의 소리를 '듣지' 못하기 때문이다.

"한 생명을 구하는 자가 온 세계를 구한다." 탈무드에 나오는 말이다. 이 말을 우리는 이렇게 변형하여 말할 수 있을 것이다. "한 생명을 듣는 자가 온 세계를 듣는다." 온 나라에 귀를 기울인다면서 한 생명을 듣기를 게을리 한다면 그 들음은 거짓이요 위선이다. 들음은 가난하고 없는 자를 우선적으로 듣는 데서 온다. 지금 우리나라의 정치와 종교의 가장 심각한 문제의 하나는 돈을 많이 벌고 높은 자리에 오르는 것을 인생의 성공으로 여기며 오로지 돈과 권력에 귀를 기울이고 가난하고 힘없는 이를 무시하면서 이들과 소통을 하지 못하는 거짓과 교만과 위선이다. 자기의 주장을 관철시키기 위하여 다른 언어를 침묵시키려고 할 것이 아니라 자기와 다른 견해, 자기보다 더 가난하고 더 못한 사람에게 귀 기울이는 윤리를 우선적으로 배려하는 사회가 되기를 기원해 본다. 돈과 재물과 힘으로 얻을 수 없는 평화를 이 땅에 기원하며, 이 땅의 인권이 더 이상 권력으로부터 더럽혀지지 않기를 기원해 본다.

소통을 배운다

지금 우리 사회의 가장 큰 문제점은 이래도 좋고 저래도 좋다는 식의 무관심이다. 그것은 폭력보다 더 무서운 것이다. 5·18에 대해서 더는 듣고 싶지도 말하고 싶지도 않은 무관심한 분위기가 팽배한 것은 언어의 타락과 무관하지 않다. 5·18의 대주제인 민주주의와 정의라는 단어가 더는 신선하지 않고 고리타분하게 들리는 것은 우리가 타락시킨 언어로 이것을 언급하기 때문이다. 이는 5·18 가해자들이 원하는 바이기도 하다. 그들은 무관심한 분위기를 조성하여 듣고 기억하는 일을 피해가려고 한다. 그들이 할 첫 번째 일은 언어를 타락시키는 것이다. 그들은 국민 한 사람 한 사람이 바벨의 언어로 말하게 하여 이들을 무관심의 늪으로 몰아 드디어 진리에 무감각하게 만든다. 그들은 자기의 욕심을 채우는 바벨의 타락한 언어로 서민과 소통하는 벽을 높임으로써 이들이 정치와 사회의 문제에 대하여 냉소하고 무관심하게 만든다. 민주주의와 정의는 '들음'에서 온다는 사실을 간과한 데서 오는 현상이다.[48]

5·18 영령은 이런 무관심에 저항한 희생자이다. 이들을 독재에 저항

한 사람 정도로만 본다면 그들의 정신을 과소평가하는 것이다. 그들의 죽음은 조국에 대한 관심과 믿음과 사랑을 일깨우는 행위로 이해되어야 할 것이다. 그들은 레지스탕스가 아니다. 이는 3·1절을 저항운동으로만 기억하지 않는 것과 같다. 독립 운동가들에게서 저항의 정신만 기억한다면, 그들에게서 민족에 대한 관심과 사랑을 읽지 못한다면, 그것은 이날을 민족의 근본을 찾아주고 우리 민족의 삶을 미래로 열어주는 사건으로 보지 못하는 것이다. 우리는 5·18을 저항이 아니라 민족의 근본을 기억하게 하는 사건으로 알아들어야 한다. 그러므로 그들의 죽음을 기억하면서 우리는 물어야 한다. 그들의 죽음을 기억하는 우리의 마음은 얼마나 이 땅 이 민족에 대한 믿음과 사랑으로 가득 차 있는가? 혹시나 이 땅 이 민족을 위하여 내 한 몸 희생하기보다는 이것이 나를 위해 희생해주기를 더 바라는 것은 아닌가? 4대강 개발에서 보듯이 이들을 희생시키려고 하는 것은 아닌가? 5·18의 영령들이 살아온다면 우리에게 어떤 해답을 줄까? 저항이 아니라 희생과 관심이 요구되는 시대이다.

미사의 기억

우리가 5·18 영령들의 죽음에서 기억해야 할 것은 그들의 마음이다. 죽어가면서 그들은 무엇을 생각했을까? 그리스도인은 십자가를 바라보면서 거기에 달린 예수님의 마음을 기억한다. 십자가에 매달려 죽어가면서 예수님은 무슨 생각을 하셨을까? 예수님은 다가올 당신의 죽음을 미리 알고 유언을 남기셨다. "나는 이제 세상을 떠나 아버지께 돌아가지만 이 사람들은 세상에 남아 있을 것입니다. 거룩하신 아버지, 나에게 주신 아버지의 이름으로 이 사람들을 지켜주십시오. 그리고 아버지와 내가 하나인 것처럼 이 사람들도 하나가 되게 하여주십시오."(요한 17,11: 공동번역) "나는 너희에게 평화를 남기고 간다. 내 평화를 너희에게 준다. 내가 주는 평화는 세상이 주는 평화와 같지 않다. 너희 마음이 산란해지는 일도, 겁을 내는 일도 없도록 하여라"(요한 14,27) 세상이 주는 평화는 무엇이고 그분이 주는 평화는 무엇인가? 이 두 평화는 어떻게 다른가? 마침내 십자가에 달려 숨을 거두시기 전에 말씀하셨다. "받아먹어라. 이는 내 몸이다."(마태 26,26) 그리고 십자가에 달려서 말씀하셨다. "아버지, 저들을 용서해 주십시오. 저들은 자기들이 무슨 일을 하는지 모릅니다."(루카 23,34) 그분의 십자가와 죽음을 기억하면서 일치와 용서, 그분이 주시는 평화를 기억하지 못한다면, 그분에 대한 우리의 기억은 아무짝에도 소용이 없다. 5·18도 그렇게 우리에게 그들이 죽으면서 품었을 이 땅 이 민족에 대한 생각과 가족에 대한 애정을 기억하게 해 줄 것이다. 그러기에 5·18은 우리에게 희생과 인내가 화해와 평화의 원천임을 일깨워 주면서 서로가 서로를 위해 희생하는 마음만이 우리 민족을 다시 살릴 수 있다는 교훈을 준다. 우리는 그리스도가 정치적인 죄목으로 사형을 당한 것을 안다. 하지만 우리는 그분의 죽음을 정치적으로 기억하지 않는다. 마찬가지로 5·18 희생자들의 죽음도 정치의 틀에 묶여 있을 수 없다. 그들의 희생을 정치적으로 이용하려 들 때 그들의 희생이 이 사회에 던지는 메시지는 사라지고 말 것이다.

    그리스도인은 예수님께서 돌아가신 후 매일 미사를 통하여 그분의 죽음과 부활을 기억한다. 이는 십자가는 과거의 사건이 될 수 없음을 암시하며, 동시에 부활의 삶은 십자가에 대한 기억이 없이는, 즉, 십자가에서 당한 아픈 기억을 지우려는 마음으로는 맞이할 수 없음을 암시한다. 처음에 제자들은 스승이 붙잡히고 고난을 받고 십자가를 지고 골고타로 향하자 두려움을 느끼며 다들 도망을 쳤다. 도망친 곳에서 그들은 그분의 십자가를 잊으려고 애를 썼다. 그런 가운데 그들은 십자가를 잊는 날 주님도 함께 잊게 된다는 것을 깨닫고 십자가의 현장으로 돌아와 그분의 십자가를 기억하는 제사를 드렸다. 이 제사는 그분께서 당신에게 다가올 십자가의 운명을 아시고 그 일을 후세에 기억시키기 위하여 붙잡히시던 날 제자들과 함께 한 최후의 만찬을 재현하는 것이었다. 이어서 포도주가 든 잔을 드시고 말씀하셨다. "모두 이 잔을 마셔라 이는 죄를 용서해 주려고 많은 사람을 위하여 흘리는 내 계약의 피다."(마태 26,27-28) 그리고 이어 말씀하신다. "너희는 나를 기억하여 이를 행하여라."(루카 22,19) 예수님은 당신의 제자들에게 당신을 기억하라고 명하시며 당신의 삶을 빵의 운명과 연관시키신다. 빵을 먹기 위해 사람들은 빵을 쪼개고 나누어야 한다. 그분을 기억하는 것은 남을 살리기 위하여 자신을 쪼개고 나누고 희생하신 그분의 삶을 기억하는 것이다. 그리스도인이 매일 미사를 드리는 것은 당신 자신을 희생하는 예수님의 음성에서 인류의 아픔에 동참하는 하느님의 음성, 세상을 창조하시는 하느님의 음성을 듣기 위해서이다. 예수님의 말씀은 자기희생 없이는 들을 수 없다. 그분의 말씀을 듣기 위하여 우리는 그분처럼 우리의 몸을 희생할 수 있어야 한다.

    우리가 그분의 몸과 피를 받아 모시고자 하는 것은 더 이상 나를 희생시키지 않기 위해서가 아니라 그분의 희생에 동참하며 우리 자신을 희생의 제물로 바치기 위해서이다.[49] 그분의 죽음을 기억하며 우리의 몸을 성체로 변화시키기 위해서 우리는 그분을 기억하며 성체를 받아

모신다. 그렇게 그리스도인은 성체를 받아 모시면서 그분이 당신의 생명을 희생의 제물로 바치며 생각한 모든 사람들, 인류를 기억하고자 한다. 그분이 만난 모든 사람들, 그분이 자비를 베풀며 다가가 감싸 안은 사람들, 당신을 희생하여 나누어 주신 모든 사람들을 기억하고자 한다. 굶주린 사람들, 목마른 사람들, 감옥에 갇힌 사람들, 헐벗은 사람들, 아픈 사람들을 우리의 의식 안으로 부르고자 한다. 그리하여 우리 자신을 그분처럼 희생으로 내놓고자 한다.

그런데 우리는 정말 그리스도처럼 우리의 몸을 희생의 제물로 내놓을 수 있을까? 우리는 정말 그리스도처럼 "여러분은 내 몸을 받아먹으십시오" 하고 다른 사람을 위하여 내 몸을 쪼개며 내놓을 수 있을까? 성체(그리스도의 몸)를 받아 모시면서 우리의 몸을 성체로 만들 수 있을까? 우리는 오히려 남을 잡아먹고 희생시키려 들지 않는가. 실제로 대부분의 그리스도인은 매일 미사를 드리며 그리스도의 죽음과 부활을 기억한다고 하지만, 그분처럼 살기 위해서 또는 그분처럼 죽기 위해서라고 말은 하지만, 우리는 그분처럼 남을 위해 내 몸을 쪼개지 못하고 피를 흘리며 자신을 희생하지 못한다. 우리는 그분의 희생을 기억하는 미사를 바친다고 하면서도 끊임없이 나의 소망이 채워지기를 바라는 이기적인 기도를 바친다. 그분의 희생을 받아 모시면서도 자기의 안일만을 빈다면, 이웃과 사회를 위하여 자기를 희생하는 마음을 발하지 못한다면, 우리는 성체를 받아먹는 기계일 뿐 살아 있는 성체가 되지 못한다.

대신 죽음

5·18 영령들의 희생에서 우리는 "이는 내 몸이다. 너희는 받아먹어라"는 자기를 희생하는 음성을 들을 수 있어야 할 것이다. 그들이 우리를 위하여 대신 희생하였음을 기억할 수 있어야 할 것이다. '대신 죽음'이란 그리스도교가 그리스도의 죽음을 이해하는 데서 나온 용어이다. '대신 죽음'은 그리스도가 우리를 대신하여 희생하였으니 이제 우리는 더 이상 희생하지 않아도 된다는 뜻에서 하는 말이 아니다. 오히려 그 반대이다. 그분이 우리를 위하여 대신 죽으신 것처럼 우리도 그분처럼 세상과 인류를 대신하여 우리의 생명을 희생해야 한다는 것을 암시한다. '대신 죽음'의 의미를 우리는 이사야서에서 찾아볼 수 있다. 이사야는 '하느님의 종'의 성공을 이야기하면서 그의 모습과 자태를 사람 같지 않게 망가지고, 많은 이들이 보고 질겁할 모습으로 그린다.(이사 52,14) "그에게는 우리가 우러러볼 만한 풍채도 위엄도 없었으며, 우리가 바랄만한 모습도 없었디. 사람들에게 멸시받고 배척당한 그는 고통의 사람, 병고에 익숙한 이였다. 남들이 그를 보고 얼굴을 가릴 만큼, 그는 멸시만 받았으며, 우리도 그를 대수롭지 않게 여겼다."(이사 53,2-3) 그런데 여기에 이사야의 역설적인 반전이 있다. 이사야가 그린 그의 모습은 그가 "우리의 병고를 메고 갔으며, 우리의 고통을 짊어졌기" 때문이라고 강조한다.(이사 53,4) 그런데 우리는 그의 그런 마음을 모르고 "그를 벌 받은 자, 하느님께 매 맞은 자, 천대받은 자로 여겼다."(이사 53,4) "그가 찔린 것은 우리의 악행 때문이고, 그가 으스러진 것은 우리의 죄악 때문"이고, "우리의 평화를 위하여 그가 징벌을 받았고, 그의 상처로 우리는 나았"(이사 53,5)는데, 우리는 그것도 모르고 그를 하느님으로

부터 벌 받은 자로 여긴 것이다. 그가 그런 고통을 받은 것은 우리의 죄 탓이다. 그런데도 우리는 이것을 깨닫지 못하고 그를 멸시하며 스스로 선해지려고 하지 않는다. 우리가 선한 사람이었다면 그가 그런 벌을 받지 않았을 것이라는 것을 깨닫지 못한다. 그는 우리의 이런 죄 때문에 더 고통을 당하는 것이다. "도살장에 끌려가는 어린양처럼, 털 깎는 사람 앞에 잠자코 서 있는 어미 양처럼, 그는 자기 입을 열지 않고"(이사 53,7) 고통을 당하는 것이다. 이사야는 그가 고통 받는 것을 우리 모두의 구원을 원하시는 하느님의 뜻이라고 역설한다. 그분은 인류의 구원을 원하시기 때문이다. "그를 으스러뜨리고자 하신 것은 주님의 뜻이었고, 그분께서 그를 병고에 시달리게 하셨다. 그가 자신을 속죄 제물로 내놓으면, 그는 후손을 보며 오래 살고, 그를 통하여 주님의 뜻이 이루어지리라."(이사 53,10)

'대신 죽음'에는 남을 위한 자기희생이 근본을 이룬다. 대신 죽음은 자기의 행복과 평화를 위하여 남을 희생시키려는 마음을 죽이는 것이다. 5·18의 희생자에게서 우리는 대신 죽음을 본다. 그들은 민족을 대신하여 자신의 생명을 희생으로 내놓은 것이다. 민족의 평화와 화해를 위하여. 우리가 선하였다면, 정의로웠다면 그들은 그런 희생을 당하지 않았을 것이다. '대신 죽음'이 없는 곳에는 끊임없는 원한과 복수심의 악순환이 일어날 뿐만 아니라 남을 정의롭지 못한 자나 비겁자로 몰고 자신은 정의의 사도인 양하는 위선이 세도를 부리며 사회를 어둡게 만든다. 우리가 우리 민족을 위하여, 이 나라를 위하여, 이 땅을 위하여 대신 죽을 수 있을까? 오히려 이 민족이, 이 나라가, 이 땅이 나를 대신하여 죽기만을 바라는 것은 아닌가?

한의 잔치

기억에는 때때로 아픔과 슬픔이 겹쳐 있다. 그래서 과거를 기억하면서 우리는 그 아픔에 넋을 잃고 망연자실하고, 때로는 복수심을 품기도 한다. 한풀이로 넋을 달래고 원망을 풀어주려고 한다. 하지만 우리에게 한은 과거의 아픔을 떠올리며 원망으로 우리의 마음을 비탄과 슬픔에 빠뜨리게 하는 것이 아니다. 한은 쓰라린 아픔의 기억을 정(情)으로 승화시키는 힘을 가지고 있다. 기억은 한을 정으로 승화시키는 역할을 한다. 진정 한이 맺힌 사람은 과거의 사건을 기억하며 마냥 아픔에 머물지 않고 용서와 정의 인간으로 새롭게 태어난다. 한은 풀기만 하는 것이 아니라 정으로 승화시키는 힘을 가지고 있다. 그러기에 한이 많은 사람은 남을 배려할 줄 안다. 자기를 희생하며 인내하고 기다릴 줄 안다. 용서하고 화해할 줄 안다. 자기가 당한 아픔을 남이 그대로 당하는 것을 원치 않기 때문이다.[50]

우리가 5·18을 기억하고자 하는 것은 처참히게 죽은 영들을 달래기 위해서가 아니다. 죽은 자는 살아 있는 자의 위로를 필요로 하지 않는다. 오히려 우리가 그들에게서 위로를 받기 위해서이다. 5·18 희생자에게서 우리는 한 맺힌 혼이 아니라 희망을 일깨우는 예언자를 볼 수 있어야 한다. 그들의 위로에 감사하는 마음으로 그때 그들의 아픔이 한층 승화된 정을 만나며 우리와 우리의 후손이 정의 인간으로 다시 태어나 이 땅에서 정을 나누기를 희망한다. 우리가 쓰라리고 슬픈 역사를 기억하는 것은 이 땅의 역사를 용서와 화해의 차원에서 새롭게 쓰기 위해서이다.

이런 의미에서 5·18을 기억하는 것은 우리의 역사적 과제이다. 우리의 후손도 우리처럼 5·18을 통해서 잔인한 음모, 계획적인 살인, 무자비한 학살, 그리고 이로 인한 희생자와 그들의 아픔과 눈물과 한을 기억할 것이다. 그러나 동시에 우리가 이 아픔을 정으로 승화시킨 것도 기억하게 될 것이다. 5·18에 대한 기억은 우리에게 한의 노래를 넘어 정을 나누게 하는 희망을 일깨우는 축제여야 한다.[51] 우리는 후손에게 더이상 돈과 권력과 명예와 인기 따위가 우리의 미래를 보장하거나 희망을 주는 것이 아님을 깨닫게 해주어야 한다. 경제논리가 우리의 미래를 보장하지 못한다는 것을 깨닫고 이것들을 포기하는 도전, 자기를 희생하는 도전을 하도록 해야 한다. 이 자기 희생이 우리가 우리의 후손에게 물려 줄 수 있는 유일한 길임을 깨닫고 이를 위해 헌신하는 도전을 해야 한다. 서로의 욕심으로 시기하고 미워하며 서로를 희생시키는 일이 다시는 이 땅에서 일어나지 않도록 해야 한다.

5·18의 미사

미사 드리는 마음으로 이 글을 쓴다. 페레스가 팔레스티나의 아랍인들을 위하여 미사를 봉헌하는 마음으로 아우슈비츠를 기억했다면, 미사를 봉헌하는 마음으로 우리가 5·18과 그 희생자를 기억한다면, 이들 희생자에게서 자신을 희생의 몸으로 내놓은 예수님의 마음을 본다면, 예수님처럼 "이는 내 몸이다. 너희는 받아먹어라" "이는 내 피다. 너희는 받아마셔라" 하고 우리 모두가 서로를 위해 자신을 희생의 몸으로 내놓는 세상이 된다면, 지금과는 완전히 다른 세상이 될 것이다. 예수님께서 "너희는 이 빵을 … 너희는 이 잔을 …"에 이어 "너희는 나를 기억하여 이를 행하여라"고 말씀하신다면 당신께서 하신 말씀을 우리들이 하기를 바라서이다. 몸을 쪼개고 피를 나누는 일이 일상을 살아가는 우리의 일이 되기를 바라서이다. 기억하는 일은 그분의 희생을 지금 내 몸(사회)에 일어나게 하는 일이다. 기억은 그때의 사건을 현재화하는 일이며 그러기에 우리를 미래를 향하게 열어준다. 그분은 우리가 우리의 온 몸으로 당신이 하신 이 말씀을 하도록 우리를 대신하여 그 말씀을 하셨다.

제자들은 그분의 말씀을 그들의 몸으로 말할 수 없었고, 그분으로부터 도망쳤다. 하지만 도망친 곳에서 그들은 그분의 말씀을 기억하고 돌아왔다. 그리고 그분처럼 자신들의 몸을 내놓았다. 이 내놓음은 증거(martyria)였다. 그런데 우리는 이 말씀을 예수님의 것으로만 여기면서 우리의 입에 올리기를 두려워하는 것은 아닌가? 그리하여 그분의 말씀을 과거의 언어로 만들고 그분의 말씀을 받아먹는 영성체를 미사 선례의 한 부분으로 만드는 것은 아닌가? 영성체를 하기 전 "평화를 빕니다." 하고 서로에게 평화를 빌어주는 인사는 "나는 당신을 위하여 내 몸을 내 놓습니다. 내 몸은 당신의 밥입니다. 먹으십시오." 하는 고백에 다름이 아니다. 일상에서 이런 인사를 나누는 날이 오기를 기다리고 희망하며, 아니 그런 날이 오리라 믿으며 그리스도인은 오늘도 미사를 드린다.

5·18이 우리에게 조국을 위한 희생제사가 되는 사건이길 바란다. 성체를 받아 모시는 마음으로 5·18의 희생을 우리 마음에 모시기를 기원해본다. 그분처럼 우리도 민족과 이웃을 위하여 혈연과 지연과 학연을 초월하고, 종파와 교파를 뛰어넘어 모든 이를 향하여 "받아먹어라. 이는 내 몸이다."하고 말하며, 서로가 서로에게 자기의 몸을 내놓는 날이 오기를 기원해 본다. 최후의 만찬은 기억하는데 최후의 만찬을 여신 예수

님의 복음을 기억하지 못한다면, 성체가 전하는 메시지를 기억하지 못한다면, 우리가 너무 이기적이고 배타적으로 변해버린 때문이다.

우리는 미사를 드리면서 미사가 희생제이며 동시에 감사제임을 잊지 말아야 한다. 더 이상 희생하지 않아도 된다는 의미에서가 아니라 남을 위해서, 인류를 위해서 내 한 몸을 희생할 수 있게 된 것에 대해서 감사하게 하는 차원에서, 미사는 감사제이다. 지금까지 나는 받은 것에 대해서만 감사할 줄 알았다. 죽지 않고 살게 된 것에만 감사할 줄 알았다. 더 많이 가지고 더 높은 자리에 오르고 건강하게 살게 된 것에 대해서만 감사할 줄 알았다. 그리하여 하느님께 더 많이 달라, 더 부자 되게 해 달라, 더 성공하게 해 달라, 하는 일마다 더 잘 되게 해 달라, 그러면 더 많이 감사하겠다는 자세로 신앙해 왔다. 미사는 우리의 이런 이기적인 마음을 회개시킨다. 그리스도인은 미사를 통해 자기 몸을 쪼개어 남에게 줄 수 있게 된 것에 대해 감사하는 사람이다. 남을 위해, 인류를 위해 죽게 된 것에 감사하는 사람이다. 그리스도인은 나의 행복과 세상의 평화는 감사하는 마음에서 비롯된다는 것을 깨달은 사람이다. 희생하고 감사하는 마음에 세상의 평화가 달려 있고, 우리의 미래가 달려 있다는 것을 믿는 사람이다. 놀랍게도 희생하고 감사하는 마음은 우리 민족의 근본 정서와 통한다. 이런 면에서 5·18은 우리에게 잃어가는 우리 민족의 근본정신을 일깨워 준다. 우리의 마음 안에 깊이 감추어 있는 미사의 마음을 일깨워 준다. 희생하고 감사할 줄 아는 마음만이 5·18을 진정으로 기억한다고 할 수 있을 것이며, 5·18을 기억하는 사람은 이 땅과 그 위에 사는 모든 이를 위하여 자신을 희생할 수 있게 된 것에 감사하는 사람일 것이다.

5·18 영령이여, 감사합니다.

실용주의에 대한 사목적 비판

MB식 실용주의의 위험성

제2차 바티칸 공의회(1962~1965년)에 따르면 사목이란 인류의 고민과 아픔을 교회의 고민과 아픔으로 받아들이며 이를 위해 봉사하는 것이다. "기쁨과 희망(Gaudium et spes), 슬픔과 고뇌, 현대인 특히 가난하고 고통 받는 모든 사람의 그것은 바로 그리스도 제자들의 기쁨과 희망이며 슬픔과 고뇌이다."(GS 1)

이명박 정부가 출범과 함께 내세운 실용주의는 물질과 부뿐 아니라 세상과 인간마저 실용의 대상으로 보면서 부익부 빈익빈으로 이원화된 사회를 더욱 조장하며 시대의 아픔을 더 크게 할 위험을 안고 있다. 이런 상황에서 교회의 고민이 크며 사목적 배려가 더욱 요구된다. 우리는 사목헌장의 다음 말에 귀를 기울일 필요가 있다. "인류 가족 전체와 인간이 살아가는 … 인류 역사의 무대인 이 세계에는 인간의 노력과 실패와 승리가 새겨져 있다. 그리스도인은 이 세계가 창조주의 사랑으로 창조되고 보존된다고 믿는다. … 십자가에 못 박혀 돌아가시고 부활하신 그리스도께서 악의 권세를 쳐부수시고 해방시키신 이 세계는 하느님의 계획에 따라 변혁되고 마침내 완성될 것이다."(GS 2)

실용주의란 무엇인가? 이명박 대통령이 내세우는 실용주의는 경제 살리기와 밀접히 연관되어 있다. 경제와 부를 키우기 위해서 실용적 가치가 나타내는 효과를 최우선시 하겠다는 것이다. 지난 정권을 잃어버린 10년으로 본 것도 노무현 정권이 이념에 얽매여 경제를 살리는 데는 소홀히 하였다고 보기 때문이다. 이명박 대통령은 당선자 기자회견에서 "국민은 이념이 아니라 실용을 선택했다."고 선언하였고, 1월 14일에 가진 신년 기자회견에서는 "국익에 도움이 되고 경제 살리기에 도움이 된다면 어디라도 달려가 일을 해내고자 한다."고 역설하였다.[52] 그의 이 발언은 1970년대 말 중국에서 실용주의 바람이 불기 시작하면서 등소평이 "검은 고양이든 흰 고양이든 쥐만 잘 잡으면 된다."(黑猫白猫論)고 주장한 것과 일맥상통한다. 원하는 목표에 도달하기 위해서는 이념에 상관없이 모든 수단을 사용하여 효용가치만 내면 된다는 것이다.

그러나 그의 정책은 벌써부터 여러 면에서 사회를 떠받치는 기초적인 가치와 충돌하면서 혼란을 야기하고 있다. 인간적 소양이나 도덕성보다 부정한 방법(부동산투기, 논문표절, 서류조작 등)까지 동원해 얻은 재산이나 실적에 근거하여 요직 인사를 단행한 데서 실용주의의 맹점을 본다. 한반도 대운하 사업, 영어 몰입교육, 교육 정상화 정책 등 곳곳에서도 전체의 유기적 구성과 큰 흐름을 도외시한 눈앞의 목표를 향해 달려가 일을 해내고자 하는 성과 위주의 과욕이 엿보인다. 오늘날과 같은 국제화시대에 영어를 강조하는 것은 누구도 반대할 수 없다. 하지만 영어공부가 우리 글 공부에 우선할 때 그것은 우리의 언어를 포기하는 것이요, 우리 언어의 포기는 우리 사고의 포기요 우리 사고의 포기는 우리 역사와 문화의 포기이며, 우리 역사와 문화의 포기는 나라를 포기하는 것이다. MB식 실용은 또한 사회를 온통 경쟁으로 몰아넣는다. 진정한 인간의 만남은 사라지고 타협과 술수와 배반이 사회를 지배하게 된다. 지난 총선 때 각 정당이 이리저리 흩어지고 모이고 배반하는 혼란스런 양상을 보인 것도 전형적으로 실익을 좇는 인간들이 빚은 현상이라 할 수 있다.

조선일보는 사설에서 일본 청소년연구소가 한국, 미국, 일본, 중국의 고교생을 상대로 설문 조사한 내용을 다루었다. 통계를 보면 "부자가 되는 게 성공한 인생"이라고 대답한 청소년이 일본은 33%, 중국은 27%, 미국은 22.1%였지만 한국의 청소년은 월등히 높은 50.4%로 나타났다. "돈을 벌기 위해선 어떤 수단을 써도 괜찮다."는 답변도 한국은 23.3%였고 일본은 13.4%, 중국은 5.6%, 미국은 21.2%였다. "돈으로 권력을 살 수 있다."고 생각하는 청소년들이 미국 일본 중국은 30% 안팎이었지만 한국은 54.3%였다. "전쟁이 나면 어떻게 하겠느냐?"는 질문에 "앞장서 싸우겠다."는 답변은 일본이 41.1%였지만 한국은 10.2% 밖에 되지 않았다. 사회적으로 높은 자리에 앉은 자들의 자제일수록 군대에 가지 않을 것을 증명이나 하듯 전쟁이 나면 "외국으로 나가겠다."고 답변한 젊은이는 일본이 1.7%, 중국이 2.3%였는데 비해 한국은 10.4%였다. 우려했던 결과지만 이는 단순히 우리 청소년들의 의식구조의 문제만이 아니라 청소년들의 눈에 비친 우리 사회, 곧 우리 사회 자체의 문제를 그대로 반영하고 있는 것이다. 젊은이들의 생각은 곧 우리의 미래이다. 우리는 우리의 젊은이들이 어떻게 살기를 바라는가? 그들이 살아갈 이 나라가 어떻게 되기를 바라는가? 우리의 사회를 자기 이익만 따지는 '실용'에만 방치해둘 수는 없는 일이다.

효율적 가치와 영원한 가치

경제 살리기는 인간을 살리는 일이어야 한다. 경제가 인간을 위하여 있는 것이지 인간이 경제를 위하여 존재하는 것이 아니다. 이런 점에서 나는 이명박 정부가 강조하는 실용에 대해 우려를 표하지 않을 수 없다. 이미 40년 전 공의회는 사목헌장에서 분명히 밝힌 바 있다. "인류가 이토록 풍요로운 재화와 능력과 경제력을 누려 본 적은 결코 없었다. 그러나 아직도 세계 인구의 상당수는 기아와 빈곤에 허덕이고 있으며 무수한 사람들이 완전 문맹에 시달리고 있다. … 세계는 또한 각자의 상호 의존과 필연적인 연대로 하나를 이루어야 한다는 것을 그토록 절감하면서도, 서로 싸우는 세력들이 일으키는 극도의 대립으로 분열되어 있다. 정치, 사회, 경제, 인종, 이념의 극심한 분쟁들은 여전히 계속되고 있으며, 모든 것을 송두리째 파괴하는 전쟁의 위험도 없지 않다. … 이토록 복합적인 상황에 놓인 수많은 우리 동시대인들은 영원한 가치를 참으로 깨닫지 못하고 또 이를 새로운 발견과 조화시키지 못하고 있다."(GS 4)

인간의 생명은 경제논리에 근거한 실용적 가치로 따질 수 있는 것이 아니며 사회적 인간관계 또한 이런 가치로 따질 수 있는 것이 아니다. 영원한 가치를 외면하고 모든 것을 실용적 효율로만 따질 때 개개인의 인권과 존엄성은 무시되고 인간의 존재가치는 위협을 받고 사회 질서는 무너진다. 이 위협은 공의회가 이미 우려한 바이다. 공의회는 이렇게 말한다. "많은 사람들은 여러 가지로 제시되는 사물의 해석에서 스스로 안식을 찾았다고 여긴다. 또 어떠한 사람들은 오로지 인간의 노력만으로 진정하고 완전한 인류 해방이 이루어질 것이라고 기대하며, 장차 지구에 대한 인간의 지배가 자기 마음의 온갖 소망을 채워 주리라는 자기 확신을 지니고 있다. 또한 인생의 의미에 절망한 나머지 인간 실존은 고유한 의미가 전혀 없다고 여기며 오로지 인간의 능력만으로 인생에 모든 의미를 부여해 보려고 노력하는 자들의 만용을 찬미하는 사람들도 없지 않다. 그렇지만 세계의 현재 발전을 직시하며 가장 근본적인 의문을 제기하거나 새삼 예민하게 절감하는 사람들이 날로 더욱 많아지고 있다. 인간이란 무엇인가? 이토록 커다란 발전이 이루어졌음에도 여전히 존재하는 고통과 불행과 죽음의 의미는 무엇인가? 막대한 대가를 치르고 얻은 저 승리는 무엇을 위한 것인가? 인간은 사회에 무엇을 줄 수 있고 또 사회에서 무엇을 기대할 수 있는가? 이 지상 생활 다음에는 무엇이 따라오는가?"(GS 10)

한 나라의 정치는 "인류 가족 전체의 이익을 위해 교양 있고 평화롭고 누구에게나 호의를 품은 인간을 육성하는 데에 이바지해야 한다." (GS 74) 이런 상황에서 공의회는 공동선은 오늘날 "더욱 더 전 세계적인 것이 되고 거기에 온 인류와 관련되는 권리와 의무를 내포하게 되었다."(GS 26)고 말하면서 "동시에 인간이 지닌 고귀한 존엄성에 대한 의식"(GS 26)도 커져야 한다고 강조한다. 마찬가지로 "사회 질서와 그 발전은 언제나 인간의 행복을 지향하여야 한다. 사물의 안배는 인간 질서에 종속되어야 하며 그 반대가 되어서는 안 되기 때문이다. 주님께서 친히 '안식일이 사람을 위하여 생긴 것이지, 사람이 안식일을 위하여 생긴 것은 아니다.' 하셨을 때에 이를 가리키신 것이다."(GS 26)

존엄한 인간의 가치는 돈이나 돈을 버는 능력으로 따질 수 없다. 돈이 인간을 위해 쓰이게 해야지 인간이 돈의 노예가 되게 해서는 안 된다. "인간은 무엇을 소유하느냐보다 오히려 어떠한 존재이냐에 따라 가치를 지닌다. 마찬가지로, 더 큰 정의, 더 넓은 형제애, 사회관계에서 더 인간다운 질서를 확립하려고 하는 인간의 모든 행동이 기술의 발전보다 더 많은 가치를 지니고 있다. … 인간 활동의 규범은 바로 하느님의 계획과 뜻에 따라 인류의 참행복에 부합하고 개인으로든 사회 속에 자리하든 인간에게 완전한 자기 소명의 계발과 성취를 허용하여야 하는 것이다."(GS 35)

지나친 실용의 강조는 이러한 공동선의 실현을 위태롭게 한다. 이는 이미 공의회가 우려한 바이다. 공의회는 이렇게 말한다. "가치 질서가 뒤집히고 선과 악이 뒤섞여 사람들은 개인이든 집단이든 오로지 자기 것만을 헤아리고 남들을 생각하지 않는다. 그 때문에 세상은 이미 참된 형제애의 자리가 되지 못하고, 인류의 증대된 힘은 벌써 인류 자체를 파괴하겠다고 위협한다."(GS 37) 이러한 불행을 극복하기 위해서는 "인간의 모든 활동을 그리스도의 십자가와 부활로 정화하고 완성으로 이끌어 나가야 한다. … 그리스도께 구원을 받고 성령 안에서 새사람이 된 인간은 하느님께서 창조하신 피조물들을 사랑할 수 있고 또 사랑하여야 한다."(GS 37)

내는 만큼 얻으리라

　실용주의자들에게 종교와 신은 실용주의적 대상으로 다루어질 위험 소지를 안고 있다. 그들이 지금 어느 종교에 속해 있는 것은 그 종교가 그들에게 실용적인 가치를 가져다주기 때문이다. 그들은 종교가 자기에게 효율적 이익이 되지 않는다 싶으면 언제든 버리고 떠날 것이다. 그들은 종교를 이용하여 신도들에게 실용적인 이익도 약속한다. "하는 일마다 잘되리라" "내는 만큼 얻으리라"는 구호가 그 대표적인 예다. 이런 구호 속에 종교는 변질되어 신도를 모으며 거대 기업이 되기도 한다. 교회의 직분도 그들의 사회적 신분을 상승시키고 재산을 늘리는 수단으로 이용된다. 교회에 많이 봉사하고 투자할수록 사회적 신분도 상승한다. 교회는 신앙과 신앙인의 공동체가 아니라 실용을 추구하는 이익집단이 된다. 이명박 대통령이 당선된 뒤 그가 장로로 있는 교회의 신도가 수천 명 이상 불어나고 있다는 신문보도가 이를 잘 입증해준다.

　이들은 하느님도 실용적 가치로 따진다. 부자가 되고, 하는 일마다 잘 되기를 바라며 신앙하기도 한다. 다른 종교의 신이 주지 못하는 부와 명예를 안겨 줄 수도 있다는 믿음으로 자기들이 속한 종교에 우쭐하기도 한다. 실용적 가치에 따라 재는 믿음은 우상숭배이며 하느님에 대한 모독이다. 하느님은 그런 실용에 희생된 가난한 인간의 편에 서 계시기 때문이다. 하느님은 본래 착한 사람이나 악한 사람에게 고루 비를 내려주시는 자비의 하느님이시다. 하느님은 행과 불행을 조장하시는 분이고(이사 45,7), "가축에게도, 우짖는 까마귀 새끼들에게도 먹이를 주시는 분"이며, "준마의 힘을 좋아하지 않으시고 장정의 다리를 반기지 않으시는 분"이다."(시편 147,9 – 10) 이런 하느님을 모르는 그들은 부자 되게 해달라고 기도했는데 계속 가난하거나, 건강을 빌었는데 병마가 닥친다면 언제든 실용주의적으로 하느님을 폐기처분 하고 떠날 준비가 되어 있는 자들이다. 하느님이기에 하느님을 믿는 것이 아니라 자기에게 실용적으로 도움이 된다고 생각하고 선택하여 하느님을 믿기 때문이다. 결국 그들이 믿는 것은 하느님이 아니라 그들의 실용이다. 종교는 실용주의적 사고를 부정한다. 그런데도 많은 이들이 실용적으로 종교를 찾고 하느님을 믿는다.

종교가 하느님과 천국 또는 영생에 대해서 이야기하는 것은 인생에는 실용적 가치로 따질 수 없는 영원한 가치가 있기 때문이다. 영원한 가치는 돈으로 바꿀 수 없는 것이다. 모든 것을 실용적으로 해결하려는 이들은 가진 것 없는 이들을 위해 자신을 희생하지 않는다. 그들이 자선을 베푼다면 그것은 자신에게 돌아올 찬사나 이익을 계산한 다음이 된다. 도움과 봉사마저 자신의 이익을 위해 한다면 그들이 가야할 곳은 영원히 벌을 받는 곳임을 예수님은 분명히 하신다.

예수님은 부자와 가난한 라자로의 비유(루카 16,19-31)에서 자주색 옷과 고운 아마포 옷을 입고 날마다 즐겁고 호화롭게 살았던 부자는 지옥에 가고, 그의 식탁에서 떨어지는 부스러기로 배를 채운 가난한 라자로는 죽어 천당에 갔다는 이야기를 들려주시는데, 예수님은 이 비유를 통해 단순히 부자는 살아 있는 동안에 좋은 것들을 많이 누렸기에 저승에서 고통을 받아야 하고, 라자로는 그렇지 못하였기에 죽어 행복을 얻게 되었다는 논리를 피력하고자 하신 것이 아니다. 예수님은 하느님 나라가 이 세상에 왔다는 복음을 선포하시면서 우리에게 하느님 나라를 느끼게 해주셨고, 하느님을 아주 가까이서 아버지라 부르게 해주셨다. 예수님은 이 이야기를 통해 하느님을 아버지라 부르며 하느님을 가까이서 느끼는 것이 우리 인생의 목표라는 것을, 아울러 잘 입고 잘 먹고 호화롭게 사는 것이 인생의 성공일 수 없다는 것을 강조하신다. 성경의 부자는 라자로에 비해 성공한 인생인 듯 보이지만 주님 눈에는 불행히도 그는 이 목표에 도달하지 못한 존재였다. 그에게는 함께 하는 마음, 자비심이 없었기 때문이다. 종교의 진면목은 인간들에게 실용주의의 유혹을 벗어나 세상을 있는 그대로, 하느님께서 창조하신 그대로 바라보며 인생을 살게 하는 것이다. 그런데 종교마저 실용주의자들의 집단에 이용당하고 있다. 실용주의로 말미암아 아픔을 당하는 사회를 구하기 위해 종교를 구하는 것이 시대의 사명으로 떠오르게 된다.

예수님의 실용주의

이명박 정부가 들어서면서 실용주의라는 단어가 우리 사회에 유행어처럼 퍼졌지만 실용주의적 사고는 성경에서도 생소하지 않다. 예수님은 어떤 부잣집에서 해고된 집사에 대한 비유를 들면서 오히려 자신의 미래를 걱정하며 실용주의적으로 영리하게 대처한 그를 칭찬하신다. 집사가 재산을 낭비한다는 말을 듣고 부잣집 주인이 그를 해고하려 하자 집사는 자기의 살길을 찾아 주인에게 빚진 사람들을 몰래 하나씩 하나씩 불러 빚을 탕감해 준 것이다.(루카 16,1 – 8) 그런가 하면 예수님은 돈을 성실하게 번 종을 칭찬하고 그렇지 못한 종을 '악한 종'이라며 처형하는 비유를 들려주시기도 한다. 이 비유는 이렇게 끝난다. "누구든지 가진 자는 더 받고, 가진 것이 없는 자는 가진 것마저 빼앗길 것이다." (루카 19,11 – 27; 마태 25,14 – 30)

예수님은 실용주의자인가? 예수님의 이 비유는 세상의 악한 종들이 실용을 따지며 재빠르게 대처할 줄 아는 것처럼 신앙생활도 그렇게 실용적으로 하라는 말씀처럼 들릴 수 있다. 하지만 예수님의 이 말씀은 경제논리로 신앙하라는 말씀이 아니다. 실용적인 세상 사람들이 자기 이익에 발 빠른 것처럼 영원한 생명을 얻기에 게으르지 말라는 말씀이다. 늘 깨어 종말의 심판에 대비하고 매순간 회개의 결단을 내리며 살라는 강조의 말씀이다.[53]

예수님은 실용주의자가 아니다. 그러기에 경제에 근거한 신앙을 비판하신다. 가난한 과부의 헌금을 칭찬하신 데서 보듯이(마르 12,41 - 44) 그분은 헌금을 많이 할수록 많이 얻는다거나, 설사 현세에서 이익을 내지 못하면 죽어서 천당 가서라도 얻는다는 식의 경제논리를 강력히 부정하신다. 천국에 대한 신앙은 실용을 부정한다. 예수님은 되돌려 받을 생각하지 말고 주라고 하신다. 악한 사람도 받을 것을 알면 다 줄 수 있다는 것이 예수님의 논리이다. 실용주의에 근거한 신앙으로는 이웃에게 자기 몸을 바쳐 봉사할 수 없다. 예수님에게는 오히려 가난이 신앙의 목표이다. 예수님께서 가난한 자는 행복하다고 말씀하실 때, 여기서 가난은 단순히 마음으로 가난한 자를 일컫는 말이 아니다. 경제적으로도 가난한 사람을 말한다. 마음이 물질에 대한 욕심으로 가득 채워진 사람은 영적으로 가난할 수 없다. 경제논리에 근거한 실용주의적인 사고로는 예수님의 가난을 이해할 수 없다. 그들에게 가난은 무능한 존재가 만들어 낸 결과일 뿐이다. 실용주의자들에게 십자가는 가난처럼 인간이 궁극적으로 제거해야 할 것이다. 그러나 그리스도인에게 십자가의 희생은 천국에 들기 위한 입장권이다. 이 표 없이는 천국에 들어갈 수도 거기서 살 수도 없다.

빵과 실용

예수님께서 빵 다섯 개와 물고기 두 마리로 오천 명을 먹이신 다음 날, 사람들은 배를 나누어 타고 호수 건너편으로까지 가서 예수님을 찾았다. 그런데 예수님은 힘들여 찾아온 그들에게 꾸짖듯이 말씀하신다. "내가 진실로 진실로 너희에게 말하건대 너희가 나를 찾는 것은 표징을 보았기 때문이 아니라 빵을 배불리 먹었기 때문이다."(요한 6,26) 그들이 예수님을 찾은 이유는 예수님이 그들에게 실용적으로 도움이 된다고 본 때문이다. 그분은 그들의 배를 불리신다. 그분은 그들의 병을 고쳐 주신다. 그분은 실용적으로 그들에게 이익이 된다. 그리하여 그들은 그분을 찾는다. 예수님이 그들을 꾸짖으신다면 당신이 그들에게 실용의 대상이 된 것이 불쾌해서라기보다, 무엇보다도 그들이 빵만을 보았지 그 빵이 나타내는 표징을 보지 못한 때문이리라.

예수님은 그들의 실용적 사고의 생리를 아신다. 당신을 실용적으로 찾는 사람은 당신이 실용적으로 도움이 되지 않는다 싶으면 언제든 떠날 사람이라는 것을. 사실 제자들이 그랬다. 그들은 예수님을 따르면서 마음으로는 제베대오의 두 아들처럼 영의정이나 좌의정 같은 높은 자리를 탐했다. 유다스도 베드로도 그들 나름대로 계산을 하면서 그분을 따랐다. 베드로가 그분께 신앙을 고백할 때도 그분을 막강한 존재라고 생각했기 때문이다. 그런데 나중에 그분은 그들을 실망시켰다. 실용적으로 도움이 되지 않았다. 그들은 그분을 배반하고 그분에게서 도망쳤다. 실용주의적으로 그분을 따르는 사람은 이처럼 언제든 배반할 준비가 되어 있다. 그런 그들에게 주님은 표징에 대해서 말씀하신다. 빵은 배를 불리기 위해서만 있는 것이 아니다. 사실 그분께서 빵 다섯 개로 오천 명을 먹이셨을 때 빵을 받아먹은 사람들은 자신의 배가 부른 것만을 생각하였지 그것이 예수님의 몸이라는 생각은 하지 못했다. 그분께서 당신의 몸을 오천 조각으로 쪼개어 나누어 주셨다는 것은 보지 못했다. 인류의 수만큼 당신의 몸을 쪼개시는 그분의 마음을 그들은 알지 못했다. 더구나 이 쪼개는 일을 감사하는 마음으로 이행하시는 그분을 그들은 보면서도 보지 못했다. 만사를 실용적 대하는 사람은 사람의, 사물의, 세상의, 자연의 마음을 읽지 못한다.

다른 성경에서는 그분께서 군중을 가엾게 여기시어 빵을 불리는 기적을 행하셨다고 한다. 그분은 군중이 배고픈 것을 보셨다. 하지만 군중은 자기 배 채울 생각만 하였지 남과 함께 배고파하고 남과 함께 나눌 생각은 하지 못하였다. 자기에게 빵을 주시는 그분처럼 그렇게 자기를 쪼개어 나눌 생각은 아예 하지도 못하였다. 결국 썩어 없어질 자기 몸만을 실용주의적으로 걱정하였던 것이다. 그런 그들에게 예수님께서 말씀하신다. "너희는 썩어 없어질 양식을 얻으려고 힘쓰지 말고, 길이 남아 영원한 생명을 누리게 하는 양식을 얻으려고 힘써라."(요한 6,27) "사람은 빵만으로 살지 않고, 하느님의 입에서 나오는 모든 말씀으로 사느니라."(마태 4,4)

예수님께서 빵을 불리신 것은 그들이 당신의 행위에서 표징을 읽고 마음을 읽고 그들도 당신처럼 배고픈 사람에게 자신을 쪼개어 나누어 주고, 배고픈 사람에게 자비를 베풀도록 하기 위해서이다. 그러나 실용을 찾는 그들은 다른 사람에게 자비를 보이지 못한다. 오히려 약삭빠르지 못한 사람을 무능한 사람 취급하면서 업신여기고 무시하기까지 한다. 그런 마음으로 종교를 찾고, 그런 마음으로 종교 안에서 높은 자리를 추구한다. 썩어 없어질 양식과 실용을 추구하지 말고, "길이 남아 영원한 생명을 누리게 하는 양식을 얻으려고 힘써라." 나중에 그분께서 말씀하신다. "나는 빵이다." 이로써 그분은 당신이 '남을 살리는 존재'임을 선포하신 것이다. 우리가 빵을 먹는 것은 그분처럼 '남을 살리는 존재'가 되기 위해서이다.

예수님은 빵에 대해서 이야기하시면서 구약의 사람들이 만나를 어떻게 먹었는지 말씀하신다. 이집트에서 탈출한 이스라엘은 먹을 것이 없다고 모세에게 불평을 한다. 이 불평을 못 이겨 모세가 하느님께 간청하자 하느님께서 만나를 내려주신다. 하느님 편으로 보아 만나는 '이스라엘을 살리는 빵'이다. 그런데 이스라엘은 이 만나를 자기들이 '먹는 빵'으로만 대한다. '살리는 빵'을 보면서도 '먹을 것'만을 본 것이다. 그리하여 그들을 살리려는 하느님의 마음도 놓친다. 그러니 남을 살리겠다는 생각은 하지 못한다. 그런 그들의 끝은 죽음이다. 남을 살리는 자만이 영원히 살 것이다. "만나를 먹은 자는 다 죽었지만 이 빵을 먹는 자는 영원히 살 것이다." '죽이는 빵'은 그 빵을 먹는 사람도 죽인다. 빵은 내 배를 불리는 실용의 대상이 아니다. 빵은 먹히면 남의 뱃속으로 들어가 소화되고 똥이 되어 뒤로 나간다. 남을 살리는 존재는 남을 위해 소화되고 똥이 된다. 지금 우리 사회가 필요한 것은 남을 살리기 위해 빵이 되고 똥이 되는 희생이다.

실용주의에서 자기희생으로

온 이스라엘을 해방하실 구세주로 기대되었던 예수님이 대사제와 지도자에 의해서 고발되고 사형 선고를 받아 십자가에 못 박혀 돌아가

시자 실망한 제자들은 뿔뿔이 흩어진다. 그렇게 엠마오의 두 제자도 예루살렘을 나와 고향으로 간다. 그때 웬 낯선 사람이 그들에게 가까이 다가와서 함께 걸으며 말을 건넨다. 루카는 그 낯선 사람이 예수님이라고 말한다. 그런데 그들은 그분을 알아보지 못한다.(루카 24,13 - 24) 불과 사흘 전에 헤어진 스승과 대화를 나누며 함께 길을 가면서도 그분임을 알아채지 못하다니, 어떻게 이런 일이 가능한가? 루카는 이야기한다. 그들의 눈이 가리어 있기 때문이라고. 무엇이 그들의 눈을 가리었는가? 베드로의 첫째 편지에서 암시를 얻을 수 있다. "여러분은 조상들에게서 물려받은 헛된 생활 방식에서 해방되었는데, 은이나 금처럼 없어질 물건으로 그리된 것이 아니라, 흠 없고 티 없는 어린 양 같으신 그리스도의 고귀한 피로 그리된 것입니다."(1베드 1,18 - 19) 옛 생활방식, 곧 은이랑 금이란 없어지는 물건에 묶여 있기 때문에 그분을 알아보지 못하는 것이다. 은이나 금처럼 없어질 물건에 관심이 묶여 있으니 주님의 고난과 십자가 죽음이 이해될 리 있겠는가. 제자들은 예수가 그들의 삶에 실용적인 이익이 되지 않는다고 판단되자 예루살렘을 떠난다.

　엠마오로 가는 제자들처럼 우리사회의 관심사도 지금 온통 실용적으로 얻을 수 있는 금과 은, 아파트와 대운하, 부자가 되는 것으로 가득하다. 부자가 되고, 힘을 키우고, 명예를 쌓고 인기를 얻는 것이 행복의 절대가치인 것처럼 여긴다. 경제성장이 우리를 행복하게 하고, 그것만이 나라를 살리고 민족을 선진국 되게 하는 길인 양 이야기한다. 예수님을 믿는다고 하면서도 그분이 우리를 살리기 위하여 당신의 몸을 쪼개고 우리를 위하여 피를 흘리셨다는 것이 하나의 이상처럼 들린다. 언제 우리는 주님을 볼 수 있을까? 언제 우리는 함께 길을 가시는 주님의 쪼개는 마음을 느낄 수 있을까? "아, 어리석은 자들이여!"(루카 24,25) 예수님의 한탄이다.

　그런 그들에게 예수님께서 살며시 다가가시어 그리스도는 반드시 고난을 받아야 한다는 사실을 모세와 모든 예언자로부터 시작하여 성경 전체에 걸쳐 설명해 주신다.(루카 24,26 – 27) 하지만 그들의 마음은 움직이지 않는다. 어떻게 그들의(우리의) 둔한 마음이 치유될 수 있을까? 그러는 사이 그들은 찾아가던 마을에 이르렀고 마침 저녁 때라 그분을 붙들었다. 하지만 정작 만찬에 초대된 이는 그 낯선 분이 아니라 그들 자신이었다. 식탁에 앉으신 후 예수님은 당신이 잡히시던 날 밤에 최후의 만찬 때 있었던 일을 그들에게 상기시키신다. 빵을 들고 찬미를 드리신 다음 그것을 떼어 그들에게 나누어 주신 것이다.(루카 24,28 – 31) 그러자 그들은 낯선 그분이 예수님임을 알아채게 된다. 빵을 쪼개는 일은 자기를 쪼개는 일이요 자기를 희생하는 일이다. 제자들이 그분을 알아보지 못한 것은 '남을 살리기 위하여 자기를 쪼개는 일'을 이해하지도 행하지도 못하였기 때문이다. 그들은 자기의 몸을 쪼개는 일에 둔하였던 것이다. 눈이 뜨이기 시작하면서 그들이 걸어온 길이 보인다. 인생의 방향을 잘못 잡았음을 깨닫는다. 인생 순례의 목표는 엠마오가 아니라 최후의 만찬이 열리고 자기를 희생한 십자가가 세워진 예루살렘임을, 남을 살리기 자기 몸을 쪼개는 일임을 새삼 깨닫게 된다.

　제자들을 다시 예루살렘으로 향하게 한 그 미사를 그리스도인은 매일 드린다. 그리고 빵을 먹는다. 남을 살리는 일에 내 몸을 바치기 위해서이다. 실용주의를 외치는 우리 사회는 지금 어디를 향하여 가고 있는가? 지금 우리 사회는 남을 살리기 위한 자기희생과 봉사를 필요로 한다. 엠마오로 가는 제자에게 가까이 다가가셨던 예수님은 지금 우리에게 다가오시어 실용적 이익이 아니라 봉사와 희생의 길을 제시하신다.

복음과 자연

신공항과 밀양의 하남 땅

낙동강 개발에 이어 신공항 부지 문제로 영남 지방이 몸살을 앓고 있다. 동남권의 새 공항을 밀양의 하남 땅에 유치하자는 대구경북의 의견과 남쪽 바다 가덕도에 유치하자는 부산의 의견이 첨예하게 대립하고 있기 때문이다. 밀양은 내륙에 위치해 대구경북에서 접근이 양호한 이점이 있지만 20여 개나 되는 산을 깎아야 할 뿐만 아니라 오랫동안 사람을 떠받치며 존재해온 땅의 용도를 바꾸고 나아가 소음으로 인한 민원을 해결해야 하는 부담이 있다. 반면 가덕도는 대구경북으로부터 멀리 떨어져 있는 단점을 부담으로 안고 있다.

어떤 선택을 하느냐는 단순히 해당 지역의 관심을 넘어 이 땅에 사는 사람들의 삶과 미래가 걸려 있어 신중을 기해야 한다. 우리가 지금 살고 있는 땅은 우리만 잘 살다가 가면 되는 땅이 아니다. 신공항 유치는 장차 이 땅이 어떻게 되기를 바라는가, 어떤 땅을 우리의 후손에게 물려주기를 바라는가, 우리의 어떤 마음이 이 땅과 후손에게 전달되기를 바라는가 하는 물음을 도외시하고는 해결할 수 없다. 그런데 공항을 자기 지역에 유치하려는 지역의 대표와 정작 결정권을 쥔 정치인과 기업인은 경제논리만을 따지며 접근하고 있어 우리를 실망시킨다. 이런 상황에서는 오로지 지역 이기주의에 근거한 찬성론자와 반대론자의 견해가 대립하는 극한 상황이 펼쳐질 수밖에 없다. 대구 사람이기에 밀양을 찬성하고 가덕도를 반대하며, 부산 사람이기에 가덕도를 찬성하고 밀양을 반대하는 상황이 연출될 뿐이다. 진정한 의미에서의 찬성론자도 반대론자도 나올 수 없는 것이다. 이 극한 상황이 지금 우리 사회를 분열시키며 불안 요소로 작용하고 있다.

밀양을 주장하는 측은 밀양이 경남에 속해 있기에 경남 사람이 다 밀양을 찬성고 가덕도를 반대해주기를 바라지만 밀양에 신공항이 유치되는 것을 찬성하는 경남인은 소수라는 것을 알아야 한다. 얼마 전 밀양시장은 밀양 공항 유치를 위해 경북과 대구와 울산에서 7백만 명이 서명하며 동참하는데 경남에서는 몇 십만 명밖에 서명하지 않았다며 경상남도 지사에게 밀양공항 유치에 적극 나서 줄 것을 공개적으로 요구하였다. 하지만 그들은 이 수치를 거꾸로 읽을 줄 알아야 한다. 현수막이 현란하게 걸린 밀양과 대구의 길거리와는 달리 정작 공항부지로 지목된 하남 땅에는 현수막 하나 없다는 사실이 무엇을 의미하는지 그들은 깨달아야 한다.

정치인과 기업인은 이곳에 신공항이 들어서면 경제부흥이 일어날 것처럼 이야기하지만 공항이 들어서면 이곳에서 대대로 농사를 지으며 살아온 주민은 땅을 내놓고 도시의 주변으로 밀려나고 도시 주변의 시민은 소음에 시달리게 될 것이 불을 보듯 하기에 주민들은 그 추이를 불안한 마음으로 지켜보고 있을 따름이다. 공항으로 인하여 생기는 커다란 수익은 고스란히 소수의 외지인이 차지할 것이라는 것을 알고 있으면서도 그들은 반대하는 현수막 하나 내걸지 못하고 있다. 우리 사회가 그들의 소리를 들을 준비가 되어 있지 못하기 때문이다. 힘 있는 자들의 반대와 찬성 놀이 때문에 힘없는 주민의 소리를 듣지 못하는 사회는 불행할 수밖에 없다. 아무리 하찮은 일을 하는 사람도 인간으로서의 품위를 인정받아야 하며 이곳을 차지하게 될 힘 있는 자들의 구원을 위해서도 우리는 땅의 의미를 되새겨야 한다. 신공항 건설로 인해 땅이 몸살을 앓고 그곳에 살던 사람이 도시 주변으로 밀려나 불행하면 우리와 우리의 후손도 행복할 수 없다. 신공항은 경제논리에 앞서 땅과 이 땅에 사는 인간의 존엄성이 먼저 고려되는 바탕 위에서 구상되어야 한다.

밀양에 공항이 들어서려면 산을 16~20개나 깎아야 한다는 비판에 대해 밀양 공항을 지지하는 측은 우리나라의 기술력이 세계 최고 수준이어서 그 정도 산을 깎는 것은 아무 일도 아니라고 답변한다. 오히려 반대 측에서 자꾸 환경론자들을 부추긴다고 반박하고 있다. 그들에게 산을 깎는 정도는 아무 것도 아닐 수 있다. 하지만 아무 것도 아니라고 여기는 그들의 의식은 사실 위험스러울 정도로 큰 문제다. 그들은 그 위험의 심각성을 깨닫지 못하고 있다. 그들은 이미 기술의 노예이고 돈과 권력의 노예가 되어 있기 때문이다. 단순히 산봉우리가 깎이고 하남의 비옥한 농토가 없어지는 것이 안타까운 것이 아니라 자연이 가져다주는 소박한 만족과 자연이 지켜주는 인간미의 상실을 우리는 심히 우려한다.

우리는 너무도 쉬이 우리가 자연의 주인이며 지배자라고 말한다. 여기에는 창조에 대한 그리스도교의 오해도 한 몫을 한다. 본래 그리스도교의 창조론에 따르면 우리가 땅에 속한 것이지 땅이 우리에게 속한 것이 아니다. 우리는 땅의 지배자로서가 아니라 땅의 보호자 또는 협조자로서 땅을 가꾸어야 한다. 창조론을 믿는 그리스도인은 땅과 그 위에 사는 모든 생명을 자기가 하고 싶은 대로 마음대로 다룰 권리가 없다는 것을 안다. 그러기에 그는 하느님의 창조물인 하늘과 땅, 산과 강, 동물과 식물, 인간과 자연을 지배하려 들지 않는다. 그는 모든 것 안에서 하느님의 창조하는 숨소리를 듣고 하느님의 생명을 느낀다. 땅은 하느님의 생명을 받아 숨을 쉬는 생명체다. 우리는 땅을 경제성을 빌미로 마음대로 난도질을 해도 좋은 물건처럼 다루어서는 안 된다. 우리는 땅이 우리를 먹이고 우리에게 필요한 모든 것을 제공한다는 사실을 결코 잊어서는 안 된다. 땅이 죽으면 우리도 따라 죽는다. 프랑스의 농부 철학자 피에르 라비는 말한다. "아마도 머지않은 시간에, 지구는 진저리가 나 개가 벼룩을 털어 내듯이 몸을 흔들 것입니다. 하지만 그때 벼룩들은 바로 우리 인간이 될 것입니다." 우리는 땅을 다시 하느님의 신성한 창조물로 대하며 하느님 모시듯 해야 한다. 개발해야 한다면 신성한 차원에서 이루어져야 한다. 인간의 욕심이 작용해서는 안 된다. 이곳 하남 땅에서는 공항이 아니라 더 비옥한 농토로 만드는 방법이 연구되어야 한다. 오로지 경제성과 정치적인 논리를 내세워 이곳에 공항을 건설하는 것은 재앙이다.

우리는 국민총생산에 따라 국가의 등수를 매기며 경제 성장을 외치는 것에 익숙해 있다. 하지만 인간 존중과 문화의 향상을 더 중요시하는 안목을 잃지 말아야 한다. 국민총생산 같은 경제지표에 치중할수록 빈익빈 부익부 현상은 굳어지고 서민은 실의에 빠지게 될 것이다. 지금 이 땅의 젊은이들이 그 어느 때보다 경제적 부를 누리면서도 불안해하는 것은 경쟁에서 이기고 돈을 많이 벌어야 성공한 것이라고 여기는 우리의 사회 풍토와 무관하지 않다. 그들이 어린 나이부터 몸에 익히는 것은 경쟁에서 지면 도태된다는 과도한 경쟁심이다. 이런 삶이 불행이라는 것을 안다면 우리는 그들이 강과 산을 사랑하고 하늘과 땅에서 생명을 느끼도록 해야 한다. 오로지 경제성을 위해 땅을 마구 파헤치는 행태는 땅과 인류에 대한 범죄다. 인간이 땅에서 멀어질 때 하느님께서 태초에 불어넣어 주신 생명을 느끼는 일에서도 멀어질 것이다. 땅을 자비심으로 보살핀 우리 조상의 지혜를 우리는 마음에 새겨야 한다. 조상들은 우리보다 가난했지만 훨씬 여유롭고 행복했다는 사실을 잊어서는 안 된다. 행복의 조건이 생산과 돈에 달려 있을 수 없다는 것이다.

신공항이 경제 논리로만 추진될 때 신공항은 인간성을 파괴하는 상징이 될 것이다. 신공항이 이 시대에 꼭 필요한 것이라면 자기 지역에 유치하겠다는 주장을 포기할 수 있는 결단도 해야 한다. 돈보다는 땅을 살리고 인간을 살려야 한다고 말할 수 있는 용기가 우리에게 필요하다. 그런 용기야말로 우리와 후손이 이 땅에서 복되게 살 수 있는 밑거름이 될 것이다. 죽은 땅에서 우리는 행복할 수도 평화로울 수도 없다.

정치는 정치인에게?

"주교단에서는 4대강 사업이 자연파괴와 난개발의 위성이 있다고 했지 반대한다는 소리를 한 것은 아니다. 위험이 보인다고 했으니 반대하는 소리라고 볼 수도 있겠지만 위험을 극복하는 방법으로 개발하도록 노력하라는 적극적 의미로 해석할 수도 있다."고 주장하는 정진석 추기경의 발언은 4대강 사업으로 인한 자연파괴에 대하여 우려를 표명한 다른 동료 주교들을 무시하는 처사이기도 하지만 사회를 혼란하게 한다.

"4대강 사업도 발전을 위한 개발이라면 무난하다."는 정 추기경의 변은 개념 없는 정치인의 4대강 사업을 부채질하는 격이다. 발전을 위한 것이라면 모든 개발이 다 좋다는 뜻에서 한 말은 아닐 것이라고 생각하면서 우려를 금할 수 없다. 세상에 어느 정치인이 "나는 지금 자연을 파괴한다."고 선언하며 자연을 파괴하겠으며 세상의 어느 종교인이 자연을 파괴해도 좋다고 설교하겠는가? 이런 궤변 앞에서 세상을 창조하시고 나서 "보시니 좋았다."고 하신 하느님의 마음은 어떠하실까? 인간은 개발과 발전이라는 이름으로 자연을 파괴할 수 있고, 정의의 이름으로 불의를 행할 수 있고, 평화의 이름으로 전쟁을 일으킬 수 있으며, 사랑의 이름으로 폭력을 가할 수 있다. 이런 폭력 앞에서는 정치인이든 종교인이든 모두는 입을 열어야 한다. 이 입 엶은 정치적인 발언이 아니다.

이런 면에서 "발전을 위한 개발이냐, 파괴를 위한 개발이냐는 자연과학자나 전문가가 다룰 문제이지 종교의 분야는 아니"라거나 "정치, 경제문제에 대해 이러쿵저러쿵 이야기하는 것은 분수에 맞지 않는다. 정치 문제에 대해서는 밤새면서 전력을 다하는 전문가들이 있고, 경제문제도 마찬가지"라는 추기경의 개념 없는 발언은 우리를 슬프게 한다. 스스로를 "하느님 백성을 이끌어야 하는 지도자의 자리에 있는" 자라고 소개하고, "백성을 위해 존재하는" 지도자, "자기 자신을 위해 존재하는 사람이 아닌" 지도자, "많은 사람의 운명을 좌지우지하는 자리에 있는" "하느님의 뜻을 따르는" 지도자로 여기고 있기에 우리는 더욱 슬픔을 느낀다.

　자신은 "전문가가 아닌 부분에 대해서는 말하지 않지만 하느님 뜻을 헤아리는 데는 밤낮 생각하니까 하느님 뜻에 대해서는 얘기할 수 있다."고 하는 추기경의 말은 종교인으로 할 말을 포기한다는 말과 다르지 않다. 종교인이 4대강에 대한 발언하는 것을 정치에 관여하는 것으로 여기며 침묵하겠다는 것은 정치인은 정치하는 동안 하느님의 이름을 부르는 종교 행위를 해서는 안 된다는 말과 다르지 않다. 사제는 직업 정치인이 될 수 없지만 국민의 관심사를 자기의 관심사로 삼아야 한다. 사제는 국민의 건강, 자연보호, 생명보호, 남북문제, 사회정의와 평화 등 인간의 관심사에 소홀할 수 없다. 이런 주제들은 직업 정치인만이 다룰 수 있는 그들만의 관심 분야가 아니다. 진정한 종교인이라면 정치의 일에 관심을 가져야 하고 진정한 정치인이라면 종교적이어야 한다. 정치는 인간의 일이고 인간의 일에 관심을 갖는 것은 종교인의 지당한 사명이기 때문이다. 하느님께서 창조하신 세상을 가꾸는 일은 정치인이든 종교인이든, 노동자든 기업주든, 기득권자든 가난하고 힘없는 자든 인간이라면 모두가 가져야 할 인간의 관심사며 의무이다. 이 일은 정치인이 아니라 하느님께서 인간에게 명하신 것이다. "정치는 정치인에게 종교는 종교인에게"라는 항간의 논리는 그 자체로 모순이다. 정 추기경에게서 탐욕을 버린 진정으로 존경받는 종교인의 모습을 보고 싶다.

예수님과 복음

예수님은 세상에 복음을 선포하는 일을 당신의 사명으로 여기셨다. 예수님은 부활하시어 제자들에 나타나셔서 "너희는 온 세상에 가서 모든 피조물에게 복음을 선포하여라"(마르 16,15) 하고 제자들에게 복음을 계속 선포할 사명을 주셨다. 복음은 기쁜 소식이다. 인류가 기쁘게 행복하게 살아가는 비결이다. 예수님께서 세상에 복음을 전하고자 한 것은 인류가 기쁨과 즐거움 그리고 의미를 찾지 못하고 헤매고 있음을 보셨기 때문이다. 인류가 어떻게 살기에 그분의 눈에 기쁘게 살지 못하는 것으로 보였을까? 그것은 복음의 내용에 잘 드러난다.

그분이 선포하신 복음의 내용은 "하느님 나라가 가까이 왔다."는 것이었다. 그분은 하느님의 현존을 강조하면서 하느님의 다스림에 자신을 맡기고 살 것을 강조하셨다. 자기가 불행하다고 느낀다면 하느님의 현존을 깨닫지 못하고 자기 힘으로 자신과 세상을 다스리려고 하기 때문이다. 자기 힘으로 자신을 다스리려 하는 데서 자기 파괴가 나오고 자기 힘으로 세상을 다스리려 하는 데서 자연파괴가 나온다. 파괴된 세상에서 인간은 행복할 수 없다. 십자가는 이 힘을 내려놓는 곳에 사랑이 있음을 보여주며 그러기에 복음의 핵심이다.

불행하게도 그리스도교는 복음을 선포한다면서 자기의 힘을 과시하였다. 교회를 개인의 구원(행복)을 위한 수단으로 활용하게 했다. 세상 창조에 대해 이야기하면서 세상을 하느님의 성전으로 대하기보다 자기의 이익을 위하여 마음대로 조정할 수 있는 것처럼 대했다. 천국에 대해서, 부활에 대해서, 삶에 대해서 이야기하면서 자기 구원, 자기 행복에만 관심을 보였고 이를 종교의 관심사로 여겼다.

하느님과 예수님에 대하여 믿음을 고백하면서도 하느님과 예수님의 관심사보다는 그들의 행복에만 관심이 있었다. 대부분의 그리스도인들은 그리스도인이 되었다는 이유만으로 구원을 받았다고 생각하기도 하였다. 그들은 그분처럼 세상의 구원자가 되어야 한다는 생각은 하지 못했다. 십자가를 지는 일은 오로지 그리스도만이 하실 수 있는 것처럼 생각하고, 그 일을 해내신 그리스도를 향하여 "당신은 우리의 구세주"라고 고백하고 이를 믿는다며 찬양의 노래만 부르면 구원이 되는 것으로 생각했다. 그들은 예수님처럼 자기의 존재를 내놓고, 그리스도처럼 자신을 포기하고 희생해야 할 생각은 하지 못했다.

교회는 그렇게 그리스도는 우리의 구세주, 세상의 구세주라는 노래만 부르면 되는 집단으로 변했다. 그리하여 교회는 세상으로부터, 세상의 관심사로부터 점점 멀어졌다. 하느님의 관심사인 창조에 무심하면서도 창조를 찬양하는 노래만 불러댔다. 하느님이 세상을 창조하셨다, 인류를 구원하시고자 그리스도를 보내셨다는 노래 부르는 것으로 할 바를 다 했다고 생각하는 것이다.

그들은 천국을 "구세주가 우리를 구원하셨다. 그분이 부활하셨다."는 노래를 부르면 갈 수 있는 나라로 만들어 놓았다. 그런 노래를 부르는 자만이 천국에 갈 수 있는 것처럼 만들어 천국을 그들만의 세계로 만들었다. 그런가 하면 천국을 죽은 자들이 가는 곳, 산 사람은 갈 수 없는 곳으로 만들어 놓기도 했다. 그들은 산 자만이 부활을 체험할 수 있다는 것을 몰랐다. 남을 위하여, 우주를 위하여 자기의 목숨을 내놓는 자만이 부활의 삶을 살게 된다는 것을 몰랐다. 그들은 종교의 탈을 쓰고 있을 뿐 종교인은 아니었다. 하느님을 믿는다고 고백할수록 그들은 점점 자기만 아는 존재로 굳어져 갔다. 종교의 구실을 다시 찾기 위해 우리는 자기만의 구원을 노래하는 데서 벗어나야 한다. 종교가 자기만의 구원을 위하여 기도하는 자의 집단이 아니라는 점을 우리는 우선적으로 깨달아야 한다.

우리는 왜 성경이 "하느님이 세상을 창조하셨다."는 말로 시작하는지 묵상해볼 필요가 있다. 하느님은 우리를 창조로 부르신다. 우리가 창조적인 존재가 되기를 원하신다. 이것은 하느님처럼 창조하면서 쉴 수 있을 때 가능하다. 하느님은 쉬시면서 우리로 하여금 창조적으로 진화할 수 있게 하신 것처럼 우리도 쉬면서 자연이 창조적으로 진화하게 해야 한다. 우리가 세상을 변화시키려 하기보다 쉬면서 변화를 받아들일 수 있어야 한다. 하느님은 억지로 우리 인간을 변화시키려 하지 않으셨다.

제2차 바티칸 공의회는 그리스도교 신자들이 개인의 구원에만 관심을 가져온 관습을 넘어 온 세상의 구원에 관심을 보이기를 희망하였다. 공의회는 교회의 관심을 세상 사람들의 관심사로 돌렸다. 하느님은 온 세상 어디서나 자신을 계시하시기 때문이다.

우리는 부활과 천국에 대한 생각을 달리 해야 한다. 예수님이 복음을 선포하시면서 끊임없이 "회개하라"고 요구하신 것은 우리가 사고를 바꾸도록 하기 위해서이다. 생각을 바꾸어야 천국을 체험할 수 있고 생각을 바꾸어야 영생 영복을 누릴 수 있다. 이로써 예수님은 신을 찾되 자기 자신을 위해서 찾고, 천국과 부활을 믿되 자기 자신의 행복과 자기 자신의 영생을 위해서 믿으려는 사고를 수정해주셨다.

부활을 믿는 자는 되살아나 생전 누리지 못한 행복을 누리는 것이 아니라 세상의 평화를 바란다. 부활의 사고는 '세상을 살리기 위해 자신을 사라지게 하는 일'에서 비롯한다. 이 이치를 우리는 자연에서 배운다. 밀알이 땅에 떨어져 죽어야 열매를 맺을 수 있다. 밀알이 되살아나

열매를 맺는 것이 아니다. 밀알이 죽어 사라지니 열매가 맺힌다. 예수님은 그런 삶을 사셨다. 이 삶을 예수님은 빵과 소금과 빛에 비유하셨다. 그분은 빵이셨다. 남의 먹이가 되어 사라지면서 남을 살리셨다. 그분은 빛이셨다. 자신을 태우며 세상을 밝히셨다. 그분은 소금이셨다. 자신은 녹아 사라지면서 세상을 맛들이셨다. 그분은 우리도 그렇게 빵으로 빛으로 소금으로 살기를 바라신다. 우리는 세상을 빛내고 맛들이고 살리는 존재다. 그러기 위해 우리는 우리의 존재를 녹이며 사라지게 해야 한다. 사라지는 우리가 세상을 맛들이고 살린다는 것, 사라짐이 있어야 세상이 영원히 돌아간다는 것, 신비스럽지 아니한가? 생명의 신비, 부활의 신비. 종교는 인류를 이 신비로 안내하는 역할을 한다. 이 역할을 소홀히 할 때 종교는 타락한다. 타락한 종교는 결코 사라지지 않는 자기만의 울타리를 치면서 인류에게 영생 영복을 약속하고자 한다. 부활을 이야기하면서 언젠가 되살아나서 부와 권력과 명예를 누릴 수 있는 것처럼 선포한다. 종교가 물질과 권력과 명예의 노예가 되어가는 인간들을 옹호하는 도구로 변해가고 있는 것은 불행한 일이다. 다시 복음으로 돌아가야 한다. 사고를 바꾸고 복음을 믿어야 한다. 복음만이 우리를 하느님께서 세상을 처음 창조하실 때의 그 순간으로 안내할 수 있을 것이다.

교회의 과제

종교는 인류를 창조의 첫 순간으로 안내하는 역할을 해야 한다. 종교는 자기가 발생한 원점으로 돌아가서 거기서 샘솟는 구원의 샘물을 온 인류가 마시게 하여야 한다. 종교는 그 과제에 소홀했던 지난날을 반성하면서 자신의 종교를 한층 높은 인류의 종교로 발전시켜 나가야 한다.

그리스도교가 세상 창조에 나타난 하느님의 복음에 충실하다면 다른 문화권에서 발생한 힌두의 문화, 불교의 문화, 이슬람의 문화를 배척해서는 안 된다. 한 종교가 다른 종교의 전통과 문화를 배척하는 것은 자기의 종교성마저 부정하는 것이다. 종교는 자기 홀로는 종교가 아니라는 점을 인식해야 한다.[54]

종교는 또 과학과의 만남을 소홀히 해서는 안 된다. 과학은 한때 종교를 원시적인 것으로, 현대인이 극복해야 할 대상으로 보았다. 종교를 지나간 과거의 유물로 여기게 한 그 대표적인 예가 진화론이다. 종교는 과학의 비판에 휘말리면서 자기의 본연의 과제를 잃었다. 창조론(종교)과 진화론(과학)은 결코 상극의 주제가 아니다. 현대의 과학자들은 세상이 진화론만으로 설명되지 않는다는 것을 안다. 마찬가지로 현대의 종교인들도 과학자들의 종교 비판이 터무니없는 것이 아님을 안다. 그런데도 진화론을 처음 접한 종교인들은 과학자들이 비판한 대로 창조를 원시적으로 알아들였다. 그렇게 신과 친국과 부활을 이해했다. 지금도 대부분의 그리스도인은 그런 차원에서 창조와 부활과 천국을 믿고 있다. 그런 과정에서 여전히 자연과 세계와 우주를 인간의 들러리로 만들고 있다. 신과 천국과 부활을 개인 구원에만 집중하여 이해하고 있다. 인간을 세상으로부터 구출하는 것을 구원으로 생각하는 것은 그리스도교의 사고가 아니다.

하느님의 나라가 가까이 왔다는 복음을 선포하는 교회는 자연에 관심을 가져야 한다. 교회는 인간창조를 인간중심으로 알아듣고 자기가 자연의 주인이듯 행세하는 우를 다시는 범해서는 안 된다.

하느님께서 말씀으로 세상을 창조하셨다는 것은 온 우주 만물이 하느님의 음성을 들려준다는 것을 표현하는 말이다. 이 복음에 의하면 인간을 포함한 온 세상이 하느님의 음성을 들려주는 암호다. 하느님과 인간의 관계는 외적으로 맺어져 있지 않다. 인간은 그 존재 자체로 하느님을 현시하는 암호다. 마찬가지로 하느님의 창조물인 세계도 우주도 하느님을 알려주는 암호다. 신의 존재는 인간을 통해서, 자연과 우주를 통해서 자기를 인식하게 한다. 하느님을 만나고자 하는 사람은 이웃뿐만 아니라 밤하늘에 반짝이는 별을 바라보면서 깊은 신비에 빠져 들 수 있어야 한다. 아브라함처럼 또는 목동과 삼왕처럼 밤하늘의 별을 바라보는 마음을 다시 찾아야 한다. 과학기술이 발달하면서 우리는 인간이 만든 불에 익숙하게 되었고 우주의 신비가 우리의 내면으로 들어오는 것을 막았다. 자연환경을 파괴할 수 있는 것을 마치 인간의 권리처럼 생각하며 횡포를 부렸다. 자기에게 꿈을 키워주고 자기의 정신을 발전시키는 자연과 우주가 정복의 대상이 되어 그 아름다운 모습이 인간의 힘에 파괴되는 만큼 인간의 마음도 메말라가며 파괴되어 방향을 잃고 불안하게 될 것이다.

하느님께서 세상을 창조하시고 쉬신 것은 모든 창조물이 스스로 창조하며 진화하도록 하기 위해서였다. 이 과정은 장대한 서사시다. 세상의 진화된 모습은 맨 처음의 신성한 원천에서 비롯한 것이다. 그런데 인간은 하느님이 세상을 창조하신 뒤 쉬시는 동안 자기가 하느님의 자리에서 힘을 휘두르고 자기의 생각대로 세상을 창조하려고 하였다. 세계를 정복하고 자연을 정복하려고 하였다. 19세기 말 인간의 이성이 깨고 과학기술이 발전하고 경제와 상업 중심의 사고에 젖어들면서 세계와 자연 정복에 대한 인간의 욕구는 더욱 강해졌다. 인간은 자신들의 기술로 더 좋은 지구를 만들 수 있다고 생각하면서 땅과 강을 더욱 파헤쳤다. 땅과 우주가 하느님의 생명을 느끼게 해주는 신비스런 존재라는 것을 잊었다. 별과 달과 하늘과 땅과의 영적인 대화는 사라지고 땅을 인간이 사고팔 수 있는 물건처럼 대하였다. 이런 사고는 생로병사를 하느님이 내린 벌로 여기며 세상을 탈피해야 하는 것처럼 여긴 이성이 깨기 전의 무지한 사고보다 더 위험한 것이었다.

지난날 교회는 창세기가 던지는 메시지를 진지하게 받아들이지 못했다. 땅과 자연과 우주를 하느님의 창조하는 눈, 하느님의 현존을 알리는 암호로 보는 눈, 보시니 좋았다고 하신 하느님의 눈으로 바라보지 못했다. 개인 구원에만 집중하며 자연과 현세를 탈피해야 할 세상으로 간주하였다. 하느님과 나의 관계만을 이야기하면서 세상이 하느님의 관심사라는 것, 그래서 하느님과 세상, 나와 하느님의 관심사인 세상의 관계에 대해서는 집중하지 못하였다. 세상을 하느님의 집(오이코스)[55]로 대하지 않고서는 세상을 구할 수 없고, 세상을 구하지 않고서는 우리 자신을 구할 수 없다.

자연과 세상을 구하는 과제를 정치가와 환경론자의 손에만 맡겨서는 안 될 것이다. 지구가 하느님의 사랑에서 태어났고, 하느님의 성전으로 사랑을 받아야 한다는 것을 그리스도인보다 더 자신 있게 이야기할 자가 어디 있겠는가? 그런데 그리스도인마저 과학과 경제적 가치의 시각으로 세계를 바라보는 데 익숙해져서 우주의 영적 차원에 무관심하였다. 어떤 종교인들은 종교인이 환경 문제를 이야기하는 것에 곱지 않은 시선을 보내기까지 한다. 그만큼 우리가 생산과 분배의 경제논리와 상업주의에 젖어있기 때문이다.

교회는 인간에게 신의 현존에 대한 믿음을 다시 불러일으킬 과제를 안고 있다. 교회는 개인의 구원에 대해서만 이야기하는 데서 벗어나 우주 전체를 하느님의 현존을 알리는 성전으로 선포하는 과제에 충실해야 한다. 예수님은 세상을 살리기 위하여 자신을 희생 제물로 내놓으셨다. 우리가 그리스도인인 것은 우주를 구원하기 위하여 자신의 구원을 포기하기 위해서이다. 현대에 들어서면서 그리스도 신앙은 분명히 중요한 부분을 상실했다. 교회는 경제논리와 상업주의, 과학 기술로 상실한 우주와 인간 생명의 관계를 다시 찾아주어야 한다. 교회가 행하는 전례(성탄과 부활)의 본래의 의미를 찾아야 한다. 세상을 하느님의 집으로 믿게 하는 복음으로 돌아가지 않는 한 인간은 돈과 물질과 폭력의 노예가 될 것이고, 서로를 노예로 삼으며 살게 될 것이다. 거기엔 공멸만이 있을 뿐이다. 토마스 베리의 몇 마디를 인용한다.

"우리는 풀잎 하나 만들 수 없다. 따라서 우리가 풀잎을 받아들이고 보호하고 돌보지 않으면, 풀잎이 존재할 수 없게 될지도 모른다."[56]

"우리는 지구의 목소리에, 그리고 지구를 표현하는 수많은 살아 있는 존재 양식과 살아 있지 않은 존재 양식에 귀를 기울일 필요가 있다. 우리는 하늘과 별과 해와 달, 산과 들, 우리를 둘러싼 숲과 강과 바다, 풀잎과 꽃을 피운 풀, 노래하는 새와 벌레가 저녁과 깊은 밤에 불러주는 노랫소리에 귀 기울일 수 있어야 한다. 우리는 생명의 경축에 참여하는 이 무수한 창조물을 보고 느끼고 체험해야 한다."

"한번 사라지면 다시는 그 소리를 들을 수 없게 될 것이다. 멸절은 영원한 것이다. 인간은 그들이 전해주는 신적 체험을 다시는 접할 수 없게 될 것이다."

명례 언덕에서

저는 이제 반송성당을 마지막으로 신학교 생활과 본당에서의 사목을 끝내고 명례로 들어갑니다. 반송은 제가 마지막으로 짐을 싸는 본당이고 명례는 제가 더 이상 짐을 싸지 않아도 되는, 제가 지금까지 지고 다니던 짐을 다 버리고 가는 곳이 될 것입니다. 명례는 제가 마지막으로 머물 집으로 제게 새로운 차원의 삶을 열어주는 곳이 될 것입니다.[57]

1989년 광주 가톨릭 대학교로 불림을 받았을 때 가르치는 것에 대하여 두려운 바가 없지 않았지만 나름대로 한국 신학의 발전에 기여하고자 애쓰며 행복한 시간을 보냈습니다. 학문 연구에 저의 온 생을 바치고자 귀하게 모은 책들을 모두 신학교 도서관에 기증도 하였습니다. 볼 책이 있으면 언제든 도서관에 가면 된다고 생각하였기 때문입니다.

하지만 그 꿈과 기쁨은 그리 길게 가지 않았습니다. 1997년 저는 교구로 불림을 받아 본당 사목을 하게 되었습니다. 교구로 발령이 난 것이 바티칸의 경고 때문이라는 사실을 나중에 알고서 당시 교구장 주교님께 섭섭한 마음을 표하였고 보수적인 한국 교회의 앞날을 걱정하기도 하였습니다. 이른바 정양모 신부와 서공석 신부 그리고 저와 관련한 사건이었습니다. 하지만 이런 섭섭한 마음을 소화하는 데는 긴 시간이 필요하지 않았습니다. 저는 곧 본당 생활에 익숙하게 되었고, 본당에서 신자들과 사는 것은 제게 또 다른 기쁨을 주었습니다.

신학교 생활을 접고 처음 부임한 구암동 성당에서 저는 신학을 공부하지 않은 일반 신자들과 천주교에 입문하고자 하는 예비신자들을 상대로 그리스도교 신앙을 일상의 언어로 풀어 깨우치기 위하여 고민해야 했습니다. 신학의 내용을 신자들에게 풀이하는 일은 쉬운 일이 아니었습니다. 베드로를 비롯한 제자들이 3년이나 예수님을 따라다니며 하느님 나라에 대한 교리를 전수 받고도 마지막 순간에 배반하거나 도망쳐버렸다는 사실이 이를 증명합니다. 제자들한테는 신학이 없었고 신앙이 약했던 것입니다. 대부분의 우리들도 신앙의 내용을 깨달으려고 하기보다 그저 암기하여 외우는 것으로 만족하고 외운 것을 믿기만 하면 구원된다는 식으로 편하게 신앙생활을 합니다. 하느님이 삼위일체이시고 예수님이 그리스도시라고 신앙고백하면서도 자기가 무엇을 고백하는지 모르는 것입니다. 신학적으로 신앙하지 못하고 신앙하는 마음으로 신학을 하지 못하기 때문입니다.

예비신자 교리를 시작하면서 저는 무슨 말로 시작해야 할지 고민하였습니다. 예수님이라면 그들에게 무슨 말씀을 먼저 던지셨을까? 당신이 하느님의 아들이라는 사실을 주입시키려고 하셨을까? 신이 존재

한다는 것을 증명하려 애쓰셨을까? 예수님의 가르침의 핵심은 무엇이며 그분은 이를 어떻게 전달하셨는가 하고 물으며 고민하던 중에 저는 복음이라는 단어를 발견하였습니다. 여기서 발견하였다는 것은 제가 이 단어를 입에 달고 다니면서도 그 뜻을 깨닫지 못하고 신앙해 왔다는 것을 의미합니다. 그분의 복음은 "하느님의 나라가 가까이 왔다."(마르 1,15)는 것이었습니다. 저는 예수님께서 왜 다른 어떤 말씀이 아닌 "하느님의 나라가 가까이 왔다."는 이 말씀을 당신의 가르침으로 선택하셨는지, 왜 이 말씀이 복음인지, 깨달으려고 노력했습니다. 저는 이렇게 예비신자 교리를 예수님의 복음에서 시작하였습니다. 제가 신학교에 계속 있었다면 저는 아직도 저의 신학을 복음에 근거하여 세우지 못하였을지 모릅니다. 이런 면에서 본당의 신자들과 예비신자들은 제게 복음이 신학의 기초라는 것을 깨우치며 저의 신학을 정립할 수 있게 해준 고마운 스승들입니다. 그 후 저는 복음을 소화하려고 애를 쓰며 본당에서 여러 해를 보냈습니다. 저의 강론과 강연도 항상 여기서 출발하였습니다. 저는 예비신자에게 교리 한 내용을 정리하여 책으로 내었는데, 『우리가 예수를 찾는 이유』, 『우리가 예수를 사는 이유』입니다. 저는 이 책에 "그리스도교 신앙 안내서"라는 부제를 달았습니다. 신자들은 이 책이 어렵다 하고 예비신자들은 이 책이 쉽다고 하였습니다.

본당에서 생활하면서 저는 많은 어려움과 한계도 겪었습니다. 이는 제가 교회와 신자들에게 어려움과 불편을 주었다는 말도 됩니다. 여기에는 복음화에 대한 이해도 한 몫을 차지합니다. 교회가 줄곧 부르짖는 세상의 복음화는 하느님 나라가 가까이 왔다는 것이 복음, 곧 기쁜 소식이라는 사실을 깨닫는데서 비롯합니다. 그런데 우리 교회는 신자들에게 복음을 깨닫게 하려기보다 교회의 영역을 넓히는 일을 복음화로 이해하며 예비신자가 적게 모집되면 불안해합니다. 그렇게 불안한 가운데 세례를 주고는 그들이 성당에 나오지 않으면 그들을 냉담자라 부르며 그들을 '회두' 시키려고 총력을 기울입니다. 진정으로 회두해야 할 사람은 아직 복음을 깨닫지 못한 교회라는 사실을 교회는 겸허하게 받아들여야 할 것입니다. 그때 세상의 복음화는 비로소 시작할 것입니다. 세례를 받음으로써 복음화 되는 것이 아니라 복음화 되기 위하여 우리는 그리스도교에 입문했다고 말할 수 있어야 합니다. 예수님께서 복음을 선포하시면서 "회개하라"고 하신 것은 우리의 사고를 변화시키기 위한 것입니다. 우리가 변화되지 않고서는 세상의 복음화가 불가능하다는 말입니다. 우리가 진정 세상의 복음화를 원한다면 우리와 교회가 먼저 복음화 되어야 합니다. 그런데 우리는 복음의 내용을 깨달으려고 하지 않고 오로지 밖을 향해서만 복음화를 외칩니다.

자신은 변하지 않으면서 세상만을 변화시키려는 태도는 본당에 가장 보편화되어 있는 레지오 마리애(이하 레지오)와 여러 신심운동에서 만납니다. 그중 레지오는 한국 교회에 공헌한 점을 생각할 때 안타까운 점이 많습니다. 레지오는 그 평신도 사도직 때문에 제2차 바티칸 공의회(1962~1965)에 큰 영향을 끼쳤습니다. 그런데 지금 한국의 레지오에서는 공의회에 영향을 끼친 그 정신은 희석되고 공의회의 정신으로부터 멀어지고 있습니다.

레지오가 주요사업으로 펼치는 회두권면이나 개종권면 등은 타종교와 타교파와의 대화를 강조하는 공의회의 정신과는 정면으로 배치됩니다. 레지오가 진정 세상의 복음화를 바란다면 이런 용어를 함부로 사용해서는 안 될 것입니다. 세상이 천주교 신자로 채워진다고 세상이 복음화되는 것이 아닙니다. 불자가 천주교 신자로 개종한다고 세상이 구원

되는 것이 아닙니다. 우리는 사람들을 어떻게 내 편으로 불러들일 것인가에 몰두할 것이 아니라 어떻게 하면 세상으로 나아가 세상을 아름답게 꾸밀 것인가 하는 것으로 고민을 해야 합니다. 그런데 그런 고민이 잘 안 보입니다. 저는 틈만 있으면 레지오 모임에서 개종권면 대신 종교 간 대화라는 용어를 사용하기를 권했습니다. 그러면 그들의 답변은 한결같습니다. 상부의 명령이 있어야 그렇게 할 수 있다는 것입니다. 무엇보다도 성직자의 명령에 복종하는 것을 교회의 일에 충실한 것으로 여기는 우리 교회에 팽배해 있는 사고는 성직자가 곧 교회라는 발상에서 나온 것으로 공의회가 극복하고자 한 것입니다. 공의회에 의하면 성직자가 교회이듯 평신도도 교회입니다. 그런데 이런 의식의 변화를 잘 읽을 수 없습니다. 물론 여기에는 성직자의 책임이 큽니다. 그들이 자신만이 교회라고 생각하는 한 교회는 변하지 않을 것입니다. 제가 담당신부라는 이유로 주회에 들어가 훈화하고 강복하도록 강요를 받을 때 저는 부담과 한계를 느꼈습니다.

제가 여기서 레지오를 예를 들어 비판한 것은 레지오의 변하지 않는 현주소가 그대로 한국 교회의 현주소이기 때문입니다. 여기서 저는 한국교회가 자기의 미래를 걸고 강조하는 소공동체 모임을 언급하지 않을 수 없습니다. 이 조직은 제가 본당에서 사목하는 데 가장 한계를 느끼게 하며 부담을 주었습니다. 저는 소공동체 자체를 부정하지는 않습니다. 평신도가 자율적으로 복음 읽기를 한다는 것은 적극 장려해야 할 일입니다. 문제는 반(구역) 모임에 소공동체 모임을 접목하면서 생긴 무리수입니다. 반의 모든 구성원들이 모여서 복음 나누기를 하고 묵상을 한다고 하지만 어린아이부터 노인에 이르기까지 다양한 계층으로 이루어진 반 구성원을 생각할 때 이 구상은 현실적으로 불가능합니다. 이를 실현시키기 위해 교회(이때 교회는 성직자)는 이 모임에 참여하는 것을 신자들의 의무인 양 강조하는데 이는 신자들에게 부담을 줄 뿐만 아니라 소공동체가 신자들의 자율성을 바탕으로 운영되고 있다는 것을 스스로 부정하는 꼴이 됩니다. 한국의 소공동체 조직에서 저는 전형적인 성직자 중심의 교회 모습을 봅니다. 교회는 처음부터 하느님 백성이고 성직자와 평신도가 함께 인류에게 봉사하는 것을 사목으로 이해하고자 한 제2차 바티칸 공의회의 정신을 이 조직에서 찾아볼 수가 없습니다. 이 조직은 평신도에게 그들도 (성직자처럼) 교회라는 의식을 심어주기보다 그들을 더욱 성직자에게 의존하게 합니다. 자연히 저는 이 조직에 적극적으로 임하지 못했고, 그러다 보니 신자들 보기에 본당신부로서 할 일을 소홀히 하는 것으로 비쳤을 것이며 그런 가운데 교구와 신자 사이에서 늘 미안한 마음으로 본당 생활을 해야 했습니다. 소공동체 조직 말고 제 나름의 복음화 운동을 펼치고도 싶었지만 한국 교회의 수많은 신심단체를 생각할 때 그것은 신자들에게 이중의 부담을 줄 뿐이라 엄두를 내지 못하였습니다. 다만 여러 개의 성경 공부반을 레지오와 공동체의 대안으로 적극 장려하였습니다.

그렇다고 본당에서 제가 늘 힘겹게 산 것만은 아닙니다. 오히려 그 반대입니다. 미사를 드리고 강론을 할 때 저는 가장 큰 기쁨을 느꼈습니다. 이 시간은 제게 복음과 성체를 묵상하는 시간이기도 하였습니다. 미사에 온 신자들에게서 큰 위안을 얻었고 그들에게서 교회의 미래와 희망을 보는 듯 했습니다. 그들의 모습에서 저는 그들이 교회(이 경우 성직자)가 지시하는 것보다 더 넓은 마음으로 신앙생활을 하고 있음을 보았습니다. 레지오를 예로 들면 대부분의 단원들은 상부가 지시하는 회두권면이나 개종권면의 차원을 넘어 사람들을 만나고 있습니다. 다른 종교를 가진 사람을 개종시키겠다는 마음으로는 세상을 살아갈 수 없다는 것을 그 누구보다 피부로 느끼는 이들이 그들입니다. 레지오 조직이 단원의 신앙 의식수준을 따라가지 못하는 셈입니다. 단원의 신앙 감각(sensus fidei)을 받아들일 때 레지오는 복음화를 위한 조직으로 자신을 쇄신하며 새로 태어날 수 있을 것입니다. 이는 우리 한국 교회에도 그대로 적용됩니다. 교회가 신자들의 신앙 감각을 수용하는 날 복음화한 교회로, 세상을 복음화하는 교회로 새롭게 태어날 것입니다. 미사에 참석하는 신자들에게서 신앙 감각을 느끼면서 저는 올바른 복음화 운동이 교회 안에서 일어나기를 진정 희망합니다.

그러기 위해 교회는, 성직자는 그들의 마음을 제도 안으로 끌어들여 권위적으로 관리하려는 차원을 벗어나 그들의 마음속으로 들어가 거기서 자신을 발견하면서 사목하고 그렇게 자신과 세상을 복음화하는 일을 우선적으로 모색해야 할 것입니다. 성직자의 권위로 신자를 변화시키려고 하지 말고 성직자가 늘 신자로부터 변화되어 왔다는 교회의 역사를 겸손하게 받아들여야 할 것입니다. 교회는 하느님의 백성으로 존재한다는 사실을 잊지 말아야 할 것입니다.

본당에서 신자들과 함께 미사 드리고 그들을 상대로 강론하고 가르치는 일은 제게 큰 기쁨을 주었지만 제 자신이 사목자가 아니라 점점 관리자로 변해가는 모습을 발견하면서 저는 많은 고민을 하였습니다. 신자들과 함께 복음의 삶을 살기보다 신자를 관리하는 것을 사목으로 여기며 살아야 하는 우리 교회 현실에서 관리 능력이 없는 저로서는 제가 신자들에게 방해가 된다는 생각까지 하게 되었습니다. 이 과정에서 불평하지 않고 열심히 신앙생활을 하는 신자들이 고맙기도 하였고, 이 모든 것을 감수하며 말없이 사목에 열중하는 여러 본당 동료 신부님들을 새로운 눈으로 바라보며 존경도 하게 되었습니다.

그러던 중 낙동강 변에 위치한 명례성지를 발견하였습니다. 2006년 함부르크에서 교포사목을 끝내고 진영 본당에서 짧게 사목한 것이 계기가 되었습니다. 명례는 순교자 신석복 마르코가 출생한 곳입니다. 처음 명례를 찾았을 때 낙동강이 내려다보이는 아름다운 전경에 감탄하였지만 이내 언덕 위에 초라하게 방치된 성전을 보고 실망하였고, 순교자 신석복이 명례의 어디서 태어났는지는 아무도 모르고 있다는 사실에 놀랐습니다. 곧 그의 생가 터가 축사로 변해 방치되어 있음을 알게 되었고, 명례가 김대건 신부님과 최양업 신부님에 이어 한국의 세 번째이자 이 땅에서는 처음으로 서품되신 강성삼 신부님께서 사목하시다가 돌아가신 곳이라는 것도 알게 되었고, 명례가 대구, 부산, 왜관에 이어 영남에서는 네 번째이자 마산 교구에서는 첫 번째로 본당이 설립된 곳이라는 사실도 알게 되었습니다. 명례의 중요성을 알게 되면서 신앙 선조들에 대한 부끄러운 마음과 이곳을 조성하고픈 마음이 일었습니다. 진영에서 반송으로 본당을 옮긴 후 주교님의 재가를 받아 창원지구의 여러 본당신부님의 협력과 교구를 초월한 여러 본당 신자의 헌신적인 봉사와 기도 덕분으로 순교자의 생가 터를 매입하게 되었고, 웅장하지는 않지만 낙동강을 내려다보며 지어진 성전과 함께 이 일대를 경상남도 지정 문화재로 등록도 하였습니다. 특히 반송성당 신자들은 이 과정에서 절대적인 역할을 하였습니다. 제가 아마 다른 본당으로 발령을 받았다면 오늘과 같은 사업을 추진할 수 없었을 뿐더러, 명례는 교회의 무관심 속에서 역사의 뒤안길로 사라졌을 지도 모릅니다.

이런 중에 반송 성당에서 제 임기가 끝날 날이 점점 다가왔습니다. 그래서 저는 주교님을 찾아뵙고 반송 성당 임기가 끝나면 저를 명례로 보내주시기를 청하였습니다. 주교님도 명례성지와 반송 이후의 제 문제로 고심하던 터라 저의 청을 쾌히 받아들여주셨습니다. 제가 명례에 들어가기로 결심한 데에는 명례성지를 조성하는 데 투신하고 싶은 마음 외에 제 삶을 찾고 싶은 마음이 크게 작용하였습니다. 명례성지 조성은 저의 뜻대로 되는 일이 아님을 알기에 처음부터 저는 이 일을 완전히 하느님께 맡기기로 했습니다. 이것은 제가 후원회 회원을 모집할 때 한 말이기도 합니다. "벽돌 한 장이 모이면 한 장만큼, 백 장이 모이면 백 장만큼 그렇게 한 평 한 평 성전을 가꾸어 가고자 합니다."

제가 명례에 들어가기로 한 결심이 앞에서 본당 생활에서 제가 느낀 저의 한계를 길게 늘어놓았기에 보기에 따라서는 그런 현실을 피해 명례로 도피하는 것처럼 보입니다. 하지만 그게 전부라면 저는 본당에서 사목하는 여러 동료 사제들에게 죄를 짓는 것이며 그동안 생사고락을 나눈 여러 신자들에게도 얼굴을 들지 못할 배신행위가 될 것입니다. 저는 한계를 느끼면서 동료들을 더욱 존경하게 되었습니다. 묵묵히 사목하는 그들을 대하면서 송선 교회 세도에 대해 날카로운 비판의 각을 세웠던 저를 부끄럽게 생각하기도 했습니다. 제가 느낀 한계가 동료 사제들과 신자들 그리고 교회가 복음화를 위하여 풀어야 할 과제가 되기를 바랍니다. 그런 마음으로 저는 명례에 '복음화 학교'를 세워 저를 복음화하고 저와 제 이웃이 사는 세상을 복음화하고 무엇보다도 교회를 복음화 하는 일에 헌신하고 싶었습니다.

처음 이 학교를 구상하면서 명칭 때문에 여러 생각도 해 보았습니다. 복음화라는 단어를 사용함에 있어서 약간의 고민도 하였습니다. 복음이라는 단어는 우리가 하도 많이 사용하여 케케묵어 보일 뿐만 아니라 전혀 신선한 느낌이 들지 않아서였습니다. 그러나 바로 그 때문에 이 단어를 고집해야겠다고 생각하였습니다. 이 단어는 결코 케케묵은 단어가 될 수 없기 때문입니다. 인류에게 '하느님'이라는 단어처럼 케케묵고 상처 받은 단어가 또 있을까요? 그러나 인생에서 '하느님' 이라는 단어보다 더 중요한 단어는 또 없을 것입니다. 그래서 저는 복음이라는 단어를 더욱 사랑할 의무가 우리에게 주어졌다고 생각하게 되었습니다. 복음화 학교 앞에 명례라는 단어를 붙인 것은 명례에 그런 학교를 세운다는 뜻도 있겠지만 명례 언덕에서 복음화의 새 바람이 온 세상으로 불기를 바라는 마음이 간절하기 때문이기도 합니다.

복음화는 세상을 예수님의 복음으로 변화시키는 운동입니다. 세상을 복음화하기 위해서는 하느님 나라가 가까이 왔다는 것이 어째서 복음인지 깨닫도록 해야 하며 자신을 복음화하는 일이 먼저 일어나도록 해야 합니다. 하느님 나라가 가까이 왔다는 복음을 받아들인다는 것은 존재하는 모든 것을 하느님께 이르는 문으로, 하느님께서 현존하시는 집으로 받아들이는 것입니다. 예수님은 복음을 선포하시면서 광야와 요르단, 산과 호수, 그리고 갈릴래아에서 예루살렘에 이르기까지 온 세상을 하느님이 현존하시는 집으로 여기며 드나드셨고, 만나는 모든 사람들을 하느님이 거하시는 하느님의 성전으로 만나셨습니다. 예수님은 그들을 복음으로 만나시면서 그들이 당신을 통하여 자신과 이웃을 복음으로 만나게 해 주셨습니다. 더럽고 지저분하고 냄새나는 구유와 처참한 십자가에도 하느님 나라가 가까이 와 있다는 것을 깨닫는 날 인류는 진정한 평화를 찾을 것입니다. 저는 온 세상이 하느님의 나라가 가까이 왔다는 것을 깨닫는 날이 오리라는 것을 믿습니다. 그러기에 희망을 버리지 않고 세상을 사랑합니다. 너무도 세상을 사랑하시어 당신의 목숨을 내놓으신 그분을 사랑합니다. 명례복음화학교는 진정한 행복과 평화를 우리에게 깨우쳐 줄 것입니다. 저는 조용히 그러나 가슴 벅찬 마음으로 본당 생활을 끝내고 명례에서 생활하고 있습니다. 명례를 많이 사랑하여 주시기 바랍니다.

주

1 "하느님께서는 당신 선성과 지혜로 당신 자신을 계시하시고 당신 뜻의 신비를 기꺼이 알려 주시려 하셨으며, 이로써 사람들이 사람이 되신 말씀, 곧 그리스도를 통하여 성령 안에서 성부께 다가가고 하느님의 본성에 참여하도록 하셨다. 그래서 눈에 보이지 않는 하느님께서는 이 계시로써 당신의 넘치는 사랑으로 마치 친구를 대하시듯이 인간에게 말씀하시고, 인간과 사귀시며, 당신과 친교를 이루도록 인간을 부르시고 받아들이신다"(2항) 하느님은 창조의 첫 순간부터 인류 역사에 자신을 드러내 보이셨다.(3항) 그리스도는 계시의 완성이었다.(4항)

2 계시헌장 5항은 로마 1,5; 16,25-26 등을 인용하며 인간은 계시하시는 하느님께 신앙의 복종, 지성과 의지의 완전한 순종을 드러내고 하느님이 주신 계시에 자의로 동의함으로써 자기를 온전히 하느님께 자유로이 의탁해야 한다고 강조한다.

3 "실천적이고 더욱 긴급한 결론을 내려서, 공의회는 인간에 대한 존중을 강조한다. 그리하여 모든 사람은 저마다 이웃을 어떠한 예외도 없이 또 하나의 자신으로 여겨야 하고 무엇보다도 이웃의 생활을 고려하여 그 생활을 품위 있게 영위하는 데에 필요한 수단들을 보살펴야 한다. 가난한 라자로를 조금도 돌보지 않았던 저 부자를 닮아서는 안 된다. 특히 현대에서는 우리 자신이 그 누구에게나 이웃이 되어 주고 누구를 만나든지 적극적으로 봉사하여야 할 의무가 있다. 모든 사람에게 버림받은 노인이든, 불의하게 천대받는 외국인 노동자이든, 피난민이든, 불법적인 결합으로 태어나 자기가 짓지 않은 죄 때문에 부당하게 고통을 받는 어린이이든, 그리고 "너희가 내 형제들인 이 가장 작은 이들 가운데 한 사람에게 해 준 것이 바로 나에게 해 준 것이다."(마태 25,40) 하신 주님의 말씀을 상기시키며 우리 양심에 호소하는, 굶주리는 사람들을 도와주어야 한다. 더 나아가서, 온갖 살인, 집단 학살, 낙태, 안락사, 고의적인 자살과 같이 생명 자체를 거스르는 모든 행위; 지체의 상해, 육체와 정신을 해치는 고문, 심리적 억압과 같이 인간의 온전함에 폭력을 자행하는 모든 행위; 인간 이하의 생활 조건, 불법 감금, 추방, 노예화, 매매춘, 부녀자와 연소자의 인신 매매와 같이 인간의 존엄성을 침해하는 모든 행위; 또한 노동자들이 자유와 책임을 지닌 인간이 아니라 이윤 추구의 단순한 도구로 취급당하는 굴욕적인 노동 조건; 이 모든 행위와 이 같은 다른 행위들은 참으로 치욕이다. 이는 인간 문명을 부패시키는 한편, 불의를 당하는 사람보다도 그러한 불의를 자행하는 자들을 더 더럽히며, 창조주 영예를 극도로 모욕하는 것이다."(GS 27)

4 "사회, 정치, 종교 문제에서 우리와 달리 생각하고 달리 행동하는 사람들까지도 우리는 존경하고 사랑하여야 한다. 우리가 참으로 친절과 사랑으로 그들의 사고방식을 더 깊이 이해할수록 그들과 더욱 쉽게 대화를 할 수 있다."(GS 28)

5 사목헌장 58은 다음과 같이 말한다. "하느님께서는 강생하신 아드님 안에서 당신

을 완전히 보여 주실 때까지 당신 백성에게 당신을 계시하시면서 여러 시대에 그 고유한 문화에 따라 말씀하셨기 때문이다. 마찬가지로 시간의 흐름에 따라 다양한 환경 속에서 살아가는 교회도 그리스도의 메시지를 선포하여 모든 백성에게 널리 전달하고 설명하며, 그 메시지를 연구하여 더 깊이 깨닫고, 전례 거행과 다양한 신자 공동체의 생활에서 이를 더 잘 표현하고자 다양한 문화의 소산을 활용하여 왔다. 그러나 동시에 교회는 모든 시대 모든 지역의 모든 백성에게 파견되었으므로 어떠한 민족이나 국가에든, 또 어떠한 특정 풍속이나 고금의 어떠한 관습에도 불가분의 배타적 관계로 얽매이지 않는다. 고유의 전통을 간직하면서 동시에 자신의 보편 사명을 의식하고 있는 교회는 여러 형태의 문화와 교류할 수 있으며 또 그 교류로 교회 자체도 여러 문화도 풍요로워진다."

6 조너슨 색스, 임재서 역, 『차이의 존중 – 문명의 충돌을 넘어서』, 말글빛냄(2011년 9쇄), 98

7 색스, 321-322

8 발터 닉, 정 가밀라 역, 『회심자들』, 분도출판사 1986, 143 – 144

9 발터 닉, 143 – 144

10 「평화신문」, 2002년 9월 29일자.

11 남정률, "소공동체, 교회 본질 구현하는 핵심", 「평화신문」, 2007년 7월 1일자.

12 서상덕, "공의회는 끝나지 않았다", 「가톨릭신문」, 2007년 4월 15일자, 13면.

13 전원, "소공동체, 앞으로 어떻게 해야 할 것인가?", 『사목』 339(2007.4), 한국천주교중앙협의회, 50.

14 마산교구 설문지 7-8항 참조.

15 2007년 6월 22～24일과 25～27일에 열린 2007년도 소공동체 전국모임에서 대구대교구의 류승기 신부는 이렇게 말한다. "현재 교구에서 소공동체 중심으로 운영되고 있는 본당은 손에 꼽을 정도로 적다. 사목자들의 인식 부족과 신자들의 무관심이 만들어 낸 결과다"(남정률, "소공동체, 교회 본질 구현하는 핵심", 「평화신문」, 2007년 7월 1일자).

16 서상덕, 13면.

17 서상덕, 13면.

18 서상덕, 13면.

19 이제민, 『교회 – 순결한 창녀. 제2차 바티칸 공의회와 한국 천주교회』, 『교회는 누구인가 – 사목적 교회를 위하여. 교회의 사목을 위하여』 참조

20 서상덕, 13면.

21 마산교구 사제 연수회에서 한 강의를 받아 쓴 것이기에 문장은 다를 수 있다. 하지만 비슷한 발언을 그는 다른 곳에서도 여러 번 하였다. "제2차 소공동체 전국모

임 선언문"을 발표한 후 강 주교가 인터뷰에서 다음과 같이 강조한다. 소공동체는 "누가 시켜서 한 것도 아니고 각 교구에서 사목적인 활동을 하고 있는 사제와 수도자 평신도들이 필요성에 의해 자발적으로 참여한 것"이다.(「가톨릭신문」 참조)

22 서상덕, 13면.
23 서상덕, 13면.
24 이제민, 『교회 – 순결한 창녀. 제2차 바티칸 공의회와 한국 천주교회』, 위의 책, 57-86 참조; 이제민, 『교회는 누구인가 – 사목적 교회를 위하여. 교회의 사목을 위하여』, 분도출판사, 2002, 268-272 참조.
25 서상덕, 13면.
26 전동기, "소공동체 운동, 자율성과 융통성을 키우자", 『사목』 339(2007.4), 한국천주교중앙협의회, 20.
27 이제민, 공의회의 믿음 참조
28 이제민, "사목의 실종 사목의 발견", 위의 책 참조. 특히 257-263 참조.
29 "교회 밖에는 구원이 없다." 물론 이 교의는 본래 교회가 구원에 절대 필요하다는 것을 나타내고자 한 것이었지만 사람들은 이를 교회론의 문제로 소화하지 못하고 '구원'에만 집중하여 교회 밖에 구원이 없는 것처럼 해석했다.
30 이 예를 우리는 세례자 요한의 죽음에서 볼 수 있다. 헤로데는 동생 필리포스의 아내 헤로디아를 차지하기 위해 동생을, 헤로디아의 딸 살로메의 마음을 사기 위해 자기를 비판한 요한을 차례로 처치한다.(마르 6,17 – 29) 이 이야기의 배경에는 남자의 힘이 근본을 이루고 있다. 연회장에서 무희의 춤을 즐기는 이도 모두 남자다. 헤로디아와 살로메는 춤을 추고 판을 즐기지만 그들의 마음에는 언제든 폭력으로 변할 수 있는 남성의 힘이 불타고 있다. 이런 면에서 그들은 폭력의 희생자들이다. 이를 모를 뿐이다. "여자도 할 수 있다"는 말은 여성의 모성과 어린 아이의 순진성만이 인류를 폭력에서 구할 수 있다는 것을 제시할 수 있을 때에만 창조적이 된다. 예수님께서 "누구든지 이런 어린이 하나를 내 이름으로 받아들이면 나를 받아들이는 것이다."(마태 18,5) 하고 말씀하신 것은 인류를 폭력에서 구하시기 위해서이다.
31 "성차별과 여성 사목", 『사랑이 보일 때까지』, 성바오로, 2002 참조.
32 교황 요한 바오로 2세의 권고 『가정 공동체』도 예외는 아니어서 부부 혼인 자녀들의 문제를 치중하여 다루면서 극히 일부분에서 노인의 문제를 언급하고 있다.(총 86항 중에서 27항에서만 노인의 문제가 언급되어 있다.)
33 김철홍, "고령화 사회 어떻게 생각하십니까?", 「가톨릭신문」, 2010년 10월 24일
34 하나의 예를 든다. 금년 3월 29일자 중앙일보에서 중앙일보 논설위원인 김진은

천주교 주교회의가 4대강 사업을 비판한 것을 천주교가 지금을 반독재 투쟁 때로 착각하고 있는 것이라고 주장한다. 그는 4대강 사업을 "건국 이래 최대의 국토 개발이며 MB정권의 최대 국책사업"으로 평가하면서 말한다. "지금은 독재·반독재의 시대가 아니다. 사회적 갈등을 일으키는 것은 정권의 횡포가 아니라 정책이다." 그러므로 80년대식으로 정권에 저항해서는 안 된다는 것이다. 그러면서 그는 "4대강 사업은 논리와 과학의 문제"라고 주장하면서 "수자원·토목 전문가가 아닌" 종교기구인 주교회의가 "4대강 사업이 이 나라 전역의 자연환경에 치명적인 손상을 입힐 것으로 심각하게 우려한다"고 발표한 것은 시대착오적이라고 주장한다. 그리고 "독재가 사라진 이성의 시대엔 사제들도 이성적이어야 한다."는 결론을 내린다. 518의 소리가 독재의 총에 맞서는 돌의 소리라면, 주교회의의 소리는 현 정권이 자연을 짓밟는 굴삭기 소리에 대해 돌들이 지르는 소리이다.(루카 19,40 참조)

35 「Sueddeutsche Zeitung」, 2010년 1월 29일자.

36 우리는 쉽게 과거의 일을 잊고 미화화거나(박정희의 미화) 그리워한다. 이집트를 탈출한 지 불과 얼마 안 되어 이스라엘은 "아, 우리가 고기 냄비 곁에 앉아 빵을 배불리 먹던 그때, 이집트 땅에서 주님의 손에 죽었더라면!"(탈출 16,3) "어쩌자고 우리를 이집트에서 데리고 올라왔소? 우리와 우리 자식들과 가축들을 목말라 죽게 하려고 그랬소?"(탈출 17,3) 하며 이집트를 그리워하듯 불평하였다. 그들은 이집트에서 그들이 당한 일을 잊고 있었다.(2항 참조)

37 지금 우리 사회의 심각한 문제는 부와 경제에 의존함으로써 이런 회귀 현상 조짐이 보이고 있다는 것이다.

38 Wladyslaw Bartoszewski, "유럽의 기억문화"(Europaeische Gedenkkultur), 「StZ」, 2008년, 651.

39 「Sueddeutsche Zeitung」, 2010년 1월 27일자.

40 「Sueddeutsche Zeitung」, 홀로코스트에 대한 폴란드의 교과서에는 이런 글이 실려 있다. "존경하는 선생님 여러분, 저는 한 강제수용소에서 살아남은 자입니다. 저는 그 누구도 보아서는 안 될 것을 제 눈으로 보았습니다. 배웠다는 기술자에 의해 세워진 가스실, 잘 교육 받은 의사에 의해서 독살되는 어린아이들, 잘 훈련된 간호사들에 의해 살해된 젖먹이들, 대학 교육을 받은 자들에 의해 총살당하거나 태워 죽임을 당한 부녀들과 애기들. 이 때문에 저는 교육을 불신합니다. 저의 요구는 여러분 선생님들이 여러분의 학생들이 인간적이 되게 하는 것입니다. 여러분들의 노력이 결코 배운 괴물, 잘 교육 받은 정신병자, 공부한 아이히만이 되게 해서는 안 될 것입니다. 읽고 쓰고 계산하는 것은 우리의 어린이들이 더욱 인간적이 되게 하는데 기여할 때만 중요합니다."(W. Bartoszewski, 653에서 인용.)

41 김정용 신부가 2010년 4월 15일 필자에게 보낸 편지에서. 아래 두 인용도 이 편지에서.

42 소수 민족들의 희생이 관심 밖인 것은 제2차 전쟁의 경우에서만 그런 것이 아니다. 500여 년 전 아메리카 대륙이 유럽인들에 의해 점령당할 때 그곳에는 수천만 명의 인디언이 살고 있었다. 그러나 현재 미국에 사는 인디언은 겨우 25만 명에 지나지 않는다. 유럽인들의 학살과 그들이 전염시킨 새로운 질병과 알코올 마약 등에 의해 멸종의 상황에 처한 것이다. 결과적으로는 나치가 유대인에 가한 홀로코스트보다 훨씬 많은 희생자를 냈지만 인류는 이 사건을 거의 기억하지 않는다. 여기에는 미국이라는 절대 강자의 정치 경제적 입지가 작용하고 있기 때문이다.

43 Norman Finkelstein, 『홀로코스트 산업』 The Holocaust Industry, 신현승 역, 한겨레신문사 2004 참조.

44 G. Hauser, 『Die Vernichtung der Juden』 (München 1979) 7. 여기서는 W. Bartoszewski, 651에서 인용.

45 E. Wiesel, Wiederbegegnung mit Auschwitz, in: A. Bujak, 『Auschwitz Birkenau』 (Freiburg 1989) 7f. 여기서는 W. Bartoszewski, 651에서 인용.

46 W. Bartoszewski, 651.

47 W. Bartoszewski, 652에서 인용.

48 5·18 가해자들이 민주와 정의의 두 단어를 복합하여 정당의 간판(민정당)으로 내건데서 언어 타락의 극치를 본다. '4대강 살리기'나 '녹색성장'이라는 표현도 5공 세력의 언어 사용과 다르지 않다.

49 어느 기원미사의 감사송에 잘 나타나듯이 그리스도인이 미사를 드리는 것은 "아버지께서 성자를 수난과 십자가의 죽음을 통하여 부활의 영광으로 인도하시고 아버지 오른편에 앉게" 하신 일을 기억하기 위해서, 주님께서 오실 때까지 "주님 사랑의 업적을 전하며 생명의 빵과 축복의 잔을 봉헌" 하기 위해서이다. 주님께서 "그리스도의 파스카 제사로 남겨주신 이 제물을 인자로이 굽어보시고 사랑이신 성령의 힘으로 그리스도의 몸과 피를 받아 모시는 저희를 이제와 영원히 주님 자녀의 대열에 들게 하여" 주실 것이라고 믿기 때문이다. 이 대열에 들기 위하여 그리스도인은 자기의 몸을 성체로 변화시키고자 한다.

50 한의 기다림과 한의 참을성을 잃으면서 情도 잃어간다. 우리가 스스로를 정이 많은 민족이라고 자랑하는 것은 옳지만 다른 민족이 그 정을 알아주지 않는다면, 우리가 나누는 정이 다른 민족과 문화에 대해 배타적으로 비친다면, 그것을 정이라 할 수 없다. 십자가를 내려놓으려고만 하는 사람에게는 사랑이 있을 수 없는 것과 같은 이치이다.

51 이런 의미에서 한은 미사를 통해 완성된다. 왜냐하면 미사는 그리스도의 죽음을 기억하면서 용서와 화해와 사랑을 기억하는 축제이기 때문이다. 5·18 희생자들은 십자가에 희생된 그리스도처럼 서로를 용서하고, 서로를 안아 주고, 서로를 위하여 기도하고, 서로를 위하여 희생하는 희망을 우리에게 불러일으키는 존재로 기

억되어야 할 것이다. 위의 나)항 참조.
52 유종일, "원칙 없는 정책 결정과 성장 지상주의로?", 최성진, 한겨레 21<제695호> 참조.
53 정양모, 『루카 복음서. 200 주년 신약성서 주해』, 분도출판사 2001년, 363 참조.
54 이제민, 『나의 발견 – 한국 그리스도교의 미래를 위하여』 우리신학 연구소 신학총서 5 참조.
55 생태학(ecology)의 접두사 eco는 그리스어 oicos이다. 생태학은 우주를 하느님의 집으로 가꾸는 것을 과제로 하고 있다.
56 토마스 베리, 황종렬 역, 『그리스도교의 미래와 지구의 운명』, 바오로딸 2011, 140-141. 이어지는 인용은 142쪽.
57 2011년 1월부터 나는 명례성지에 살고 있다.

출처

- 세상을 기쁘게 사는 비결, 갈길 65호(2012 봄), 2~3
- 무엇을 어떻게 믿을 것인가?, 2011년 6월 25일 가톨릭뉴스 지금 여기
- 제2차 바티칸 공의회의 믿음, 2012년 9월 20일 마산교구 사제 연수
- 한국교회의 미래를 생각하며, 신앙과 삶 17, 294~322
- 사제와 수녀의 만남 – 본당에서 수녀의 역할, 2011년 5월 광주교구 수녀 연합회
- 공의회와 본당 회장, 2012년 5월 11일 마산교구 평협
- 남성의 힘과 여성의 힘, 2012년 3월 여성 연합회 울산 월평 성당
- 노인과 노인사목 (미발표)
- 5·18을 기억한다, 2010년 6월 신학전망
- 실용주의에 대한 사목적 비판, 2008년 4월 기쁨과 희망
- 신공항과 밀양의 하남 땅, 가톨릭뉴스 지금 여기
- 정치와 종교, 2011년 12월 10일, "개념 없는 정 추기경", 가톨릭뉴스 지금 여기
- 본당생활을 마치면서, 2011년 가톨릭뉴스 지금 여기